머리말

저자들은 개업 세무사로서 사업자들의 업무를 지원하는 과정에 기업경영자들과 다양한 업무를 수행하고 있다. 기업에 대한 조세 문제를 지원하면서 장기간 사업을 영위하고 있는 중소·중견기업에서 은퇴를 앞둔 경영자들이 가장 많은 관심을 갖는 분야는 가업의 승계라는 것을 알게 되었다.

기업의 창업자와 후계자, 그리고 다양한 이해관계자를 만나는 과정에서 확인된 가업 승계의 주요 난제 중 하나는 승계 시 발생하는 세금 부담이다. 기업의 최고경영자 중에는 우리나라의 상속세나 증여세가 다른 주요 국가에 비해 과중하여 재산을 처분하고 상속세와 증여세가 없거나 부담이 적은 나라로 이주하기도 하고, 자녀가 부모의 사업을 승계하지 않겠다고 하여 처분을 시도하는 경우도 있다. 그렇지만 대부분 성실한 기업경영자는 평생 발전시킨 가업을 자녀에게 승계시키기 위해 다양한 노력을 하고 있다.

정부에서도 2008년부터 가업 승계에 대해 조세를 경감하거나 유예하는 독일이나 일본의 사례를 벤치마킹하여 지원하기 시작하면서 적용하는 기업이 많을 것으로 예상하였으나 지원금액도 크지 않고 적용요건도 까다로워 실제로 적용을 신청한 경우는 소수에 불과하였다. 가업의 승계를 컨설팅하는 전문가 입장에서도 경감세액에 비해 불확실한 측면이 너무 많아 적극적으로 권장하기도 어려웠다.

최근에는 정부에서 가업의 승계와 관련한 규제를 완화하고 적용 규모도 확대하는 등 많은 개선이 있었다. 저자들도 가업승계와 관련한 제도에 대해 꾸준히 분석하고 효과적으로 적용할 수 있도록 하기 위해 연구를 하면서 기업의 고용유지와 장기간 쌓아온 노하우의 유지 발전을 위해 가업승계를 지원해야 한다는 책임감도 느끼게 되었다.

그동안 가업의 승계에 대한 조세지원은 다른 납세자보다 차별적으로 지원하는 특례제도 성격상 관련 세법을 해석할 때는 유추해석하거나 확장해석할 수 없는 불확실성이 많이 있었다. 이러한 문제로 인해 가업 승계 컨설팅 과정에서 실무 적용이 어려운 애매하고 불확실한 부분들이 많이 발생한다. 이에 관한 해석 사례와 판례를 수집하고 분석하여, 다년간에 걸쳐 체계적으로 정리해왔다.

저자들은 그동안 자본거래에 대한 업무를 주로 하는 세무법인 가나 부설 주식평가연구원에서 비상장주식의 평가 업무를 수행하면서 주식의 증여와 상속에 대비하고, 주식을 매매하거나, 증자 또는 감자, 합병 등과 같은 자본거래에 대해 많은 경험을 하면서 절세를 지원하는 노하우를 축적하였다. 이러한 준비된 자료를 가업승계를 준비하는 기업이나 컨설팅하는 조세전문가들에게 도움을 드릴 수 있을 것으로 판단되어 이 책을 쓰게 되었고, 다음과 같은 내용을 중심으로 정리하였다.

첫째, 가업의 승계와 관련한 주식의 증여나 상속, 영농상속 등과 관련한 세법 법령을 상세하게 분석하고 예규와 판례 등의 해석사례를 정리하였다.

둘째, 가업의 승계와 관련하여 세법 이외에 민법, 상법, 그리고 세법에서 상속과 증여에 대한 세금제도에 대해 간략하게 정리하였다.

셋째, 명의신탁주식이 가업 승계의 장애물로 작용하는 경우가 많다. 이에 국세청은 일정 요건을 충족하는 기업에 대해 「명의신탁주식의 실제 소유자 확인 제도」를 지원하고 있다. 또한, 해당 요건에 부합하지 않는 법인의 주식을 실명으로 전환하는 방법에 대해서도 별도로 정리하였다.

넷째, 정부에서는 가업에 해당하는 경우에 가업승계와 가업상속을 지원하고 있으나 영농사업에 대해서는 별도로 차별적 지원을 하고 있어 영농·영어 등의 사업자에 대한 영농상속공제를 효과적으로 활용할 수 있는 방안을 정리하였다.

다섯째, 세무법인 가나의 부설 연구소인 주식평가연구원에서는 자본거래에 대해 특화된 서비스를 제공하면서 경험한 내용으로 가업승계를 할 수 있는 기업, 가업승계를 하지 않아야 할 기업, 가업승계 실행 시점의 판단 요령 등을 정리하였다.

이상과 같이 가업승계를 준비하는 기업, 가업승계에 대해 컨설팅을 진행하고 있는 조세전문가들에게 도움을 드리기 위하여 최선을 다하였으나 아직도 부족한 점이 많을 것으로 생각된다. 독자 여러분의 아낌없는 충고를 바라며, 이 책이 가업승계를 하는데 도움이 되기를 기대한다.

　끝으로 이 책을 출간하는 데 도움을 주신 세무법인 가나의 김완일 대표세무사님에게 깊은 감사의 말씀을 드린다. 아울러 본서를 출간하여 주신 더존테크윌의 김진호대표님과 직원여러분께도 감사의 말씀을 드린다.

2024년 8월
저자 김재은·김나연

목 차

제1절 가업승계에 대한 이해
01. 가업승계란? ·· 11
02. 가업승계의 현황 ·· 13
03. 정부정책의 변화 ·· 20

제2절 가업승계 준비를 위한 법률제도
01. 증여에 관한 민법 규정 ·· 21
02. 주식회사에 관한 상법제도 ···································· 37
03. 상속에 따른 세금제도 ·· 44
04. 증여에 따른 세금제도 ·· 53
05. 상속세 및 증여세의 납부 ······································ 56

제3절 가업승계에 대한 증여세 과세특례제도
Ⅰ. 정부는 왜 가업승계를 지원하는가? ······················· 61
  01. 가업승계에 대한 지원 개요 ································ 61
  02. 가업승계에 대한 증여세 과세특례 적용 원리 ······ 63
Ⅱ. 가업승계에 대한 증여세 과세특례 적용 요건 ········ 66
  01. 개요 ·· 66
  02. 가업의 요건 ··· 67
  03. 증여자의 요건 ·· 80
  04. 수증자 요건 ··· 84
  05. 조세포탈 또는 회계부정 행위에 대한 증여세 과세특례 배제 ·········· 88
Ⅲ. 가업용 증여재산가액 및 적용 한도 ························ 91
  01. 가업재산의 요건 ·· 91
  02. 가업승계 증여세 과세특례 적용한도 ················ 100
Ⅳ. 가업승계 증여세 과세특례 과세방법 ···················· 101
  01. 증여세 과세원칙 ·· 101
  02. 유형별 과세특례 적용방법 ································ 101

03. 증여세 과세특례 적용신청 및 납부 ··· 104

Ⅴ. 가업승계 증여세 과세특례 사후관리 ······································ 105
01. 개요 ·· 105
02. 사후관리 대상 ·· 106
03. 사후관리 위반에 대한 증여세 추징 ·· 108
04. 2022년 이전 증여분에 대한 사후관리 ···································· 109

Ⅵ. 증여세 과세특례가 적용된 주식 등에 대한 특칙 ···················· 111
01. 증여자 사망에 따른 상속세로 정산 ·· 111
02. 창업자금에 대한 증여세 과세특례와 중복 적용 배제 ············ 114
03. 증여세 과세특례가 적용된 주식에 대한 가업상속공제 적용 ············ 114
04. 가업승계 적용주식의 직상장 또는 우회상장에 따른 이익의 증여 추가 적용 ··· 115
05. 이월과세 적용주식을 사후관리 기간(5년) 내에 가업 승계한 경우 ······ 117

Ⅶ. 가업승계 증여세 과세특례 납부유예 ······································ 120
01. 개요 ·· 120
02. 증여세 납부유예 요건 ·· 120
03. 납부유예 대상 증여세 ·· 122
04. 납부유예의 신청 및 허가 기한 ·· 122
05. 증여세 납부유예 적용 후 사후관리 위반시 증여세 추징 ······· 125
06. 정당한 사유가 있는 경우 증여세 과세유예 계속 적용 ·········· 129
07. 사후관리요건 위반시 납부유예 증여세의 자진신고 납부기한 ·········· 129
08. 담보 변경·보전명령 불응 및 납부기한전 징수사유 발생시 증여세 추징 ···· 131
09. 증여자 사망에 따른 상속세 정산 특칙 ·································· 133
10. 증여세 납부유예 재허가 신청 가능 ·· 134

Ⅷ. 특례적용 주식에 대한 양도 또는 상장에 따른 효과 ·················· 135
01. 증여세 과세특례 적용주식에 대한 양도소득세 효과 ·············· 135

Ⅸ. 가업승계에 대한 절세전략 ·· 139
01. 가업승계를 할 기업의 고려사항 ·· 139

제4절 창업자금에 대한 증여세 과세특례

Ⅰ. 개요 ··· 141
   01. 의의 ··· 141
   02. 창업자금 증여세 과세특례 적용 동향 ··························· 142
   03. 창업자금에 대한 증여세 과세특례 적용원리 ················ 143

Ⅱ. 창업자금 증여세 과세특례의 요건 ···································· 145
   01. 개요 ··· 145
   02. 증여자의 요건 ··· 145
   03. 수증자 요건 ··· 146
   04. 창업의 요건 ··· 146
   05. 창업자금의 범위 ··· 149
   06. 창업의 대상 ··· 151
   07. 창업자금 증여세 과세특례 적용 한도 ························· 153

Ⅲ. 창업자금에 대한 증여세 과세방법 ···································· 154

Ⅳ. 창업자금 증여세 과세특례 적용 ·· 155
   01. 창업자금에 대한 증여세 과세특례 신고 ····················· 155
   02. 창업자금 사용내역 제출 ·· 155
   03. 창업자금 사용명세 미제출분 등에 대한 제재 ············ 156

Ⅴ. 창업자금에 대한 사후관리 ··· 157
   01. 의무 불이행에 따른 증여세액 추징 ···························· 157
   02. 증여세 추징대상에서 제외 ·· 158
   03. 사후관리 위반에 따른 증여세 자신신고 및 납부기한 ········· 159

Ⅵ. 창업자금에 대한 증여세 과세특례 특칙 ·························· 160
   01. 증여자가 사망하여 상속세 과세시 특칙 ····················· 160
   02. 창업자금과 일반증여재산의 합산과세 배제 ··············· 160
   03. 가업의 승계에 대한 과세특례와 중복적용 배제 ········ 161

Ⅶ. 신고세액공제 배제 및 연부연납 가능 ····························· 161

제5절 가업상속공제

Ⅰ. 가업상속에 대한 조세지원 ··· 163

Ⅱ. 가업상속공제 적용요건 ··· 168
    01. 개요 ··· 168
    02. 가업의 요건 ··· 169
    03. 피상속인의 요건 ··· 174
    04. 상속인의 요건 ·· 178

Ⅲ. 가업용 상속재산가액의 적용 범위 ································· 183
    01. 개요 ··· 183
    02. 가업상속재산의 구분 ······································· 183

Ⅳ. 가업상속에 대한 사후관리 ·· 192
    01. 개요 ··· 192
    02. 사후관리의 대상 ··· 194

제6절 영농상속공제

Ⅰ. 농업·어업 등에 대한 조세지원 ····································· 209
    01. 개요 ··· 209
    02. 영농상속에 대한 조세지원 ································ 212

Ⅱ. 영농상속공제의 적용요건 ·· 214
    01. 개요 ··· 214
    02. 영농의 요건 ··· 215
    03. 피상속인의 요건 ··· 216
    04. 상속인의 요건 ·· 219
    05. 직접 영농에 종사에 대한 판단기준 ····················· 223
    06. 조세포탈 또는 회계부정 행위에 대한 영농상속공제 배제 ·········· 224

Ⅲ. 영농상속재산가액의 계산 ·· 227
    01. 영농상속재산 ·· 227
    02. 영농상속재산가액 ·· 232

Ⅳ. 영농상속공제 신청 ·· 235
Ⅴ. 영농상속에 대한 사후관리 ·· 236
  01. 5년간 영농상속재산의 처분제한 및 영농종사의무 ············ 236
  02. 정당한 사유 ··· 237
Ⅵ. 영농상속공제 적용 특칙 ·· 238
  01. 영농상속공제와 가업상속공제의 중복적용 배제 ················ 238
  02. 영농상속공제와 배우자 상속공제의 중복적용 가능 ············ 238
Ⅶ. 영농에 대한 조세지원과 절세전략 ······································ 239
  01. 영농업종에 대한 차별적 가업승계 지원 ·························· 239
  02. 피상속인·증여자 단계에서 발생한 평가차익에 대한 과세문제 ·········· 239
Ⅷ. 영농상속공제의 활용방안 ·· 241

제7절 가업승계를 위한 명의신탁주식 실명전환

Ⅰ. 국세청도 발벗고 나선 차명주식 실명전환 ························ 242
  01. 조세회피목적 명의신탁에 대한 규제 ······························· 242
  02. 명의신탁주식 실제소유자 확인제도 시행 ························ 242
Ⅱ. 명의신탁재산에 대한 증여의제 ·· 244
  01. 개요 ·· 244
  02. 명의신탁재산에 대한 증여의제 적용 ······························ 244
  03. 조세회피목적과 적용 예시 ··· 245
Ⅲ. 과세요건 ·· 248
  01. 납세의무자 ·· 248
  02. 증여의제가액 및 과세표준 계산 ···································· 248
  03. 증여의제 시기 ··· 249
Ⅳ. 명의신탁주식 실명전환 방법 ·· 251
  01. 명의신탁주식 실제소유자 확인제도 ································ 251
  02. 명의신탁주식 실제소유자 확인제도 요건 미충족시의 실명전환 ········ 255

Ⅴ. 명의신탁 해지 및 실명전환에 따른 납세의무 ·················· 256
　01. 명의신탁해지와 관련된 납세의무 ································ 256
　02. 명의신탁재산의 실명전환에 따른 납세의무 ···················· 258
　03. 부과제척기간 ·· 260

제8절 비상장주식 평가기준

　01. 평가원칙 ·· 263
　02. 비상장주식에 대한 보충적 평가방법 ···························· 268
　03. 유사상장법인 주가 비교평가방법 ································ 274
　04. 할증평가 ·· 279
　05. 가업승계시점을 고려한 컨설팅 사례 ···························· 284

가업승계의 모든 것 가업승계 메뉴얼

제1절 가업승계에 대한 이해

01 가업승계란?

사례연구

지난 30여 년간 전자제품을 제조하던 한철희 대표는 사업을 성공적으로 이끌어 왔다고 자부하면서 살아왔다. 이제 나이가 70대에 접어들어 회사의 장래에 대해서 걱정이 태산이다. 한대표는 자녀에게 사업을 물려줄까? 아니면 처분해서 물려주고 편히 살까?

한대표는 주위의 사업자들로부터 들은 바에 의하면 자녀에게 회사를 생전에 물려주자니 증여세가 걱정이 되고, 끝까지 경영을 하다가 상속으로 물려주자니 자식이 물어야 할 상속세가 걱정된다. 더군다나 회사를 처분하려고 하니 그동안 믿고 따랐던 종업원에 대한 고용 승계도 걱정이 된다.

그동안 자신이 일궈놓은 사업을 어떻게 하면 계속적으로 유지하고 발전시킬 수 있을지에 대해서 회사의 세무와 회계업무의 자문을 도맡아 하고 있는 김세무사에게 자문을 구하고 있다.

컨설팅 방향

사업의 승계에 대한 개념의 이해와 그 승계방법에 대해 우선 이해하여야 한다. 정부에서는 사업승계에 대해서 지원을 지속적으로 확대하고 있으므로 그 지원방안의 종류와 각 지원방안에 대한 장단점에 대한 정보를 제공할 필요가 있다.
이러한 기본적인 정보의 제공을 통해 가업승계나 가업상속, 그 밖의 다른 선택 가능한 방안을 선택하도록 한다.

가업승계는 기업의 경영상태가 지속되도록 하는 것으로서, 기업의 소유권을 승계하는 것과 경영권을 승계하는 것으로 구분할 수 있다. 일반적으로 중소기업의 경우에는 그 다음 세대에게 기업의 경영권을 그대로 유지하면서 소유권을 승계하도록 하는 것으로 이해하고 있다. 가업승계의 방법으로는 소유권과 경영권이 차세대 경영자에게 그 기업의 동질성을 유지하면서 상속이나 증여 또는 매각(M&A) 등을 통하여 가족이나 전문경영인 등에게 가업이 계승되도록 하는 것이다.

가업승계는 일반적으로 기업에 대한 소유권과 경영권이 다음 세대로 이전되는 것을 의미하지만 세법에서는 가업승계에 대해서 협의의 가업승계와 가업상속으로 구분하여 인식하고 있다. 협의의 가업승계는 현재의 경영자가 생전에 자녀 등의 2세에게 기업의 경영권을 승계하도록 하는 것을 의미하고, 가업상속은 경영자가 사망하여 상속이 개시된 경우에 상속인 등에게 그 기업의 경영권이 이전되는 것을 의미한다.

최근 정부에서는 가업승계에 대해서 적극적으로 지원하고자 하고 있으며, 그 지원의 취지는 단순히 회사의 재산과 경영권을 후계자에게 이전하는 것을 돕고자 하는 것이 아니라 기업의 기술·경영노하우의 효율적인 활용과 전수를 하도록 함으로써 국가발전에도 이바지할 수 있고, 더 나아가 종업원의 고용안정과 확대에도 한몫 하는데 있다고 할 수 있다.

가업승계는 소유와 경영이 분리되어 있는 대기업보다는 개인기업 또는 가족기업과 같은 중소기업에서 주로 직면하고 있는 상황이다. 대기업의 경우에는 다양한 주주와 전문화된 경영자가 존재하므로 대주주가 유고되는 경우에도 기업의 영속성에는 크게 영향을 받지 않는다. 반면에, 중소기업의 경우에는 가업승계에 대한 준비가 되지 아니한 상태에서 경영자가 유고되는 경우에는 기업의 영속성에 큰 영향을 미치게 된다.

이러한 점을 고려하면 중소기업의 경우에는 사전에 가업승계에 대한 충분한 준비를 통해야 기업의 경쟁력을 지속적으로 유지 발전할 수 있을 것이다.

02 가업승계의 현황

사례연구

한대표는 언론을 통하여 일부 기업인들이 세금을 제대로 내지 아니하고 2세에게 편법으로 재산을 넘겨줌으로써 부를 되물림한다고 비난하는 것을 자주 보아왔다. 한대표도 자신이 평생 일군 기업을 2세에게 물려줄 경우에 그와 같은 비난을 받지나 않을까 하고 가업승계에 대해서 많은 부담을 가지고 있다. 이에 한대표는 사업승계에 대해서 비난받지 않고 회사를 슬기롭게 2세에게 승계하기 위해서는 어떤 점에 대해서 고려해야 하는지에 대해서 조언을 구하고 있다.

컨설팅 방향

사업의 승계에 대한 사회적 인식과 가업승계를 하기 위한 고려요소에 대해서 검토하고, 최근에 정부가 가업승계를 지원하기 위해서 어떤 노력을 하고 있는지에 대해서 소개한다. 특히 가업상속공제와 가업승계에 대한 증여세 과세특례제도 등과 같은 정부의 지원제도에 대해서 설명함으로써 가업승계의 의사결정에 도움이 되도록 한다.

가. 가업승계에 대한 인식

가업은 대부분 중소기업으로서 가족의 구성원이 기업의 지분을 절반 이상 보유하면서 경영에 참여하여 운영하는 것을 말한다. 그동안 우리나라의 가업승계는 "부(富)의 대물림" 또는 "부의 세습"이라는 좋지 않은 사회적 분위기 때문에 사업승계 또는 가업상속에 대한 정부의 지원도 보잘 것 없었다.

가업상속에 대한 세제상 지원현황을 살펴보면, 가업상속공제와 관련 규정이 까다롭고 공제금액도 2007년까지는 1억원 한도 내에서 허용되어 실질적인 세제효과는 기대하기 어려웠다. 중소기업 가업상속공제를 받은 사람은 2004년 44명, 2005년 39명에 이어 2006년에는 46명에 불과하였다.

이러한 사회적 분위기는 우리의 주위에서 장수기업을 찾아보기가 어려웠던 원인 중의 하나라고 생각된다. 과거의 분위기와는 달리 최근에는 가업승계에 대한 인식의 변화, 적용요건과 사후관리기간의 완화, 지원금액의 확대 등으로 2022년에는 410명, 2023년에는 314명으로 대폭 증가하고 있다.

나. 가업승계에 대한 고려요소

선대사업자가 가업승계를 하기 위해서는 우선 '회사를 자신의 자녀에게 넘겨줄 것인가? 자녀에게 넘겨준다면 어느 자녀에게 넘겨줄 것인가? 자녀에게 넘겨주지 않으면 M&A를 통하여 매각할 것인가?' 등 여러 가지 요소를 고려해야 한다. 가업승계를 하는데 가장 우선적으로 고려할 요소는 가업에 대한 경영권을 승계 받을 후계자의 결정과 상속세 또는 증여세를 납부할 재원의 문제라고 할 수 있다. 그 다음으로 결정할 것이 후계자를 통한 기술·경영노하우를 어떻게 효율적으로 전수할 것인가 하는 문제가 될 것이다.

(1) 상속세 및 증여세의 납부

우리나라의 상속세 및 증여세는 피상속인의 상속재산 또는 증여한 재산가액의 크기에 따라 과세표준이 1억원 이하면 10%, 1억원 초과 5억원 이하는 20%, 5억원 초과 10억원 이하는 30%, 10억원 초과 30억원 이하는 40%, 30억원 초과는 50%의 세율을 적용하여 부과하고 있다. 과다한 상속세 및 증여세의 부과는 가업승계를 하는데 큰 부담으로 작용하여 가업을 물려받은 차세대 경영자들이 사업을 승계받아 유지 발전하는데 걸림돌이 되고 있다.

세금의 납부는 현금납부를 원칙으로 하고 있어 세금을 납부하기 위하여 부동산 등을 처분하여 납부하는 경우가 대부분이다. 중소기업을 운영하는 사업자는 대체로 기업의 업무용 자산과 경영자의 사적 재산의 구분 없이 대부분 담보를 설정하는 등의 사유로 인하여 처분이 용이하지 않다. 특히, 상속세나 증여세의 과세대상재산은 대부분 부동산이나 유가증권 등으로 구성되어 있어 처분하고 납부하는 데는 어려움이 따른다. 비록, 납세의 편의를 위하여 세금을 몇 년에 걸쳐서 나누어 납부하는 연부연납제도를 두고 있기는 하지만 담보물의 제공과 함께 이자상당액을 가산하여 납부해야 한다.

가업을 승계할 때 법인의 비상장주식을 증여하면 이 증여세에 대한 비상장주식의 물납이 허용되지 않고, 상속세의 경우에도 다른 상속재산이 없는 경우에 한하여 물납이 허용되고 있다. 물납 요건에 해당하더라도 비상장주식으로 물납하는 경우에는 경영권의 방어에도 영향을 미칠 수 있다.

(2) 가업승계자의 결정

중소기업의 경우에는 대부분 가족간에 경영이 이루어지고 있어서 후계자를 결정하는 것도 경영자의 친족 중에서 선정하는 것이 일반적이다. 이러한 경우에는 기업의 창업이념과 기업의 영속성을 유지하는데 수월한 측면이 있다. 반면에 후계자의 선정이 원활하게 이루어지지 아니한 경우에는 가족간에 더욱 복잡한 문제가 발생할 수도 있다.

후계자를 선정할 때 기업에 대한 경영능력이 부족한 사람이 경영자의 친족이라는 이유만으로 선정될 수도 있다. 이러한 경우에는 그동안 회사에서 핵심역량을 발휘하였던 종업원들이 기업 활동에 적극적으로 기여하지 않거나 다른 경쟁기업으로 이직할 수도 있어서 가업의 승계는 당초의 의도대로 할 수 없게 될 수도 있다.

친족 내에서 후계자를 결정하더라도 친족간의 재산의 분할과 민법상의 유류분제도와의 관계에 대해서도 검토가 뒷받침되어야 한다. 현행 상속세 및 증여세법에서는 가업승계 또는 가업상속에 대해서 조세지원을 하면서 공동으로 승계하는 것도 가능한 것으로 하고 있으나 사정의 변경으로 상속인 또는 자녀에게 가업을 승계하는 경우에 다른 상속재산의 현황 등에 비추어 민법상 유류분청구제도에 따라 분쟁이 발생될 수 있다.

가업승계에 대한 논의는 무엇보다도 경영자 자신의 판단이 중요한 변수이다. 일반적으로 경영자는 자신이 건강을 유지하고 있는 한 그 논의를 기피하는 경향이 있다. 정부에서 가업승계에 대한 적극적인 지원제도를 마련하더라도 경영자가 은퇴하기 전에 거론하기란 현실적으로 쉬운 일이 아니다.

따라서, 경영자는 기업의 축적된 기술·경영노하우를 원활하게 승계하여 사업을 효율적으로 승계 발전시킬 수 있도록 사전에 충분한 준비를 하여야 할 것이고, 가업을 혼란 없이 유지 발전하기 위해서는 체계적인 후계자의 부각과 갈등을 사전에 조정할 수 있는 방안에 대해서 철저한 준비를 하여야 할 것이다.

(3) 기술·경영노하우의 효율적인 승계

중소기업의 경우에는 경영자 개인의 역량에 많은 영향을 받게 된다. 기업의 내부적으로 기업의 후계자가 사업 노하우 전수를 사전에 충분하게 받지 못한 경우에는 기업 경영이 불안정하게 될 수도 있다. 특히 선대 경영자와 상이한 리더십으로 인하여 내부직원의 반발을 초래하는 경우에는 경영권이 위협이 될 수 있고, 내부통제제도가 확립되어 있지 아니한 기업의 경우에는 경영권 이양시에 매출채권이나 구매자재 등의 관리통제가 원만하지 아니할 수도 있다.

또한 기업의 외부적으로는 경영자의 개인 신용도에 크게 의존하게 된다. 그동안 전 경영자가 개척한 거래처와의 관계유지가 사업의 성패를 좌우할 수도 있지만 경영자의 역량에 따라 신뢰도가 크게 달라질 수 있다. 따라서 가업승계를 원활하게 하지 아니한 경우에는 거래처의 이탈 등의 가능성이 상존하게 된다. 그뿐만 아니라 거래 금융기관의 신용도 평가에도 부정적인 영향을 미칠 가능성이 있다.

이러한 문제점을 해결하기 위해서 사전에 충분한 시간을 두고 가업승계를 진행하여야 할 것이다. 또한 가업승계의 진행은 비밀리에 할 것이 아니라 공개적으로 하는 것이 바람직하고 본다. 기업의 경영도 후계자를 기업의 내부 경영에만 참여하게 할 것이 아니라 가업승계에 대한 계획을 거래처에도 사전에 충분히 알리고 직접 거래처에 소개하는 등의 적극적인 홍보가 필요하다. 이와 같은 슬기로운 가업승계를 통하여 어렵게 경영자가 구축한 거래관계와 기술·경영노하우를 효율적으로 승계할 수 있도록 하여야 할 것이다.

다. 가업승계에 대한 조세지원의 확대

그동안 정부에서는 재산의 무상이전에 대하여 과세권을 강화하여 왔다. 반면에 가업승계에 대해서는 최근에 중요성을 인식하면서 다음과 같이 가업승계에 대하여 조세지원을 확대하고 있어서 가업승계와 가업상속에 대한 관심이 점차 높아지고 있다.

(1) 가업승계에 대한 과세특례제도의 도입

정부에서는 2008년도부터 경영권의 사전증여를 통하여 가업승계를 원활하게 할 수 있도록 하는 지원제도가 시행되고 있다. 이 제도는 고용창출, 기술·경영노하우의 효율적 활용 및 전수 측면에서 지원할 필요가 있고, 승계받은 상속인의 성공적인 경영을 통하여 경쟁력을 갖춘 중소기업의 활성화를 위하여 가업승계에 대한 증여세 과세특례제도를 도입하였다. 이 제도는 중소기업을 운영하는 기업가들에게는 반가운 일이고, 그에 대한 관심도 한층 높아지고 있다.

그동안 가업승계 증여세 과세특례는 적용기한을 두고 한시적으로 적용하던 것을 2014년부터는 적용기한 없이 영구적으로 적용할 수 있게 하였고, 2023년부터는 한도액을 가업상속공제와 동일하게 증여자의 가업경영기간에 따라 300억원~600억원으로 상향하고 공제금액도 5억원을 공제하던 것을 10억원으로 상향하였으며, 사후관리기간도 종전에 7년에서 5년으로 단축하면서 개정된 사후관리규정은 2023.1.1.현재 사후관리 기간 중인 기업도 5년으로 적용받을 수 있도록 하였다.

특례세율의 적용도 2024년부터 과세표준이 60억원 이하인 경우에는 10%, 그 초과분은 20%의 세율을 적용하던 것을 120억원 초과분에 대해 20% 세율로 과세하는 것으로 개정하였다.

이와 같은 조세지원을 통해 가업승계를 하고 증여자가 사망한 경우에는 가업승계 재산가액을 상속재산가액에 가산하여 과세하기는 하지만 중소기업으로서 가업의 요건을 유지하고 있는 경우에는 가업상속공제를 적용할 수 있다.

(2) 중소기업 창업에 대한 지원

정부에서는 저출산·고령화 사회로 진전되는 문제점을 해결하기 위하여 젊은 세대에게 창업자금을 조기에 이전함으로써 경제의 활력을 도모하고자 2006년부터 창업자금에 대한 증여세 과세특례를 시행하고 있다. 이 제도는 젊은 세대가 노부모로부터 창업자금을 증여받은 때에는 낮은 세율로 증여세를 과세하고, 그 증여자가 사망할 때 증여당시의 창업자금을 상속재산가액에 가산하여 상속세로 정산하는 방식이다.

이 제도는 18세 이상인 자녀가 중소기업의 창업을 목적으로 60세 이상의 부모로부터 창업자금 50억원(창업을 통하여 10명 이상을 신규로 고용한 경우에는 100억원)을 증여받는 경우에는 증여세과세가액에서 5억원을 공제하고 세율을 100분의 10으로 하여 증여세를 부과한다. 이러한 중소기업 창업자금에 대한 증여세 과세특례제도를 활용하여 2세에게 창업을 지원하면 새로운 창업을 통하여 사업을 계승하는데 효과적일 수 있다.

(3) 가업상속에 대한 조세지원

장기간 중소기업을 경영하던 사업자가 사망하는 경우에 장기간에 걸쳐 운영하던 사업이 자녀 등과 같은 상속인에게 그 사업을 원활하게 승계될 수 있도록 상속재산에서 공제하는 가업상속공제를 통해 지원하고 있다. 그동안 가업상속공제는 오래전부터 시행되었으나 그 적용요건이 복잡하고 사후관리의 요건이 까다로워 활용한 사례는 많지 않았다.

가업상속공제는 2008년부터 피상속인이 15년 이상 경영하던 가업을 상속하는 경우에 가업상속재산가액의 20%에 해당하는 금액에 대하여 30억원을 한도로 공제할 수 있도록 하는 등 지속적인 확대가 있었고, 이에 대해 일부의 사업자단체에서는 가업상속에 대한 지원이 부족하다고 하여 2012년부터는 가업상속재산가액의 40%를 70%로 확대하고, 그 한도액은 피상속인의 가업영위기간에 따라 100억원에서 최대 300억원까지 확대하였다. 이러한 지원에도 적용이 확대되지 않자 2014년부터는 사업상속재산 전액을 공제하되 추후 상속받은 주식을 양도할 때는 피상속인의 취득가액을 적용하는 이월과세제도를 도입하고, 2023년부터는 가업영위기간에 따라 최대 600억원을 한도로 하는 개정이 있었으며, 사후관리기간도 7년에서 5년으로 완화하였다.

(4) 영농상속공제

영농상속공제는 농민의 원활한 영농승계를 지원하기 위해 가업상속공제와 함께 각각 공제받을 수 있도록 하였으나 2008년부터는 영농상속공제를 가업상속공제와 구분하여 중복공제가 되지 않도록 하였다. 도입 초기에는 2억원을 한도로 적용하던 것을 지속적으로 확대하여 2023년부터는 30억원을 한도로 하였고, 피상속인의 요건에서 상속개시일 2년 전부터 계속하여 직접 영농(농업, 임업, 어업)에 종사하던 것을 8년 전부터 종사할 것을 강화하였으며, 피상속인 또는 상속인이 탈세·회계 부정으로 징역형·벌금형을 받은 경우 영농상속공제 배제하도록 그 요건을 강화하였다.

(5) 가업승계에 대한 연부연납 또는 납부유예 지원

중소기업 등의 원활한 가업승계 지원을 위해 「가업상속공제」, 「가업의 승계에 대한 증여세 과세특례」, 「가업상속재산에 대한 상속세 연부연납」 제도 등을 두고 있으며, 2023년부터는 가업승계에 대한 증여세 과세특례의 적용요건에 해당하는 경우에 일반세율을 적용하되 납부를 유예하고 수증자가 정당한 사유 없이 사후관리요건 위반하거나 사망하는 등의 사유가 발생할 때 납부하는 「가업승계 시 상속·증여세 납부유예」를 활용할 수 있게 하였다.

03 정부정책의 변화

그동안 정부에서는 장기간 부모가 가업으로 영위하던 기업을 자녀 등에 승계하는 것을 원칙으로 하여 지원의 규모를 확대하고 사후관리의 요건을 완화하는 등의 방법으로 가업승계를 지원하였다. 이러한 지원에도 저출산·고령화로 친족승계가 어렵게 되고 있어 정부에서는 중소기업의 지속경영을 위한 방안을 마련하기 위하여 중소기업의 영속성을 유지하고 혁신성장을 위해 중소기업 도약 전략을 마련하고 있다.

이에 따라 정부에서는 2025년 상반기까지 현행 '가업'승계(친족) 개념을 '기업'승계로 용어를 변경하고 승계 촉진을 위한 「중소기업승계특별법」을 제정하겠다고 발표하였다.

제2절 가업승계 준비를 위한 법률제도

🔍 사례연구

한대표의 가족은 처 황금자씨와 2녀 1남의 5명으로 구성되어 있다. 한대표는 사업체를 자신이 사망하기 전에 장남에게 증여할 경우에 나중에 자신이 사망했을 때 형제간에 재산 분쟁은 발행하지 않을지 우려하고 있다. 이러한 분쟁을 예방하기 위해서 자녀에게 계획된 상속분을 물려주려면 사전에 어떻게 해야 하는지에 대해서 조언을 구하고 있다.

컨설팅 방향

상속과 증여에 관한 민법상의 내용과 상속에 대한 상속순위 등에 대해서 소개한다. 또한 자신이 사망하기 전에 재산을 분배하기 위한 방법으로 유언의 방법에 대해서 소개하고, 사전에 증여를 통하여 재산을 분배할 경우에 자신의 사후에 상속인 간에 분쟁이 발생될 수 있는 유류분청구권제도에 대해서 소개한다. 이러한 민법상의 상속제도에 대해서 이해하도록 함으로써 추후 형제간에 상속분 분쟁과 가업승계에 대한 세법상 사후관리 요건에 위배되지 않도록 한다.

01 증여에 관한 민법 규정

가. 증여란?

민법에서 증여는 당사자 일방(증여자)이 무상으로 재산을 상대방(수증자)

에 수여하는 의사를 표시하고 상대방이 이를 승낙함으로써 그 효력이 성립한다(민법 §554). 일반적으로 증여는 증여하는 행위를 말하며, 민법에서는 증여의 원인이 되는 증여계약을 증여라고 한다. 이러한 증여의 법률적 성질은 다음과 같이 무상·낙성·편무·불요식의 계약이다.

① 무상이전계약

증여는 채무계약으로서 증여자는 무상으로 수증자에게 재산급여의 의무를 부담하는 것을 말한다. 증여의 목적물은 비록 자기에게 속하지 않는 타인의 재산이더라도 증여의 목적물이 될 수 있다.

② 낙성계약

증여 목적물의 인도 기타 출연행위를 실행하지 않더라도 당사자의 의사 합치만으로 증여는 성립한다. 일반적으로 증여자는 계약상의 채무를 부담하고 그 목적물을 인도하게 된다.

③ 편무계약

계약에는 쌍무계약과 편무계약으로 구분되는데, 쌍무계약은 당사자 쌍방이 서로 채무를 부담하고 그들 채무는 서로 대가로서의 의미를 가진다. 반면에 편무계약은 계약으로 일방당사자만이 채무를 부담하는 것으로서 증여는 편무계약에 해당된다.

④ 불요식행위

증여는 반드시 서면에 의한 계약이 증여계약의 성립요건은 아니다. 외국의 입법례에서는 서면에 의하는 요식행위로 하는 경우가 많다. 우리나라의 민법에서는 어떠한 형식을 요할 것을 규정하지 않고 있다.

(1) 상속세 및 증여세법상의 증여와 다른 점

민법에서는 증여자가 무상으로 재산을 수증자에 수여하는 의사를 표시하고 상대방이 이를 승낙함으로써 그 효력이 성립된다. 반면에 상속세 및 증여세법에서는 그동안 민법상의 증여와는 달리 증여자와 수증자 사이에 재산의 무상 이전에 대한 의사표시를 하지 않더라도 그 행위가 민법상의 증여와 같은 효과가 발생하면 이를 증여로 보아 증여세를 과세하였다. 이러한 과세방식은 민법상의 증여에 의하여 재산이 무상 이전되는 경우와 동일한 효과가 발생하는 경우에 대해서도 동일하게 과세함으로써 과세의 형평성을 유지하기 위한 것이다.

이러한 과세방법으로도 부의 무상이전에 대해 충분히 과세할 수 없는 한계가 있어, 상속세 및 증여세법에서는 2003년 12월 세법 개정을 통하여 증여의 개념을 규정하고 이에 해당하는 경우에는 증여세를 부과하는 증여세완전포괄주의 과세제도를 도입하였다. 이 규정에서 "증여"란 그 행위 또는 거래의 명칭·형식·목적 등과 관계없이 직접 또는 간접적인 방법으로 타인에게 무상으로 유형·무형의 재산 또는 이익을 이전(移轉)(현저히 낮은 대가를 받고 이전하는 경우를 포함한다)하거나 타인의 재산가치를 증가시키는 것을 말한다(상속세및증여세법 §2 6호).

나. 상속에 관한 민법 규정

(1) 상속이란?

상속이란 피상속인의 사망으로 일정한 상속인이 그 피상속인의 재산 등을 포함하는 권리·의무를 포괄적으로 승계하는 것을 말한다(민법 §1005). 상속은 피상속인의 재산 관계가 총체적으로 승계되는 것이므로 채권·부동산 등과 같은 적극적인 재산뿐만 아니라 부채 등과 같은 소극적인 재산도 함께 승계된다.

이 경우에 피상속인의 재산 중에 부채 등의 소극적인 재산이 채권 등과 같은 적극적인 재산보다 많은 경우에는 부(負)의 재산을 승계하는 결과가 될 수도 있으므로 한정승인 또는 상속포기도 고려하여야 한다.

(2) 상속인의 범위와 상속순위

상속의 본질은 사람의 사망에 의한 재산 및 재산상의 지위를 포괄적으로 승계하는 것을 의미한다. 우리나라의 민법은 상속의 형태로 상속인을 법정하는 법정상속주의를 취하고 있어 상속인의 지정이나 선정을 허용함으로써 상속인 간에 초래될 수 있는 불공평을 원칙적으로 배제하고 있다.

(가) 상속인

상속인의 범위는 피상속인의 직계비속, 직계존속, 형제자매, 4촌 이내의 방계혈족 및 배우자이다. 이 경우에 혈족은 자기의 직계존속과 직계비속을 직계혈족이라 하고, 자기의 형제자매와 형제자매의 직계비속, 직계존속의 형제자매 및 그 형제자매의 직계비속을 방계혈족이라 한다(민법 §768).

(나) 상속인의 순위

상속에 있어서는 그 순위에 따라 상속인이 결정된다. 상속순위에 따라 상속인을 판단할 때, 같은 상속인이 여러 사람인 경우에는 최근친을 선순위로 하고, 같은 순위의 상속인이 여러 사람인 때에는 공동상속인이 된다. 이 경우에 태아는 자연인은 아니지만 상속순위에 관하여는 이미 출생한 것으로 본다(민법 §1000). 상속인의 순위는 다음과 같다.

① 제1순위 : 피상속인의 직계비속
② 제2순위 : 피상속인의 직계존속
③ 제3순위 : 피상속인의 형제자매
④ 제4순위 : 피상속인의 4촌 이내의 방계혈족

상속인을 판단할 상속순위는 민법에서 피상속인의 직계비속부터 피상속인의 4촌 이내의 방계혈족까지를 열거하고 있는데, 상속인의 대상이 여러 사람인 경우에는 그 가운데 가장 가까운 근친이 상속인이 된다.

예를 들어, 사망한 자의 자녀 혹은 손자·손녀와 같은 직계비속이 1순위의 상속인이 된다. 이 경우에 직계비속은 친자와 양자, 혼인중의 출생자와 혼인외의 출생자를 불문한다. 직계비속이 없을 때는 부모 혹은 조부모, 외조부 등이 2순위가 된다. 직계비속과 직계존속이 없는 경우에는 피상속인의 형제자매가 3순위의 상속인이 되고, 형제자매도 없는 경우에는 백숙부, 고모, 이모, 4촌 형제 등과 같이 피상속인의 방계혈족이 4순위 상속인이 된다.

이 경우에 배우자는 혈족이 아닌 당연 상속인이 되고, 피상속인의 직계비속 또는 직계존속과 같은 순위로 공동상속된다. 직계비속이나 직계존속이 없을 때는 단독상속을 하게 된다.

(다) 특별연고자

민법에서는 피상속인의 직계비속, 직계존속, 형제자매, 4촌 이내의 방계혈족 및 배우자에 한하여 상속인이 될 수 있다. 이러한 상속인이 없는 경우에 상속재산은 원칙적으로 국가에 귀속된다(민법 §1058 ①).

그러나 사실상의 배우자나 사실상의 양자와 같이 피상속인과 생계를 같이 하고 있거나 피상속인의 요양간호를 한 자, 기타 피상속인과 특별한 연고가 있던 자는 법률상 상속인이 아니어서 피상속인의 재산에 대하여 상속을 할 수 없다면 이는 분명 불합리하다고 할 수 있다.

이 경우에 민법에서는 상속권을 주장하는 자가 없는 경우에 한하여 특별연고자에 대한 분여를 인정하고 있다.

(라) 국가

이상에서 열거한 상속인이 없고 특별연고자의 분여청구가 없는 한 재산상속인 부존재의 상태가 생겨 그 재산은 국가에 귀속하게 된다(민법 §1058). 이 경우에 국가는 적극재산만을 취하고 채무는 부담하지 않는다.

(마) 대습상속

피상속인의 사망으로 인하여 상속인이 될 직계비속 또는 형제자매가 상속개시 전에 사망하거나 결격자가 된 경우에 그 직계비속이 있는 때에는 그 직계비속이 사망하거나 결격된 자의 순위에 갈음하여 상속인이 된다. 이 경우에 대습상속인은 피대습자의 직계비속이나 배우자이어야 한다.

배우자는 법률상 혼인한 배우자이어야 하고, 사실혼 상태의 배우자는 대습상속을 할 수 없다. 또한, 배우자가 사망한 후 재혼한 경우는 인척관계가 소멸되므로 대습상속권이 없다.

(3) 법정상속분

피상속인이 사망하기 전에 유언에 따라 각 상속인에 대한 상속분을 지정하였다면 그 지정한 바에 따라 재산분할을 할 수 있다. 그러나 사망하면서 상속분을 특정하지 않았다면 상속인들 사이에 협의를 통하여 상속재산을 분할할 수 있다.

상속인들 사이에 협의가 이루어지지 않는다면, 상속재산을 상속인의 수로 나눈 법정상속분이 상속인에게 균등하게 상속된다. 다만, 배우자는 직계비속이나 직계존속과 공동으로 상속되는 때에는 상속분에 50%를 가산한다.

(사례)   **[법정상속분]**

구 분	상 속 인	상 속 분	비 율
배우자와 자녀가 있는 경우	장남과 배우자만 있는 경우	장남 1 배우자 1.5	2/5 3/5
	장남, 장녀(미혼), 배우자가 있는 경우	장남 1 장녀 1 배우자 1.5	2/7 2/7 3/7
	장남, 장녀(출가), 차남, 차녀, 배우자가 있는 경우	장남 1 장녀 1 차남 1 차녀 1 배우자 1.5	2/11 2/11 2/11 2/11 3/11
배우자가 자녀는 없고 직계존속만 있는 경우	부모와 배우자만 있는 경우	부 1 모 1 배우자 1.5	2/7 2/7 3/7

* 법정상속분은 상속순위에 따라 결정되며, 같은 순위의 상속인이 여러 명인 때에는 상속분이 동일하다. 다만, 배우자의 상속분은 직계비속과 공동으로 상속하는 때에는 직계비속의 상속분에 5할을 가산하고, 직계존속과 공동으로 상속하는 때에도 직계존속의 상속분에 5할을 가산한다.

(4) 기여분

기여분은 공동상속인 중에 상당한 기간 동거하거나 그 밖의 방법으로 피상속인을 특별히 부양하거나 피상속인 재산의 유지 또는 증가에 특별히 기여한 자가 있을 때 그 기여를 인정하는 상속분을 말한다. 민법에서는 공동상속인 가운데 피상속인에 대해 기여한 자가 있을 때는 상속개시 당시 피상속인의 재산가액에서 공동상속인의 협의로 정한 그 자의 기여분을 공제한 것을 상속재산으로 보고, 산정한 법정상속분에 기여분을 가산한 금액을 그 자의 상속분으로 하도록 하고 있다.

기여분은 공동상속인이 협의하여야 하고, 협의가 이루어지면 공동상속인 전원의 합의가 있어야 변경할 수 있다. 만약에 협의가 되지 아니하거나 협의할 수 없을 때는 가정법원이 이를 정하게 된다.

(5) 유류분제도

(가) 유류분이란?

유류분이란 증여나 유언에 의한 상속을 할 때 특정인에게 지나치게 높은 비율의 재산을 배분함으로 인하여 다른 상속인의 상속분이 침해되는 것을 방지하기 위한 최소한의 상속분을 보장하는 것을 말한다. 이것은 비록 상속재산이 피상속인 명의로 소유하고 있다 하더라도 일생을 살아가면서 가족 전체의 협력으로 이루어졌기 때문에 상속인에게 최소한의 재산이 돌아갈 수 있도록 민법에서는 유류분제도를 두고 있다.

이 제도는 사망자가 유언이나 사전증여에 따라 재산을 자유롭게 처분할 수 있는 범위를 제한하기 위한 것으로서, 상속인은 자신에게 배분되는 몫이 유류분보다 적다면 유류분의 반환을 청구할 수 있는 권리가 발생한다.

(나) 유류분권자와 유류분 비율

유류분권을 가지는 자는 피상속인의 직계비속·배우자·직계존속이다. 이 경우에 태아는 살아서 출생하면 직계비속으로 유류분을 가진다. 유류분권자가 가지는 유류분 비율은 다음과 같다(민법 §1112). 1977년 유류분제도가 처음 도입될 당시에는 형제자매의 경우에도 법정상속분의 3분의 1의 유류분이 있었으나 헌법재판소의 위헌결정(헌재 2020헌가4, 2024.04.25)으로 즉시 무효가 되었다.

① 피상속인의 배우자 : 법정상속분의 2분의 1
② 피상속인의 직계비속 : 법정상속분의 2분의 1
③ 피상속인의 직계존속 : 법정상속분의 3분의 1

(다) 가업승계에 따른 재산 배분시 고려사항

일반적으로 유언에 따라 상속을 하게 되면 눈 밖에 벗어난 자식에게는 한 푼도 상속하지 않아도 되는 것처럼 생각하기 쉽다. 그러나 민법에서는 최소한의 유류분은 유언으로도 침해할 수 없도록 하고 있다.

> **사례**
>
> 박대표는 장남·차남 등 2명의 자녀를 두고 있다. 박대표는 회사의 주식 16억원을 포함한 20억원의 상속재산을 가지고 있다. 한 대표는 생전에 회사의 주식을 모두 장남에게 상속하고, 나머지 재산 4억원은 차남에게 상속하는 것으로 유언장을 남기고 사망하였다. 아버지의 사망 이후에 이 사실을 알게 된 차남은 유언장에 대해서 받아들이기가 곤란하다며 장남에게 재산의 일부를 넘겨 줄 것으로 요구하고 있다. 이런 경우에 차남의 상속권은 어떻게 될까?
>
> **해설**
>
> 증여나 유언에 의한 상속을 할 때 특정인에게 지나치게 높은 비율의 재산을 배분하더라도 최소한의 상속분을 보장하도록 하는 것이 유류분제도의 취지이다. 유류분 비율은 배우자와 자녀의 경우에는 법정상속분의 2분의 1, 직계존속은 법정상속분의 3분의 1을 한도로 유류분을 주장할 권리가 있다.
>
> 사례의 경우에 차남의 법정상속분은 10억원이므로 유류분은 법정상속분의 2분의 1인 5억원이다. 따라서 차남이 물려받은 상속재산은 4억원이므로 1억원의 유류분권을 가지게 되어 장남에게 1억원의 유류분 반환청구권을 가진다.

(6) 상속재산의 분할

(가) 상속재산의 분할이란?

상속재산의 분할은 상속인이 여러 사람으로 구성되어 있는 경우에 상속개시로 인하여 생긴 상속재산의 공유관계를 종료시키고 공동상속인별 상속분에 따라 그 배분, 귀속을 확정시키는 것을 말한다. 상속재산의 분할은 상속재산에 있어서 공유관계가 존재하여야 하고, 공동상속인이 확정되어 있어야 한다.

또한, 피상속인의 유언이나 공동상속인 전원의 협의로써 상속재산의 분할에 관한 금지가 없어야 한다.

(나) 분할의 방법

① 유언에 의한 분할

피상속인은 유언으로 상속재산의 분할방법을 정하거나 이를 정할 것을 제3자에게 위탁할 수 있고 상속개시의 날로부터 5년을 초과하지 아니하는 기간 내의 그 분할을 금지할 수 있다(민법 §1012). 상속재산의 분할방법은 피상속인의 유언으로 정할 수는 있지만, 생전행위에 의한 분할방법의 지정은 그 효력이 없어 상속인들이 피상속인의 의사에 구속되지 않는다.

② 협의에 의한 분할

공동상속인은 유언에 의한 분할 이외에 언제든지 그 협의에 따라 상속재산을 분할할 수 있다(민법 §1013). 협의분할은 상속을 승인한 공동상속인, 공동상속인의 상속인, 상속분을 양도받은 제3자에게도 분할청구권이 있다. 또한, 상속인의 채권자도 상속인을 대위하여 분할청구권을 행사할 수 있고, 포괄적 수증자도 분할에 참가할 수 있다.

③ 조정 또는 심판에 의한 분할

공동상속인 간에 분할의 협의가 성립되지 않은 때에는 가정법원에 분할을 청구할 수 있다. 재산분할의 유형은 현물분할이 원칙이나, 가정법원은 현물로 분할할 수 없거나 분할로 인하여 현저히 그 가액이 감손될 염려가 있는 때에는 물건의 경매를 명할 수 있다(민법 §1013 ②, §269 ②).

(다) 상속재산분할의 효과

상속재산의 분할은 상속이 개시된 때에 소급하여 그 효력이 있다. 그러나, 제3자의 권리를 해하지 못한다(민법 §1015). 이때 제3자는 등기, 인도 등으로 완전한 권리를 취득한 자를 말한다.

(라) 유언의 방식

1) 유언이란?

유언은 유언자의 사망으로 인하여 일정한 법률효과를 발생시킬 것을 목적으로 일정한 방식에 따라 상대방 없이 하는 단독의 의사표시이다. 유언은 사유재산제도가 발달함에 따라 재산처분의 한 형태로 유언자유의 원칙이 행해지게 되었다. 그러나, 유언의 효력은 유언자가 사망한 이후에 발생되기 때문에 그 내용이 유언자의 진의의 여부를 사후에 가리는 것은 쉬운 일이 아니다.

우리 민법에서는 유언이 법률효과를 발생하기 위해서는 민법이 정한 방식에 따르지 않으면 안 되도록 하고 있다. 유언의 방식은 자필증서, 녹음, 공정증서, 비밀증서와 구수증서의 5종이다(민법 §1065).

① 자필증서에 의한 유언

자필증서에 의한 유언은 유언자가 그 전문과 연월일, 주소, 성명을 자서하고 날인 하여야 한다. 또한, 자필증서에 문자의 삽입 또는 변경을 함에는 유언자가 이를 자서하고 날인하여야 한다(민법 §1066). 이 방식은 가장 간단한 방법이기는 하지만 유언자가 직접 작성하지 아니하고 타인에게 대신 쓰게 하거나 컴퓨터 등을 이용하여 작성하는 것은 그 효력이 없다.

② 녹음에 의한 유언

녹음에 의한 유언은 유언자가 유언의 취지, 그 성명과 연월일을 구술하고 이에 참여한 증인이 유언의 정확함과 그 성명을 구술하여야 한다(민법 §1067). 유언자의 유언은 녹음기만 있으면 간단히 녹음할 수 있는 편리한 점이 있으나 유언자의 사후에 제3자에 따라 조작될 가능성이 있다. 따라서 이 방식에는 반드시 증인이 참여하여야 한다.

③ 공정증서에 의한 유언

공정증서에 의한 유언은 유언자가 증인 2인이 참여한 공증인의 면전에서 유언의 취지를 구수하고 공증인이 이를 필기 낭독하여 유언자와 증인이 그 정확함을 승인한 후 각자 서명 또는 기명날인하여야 한다(민법 §1068). 이 공증증서는 외국어로는 쓸 수 없고 반드시 국어로 써야 한다(공증인법 §26).

④ 비밀증서에 의한 유언

비밀증서에 의한 유언은 유언자가 필자의 성명을 기입한 증서를 밀봉 날인 하여 이를 2인 이상의 증인 면전에 제출하여 자기의 유언서임을 표시한 후 그 봉서표면에 제출 연월일을 기재하고 유언자와 증인이 각자 서명 또는 기명 날인하여야 한다. 이 방식에 의한 유언봉서는 그 표면에 기재된 날부터 5일 이내에 공증인 또는 가정법원 서기에게 제출하여 그 봉인상에 확정일자를 받아야 한다(민법 §1069). 이 방식은 유언의 존재는 명확히 해두고 싶으나 자기의 생전에 비밀히 해두고 싶은 경우에 선택 가능한 방식이다.

⑤ 구수증서에 의한 유언

구수증서에 의한 유언은 질병 기타 급박한 사유로 인하여 상기의 방식에 의할 수 없는 경우에 하는 방식이다. 유언자가 2이상의 증인의 참여로 그 1인에게 유언의 취지를 구수하고 그 구수를 받은 자가 이를 필기 낭독하여 유언자의 증인이 그 정확함을 승인한 후 각자 서명 또는 기명날인하여야 한다. 이 방식에 의한 유언은 그 증인 또는 이해관계인이 급박한 사유의 종료한 날로부터 7일 이내에 법원에 그 검인을 신청하여야 한다(민법 §1070). 이 방식은 질병이나 급박한 사정에 의해 다른 방법에 의한 유언을 할 수 없을 때 구수증서에 의한 유언을 하는 것이 편리하다.

유언서

유언자 한○○는 다음과 같이 유언한다.

1. 본인 명의의 다음 부동산은 처 박○○이 상속한다.
   서울특별시 ○○구 ○○동 ○○번지 ○○아파트 ○○○동 ○○○호

2. 본인 명의의 다음 임야는 장남 한○○이 상속한다.
   ○○○도 ○○군 ○○면 ○○리 산○○○-3
   임야 15,000㎡

3. 본이 명의의 ○○은행 계좌번호 ○○○-○○○○○○-○○-○○○의 예금은 전액 차남 한○○이 상속한다.

4. 본인이 소유하고 있는 주식회사○○○의 주식 10,000주는 장남 한○○이 상속한다.

5. 상기 재산 이외의 모든 재산은 처 박○○이 상속한다.

6. 이 유언의 집행자는 다음의 사람을 지정한다.
   성   명 : ○○○
   주   소 : 서울특별시 ○○구 ○○동 ○○번지 ○○아파트 ○○○동 ○○○호
   연락처 : 02-2001-3000

7. 유언집행자 이○○에 대해 본 유언 집행을 위한 예금 등의 명의변경, 계약 및 환급 등 일체의 처분 권한을 부여한다.

위의 유언을 명확히 하기 위하여 유언자는 이 유언 전체를 직접 쓰고 서명 날인한다.

유언 작성연월일 : 20○4. 12. 1.
유언자 : 한○○ (인)
주민등록번호 : 300101-1234567
서울특별시 ○○구 ○○동 ○○번지 ○○아파트 ○○○동 ○○○호

2) 유증의 승인 및 포기

유증을 받을 자는 유언자의 사망 후에 언제든지 유증을 승인 또는 포기할 수 있다. 이 경우에 한번 승인이나 포기를 하면 그것에 대해 다시 취소하지 못하며, 승인이나 포기는 유언자의 사망한 때에 소급하여 그 효력이 있다(민법 §1074, §1075).

3) 유언집행자의 지정

유언집행자는 상속이 개시된 이후에 유언의 내용을 실현시키기 위하여 필요한 절차를 집행하는 자를 말한다. 유언자는 유언으로 유언집행자를 지정할 수 있고 그 지정을 제3자에게 위탁할 수 있다(민법 §1093).

유언집행자로 위탁을 받은 제3자는 그 위탁이 있음을 안 후 지체없이 유언집행자를 지정하여 상속인에게 통지하여야 하며, 그 위탁을 사퇴할 때에는 이를 상속인에게 통지하여야 한다. 지정된 유언집행자가 없는 때에는 상속인이 유언집행자가 된다. 이 경우에 유언집행자가 없거나 사망, 결격 기타 사유로 인하여 없게 된 때에는 가정법원은 이해관계인의 청구에 따라 유언집행자를 선임하여야 한다.

유언집행자가 없는 경우에는 상속인이 집행자가 될 수 있고, 제3자에게 위탁할 수도 있다. 무엇보다도 상속인 간의 분쟁을 미연에 방지하기 위해서는 변호사 등 이해관계자 없는 제3자를 유언집행자로 지정해 놓는 것도 선택 가능한 방법이 될 수 있다.

(7) 상속의 승인과 포기

(가) 의의

상속이 개시되는 경우에는 상속인은 피상속인의 재산에 관한 포괄적 권리·의무를 당연히 승계하게 된다. 상속재산에는 피상속인의 채권 등의 적극적인 상속재산뿐만 아니라 채무 등의 소극적인 재산도 모두 포함하여 함께 승계된다. 따라서, 상속은 상속인에게 이익만 주는 것이 아니라 피상속인의 채무가 적극적인 재산보다 많은 경우에 상속인의 의사와 관계없이 승계된다면 상속인에게 부담만 주게 될 수도 있다.

이런 경우에 상속인은 이를 거절할 수 있고, 비록 적극적인 재산이 많더라도 이를 받지 않을 수도 있다. 이것은 상속인의 보호와 법률관계의 안정을 위하여 상속포기제도를 두고 있다. 이에 반하여 상속의 승인은 상속을 포기하지 않겠다는 의사표시이다.

(나) 상속의 승인

상속의 승인에는 권리·의무의 귀속을 전면적으로 승인하는 단순승인과 제한적으로 승인하는 한정승인이 있다. 민법에서는 상속의 개시를 안 날로부터 3월 이내에 승인 또는 포기를 하도록 하고(민법 §1019), 상속인이 상속재산에 대한 처분행위를 하거나 상속개시가 있음을 안 날로부터 3월의 기간 내에 한정승인이나 포기를 하지 아니한 때, 한정승인이나 포기를 한 후에 상속재산을 은닉하거나 부정소비, 고의로 재산목록에 기입하지 아니한 때에는 단순승인을 한 것으로 보도록 하고 있다. 단순승인은 상속인이 상속개시 있음을 안 날로부터 3월 내에 가정법원에 단순승인을 할 수 있다.

피상속인의 소극적인 재산인 채무가 적극재산보다 많은 경우에 상속인의 상속에 대한 거절의 자유가 없이 그 채무의 전부가 당연히 상속인에게 승계된다면 상속은 상속인에게 부담만 주는 결과가 발생한다. 이런 경우에 상속인을 보호할 목적으로 한정승인제도를 두고 있다. 예를 들어, 피상속인의 재산이 10억원이고, 남겨진 채무가 15억원인 경우에 한정승인을 통하여 10억원까지만 책임을 부담할 수 있다.

이 경우에 한정승인은 상속인은 상속개시 있음을 안 날로부터 3월 내에 가정법원에 할 수 있다. 또한, 상속인은 상속채무가 상속재산을 초과하는 사실을 중대한 과실 없이 상속개시 있음을 안 날로부터 3개월 기간 내에 알지 못하고 단순승인을 한 경우에도 한정승인을 할 수 있다. 이 경우에 한정승인은 그 사실을 안 날부터 3개월 이내에 가정법원에 할 수 있다.

(다) 상속 포기

상속 포기는 상속개시로 인하여 불확정하기는 하나 일단 상속인으로서의 효력인 피상속인의 재산에 대한 모든 권리·의무의 승계를 부인하고, 상속개시 당시부터 상속인이 아니었던 것과 같은 효력을 발생하게 하려는 단독의 의사표시를 말한다. 이 경우에 상속포기는 상속의 효과를 전면적으로 거부하는 행위이므로 단순하여야 하고, 조건이나 기한을 붙이거나 일부 포기도 할 수 없다. 상속 포기는 상속인이 상속개시 있음을 안 날로부터 3개월 이내에 가정법원에 할 수 있다.

02 주식회사에 관한 상법제도

사례연구

　한대표는 자신이 성장시킨 사업체가 주식회사인 점을 감안하여 회사의 경영권 유지와 승계가 원활히 될 수 있는지 궁금해하고 있다. 회사의 주식은 자신이 60%를 보유하고 있고, 나머지 주식의 보유는 회사를 성장시킬 때 기여를 한 임직원들이 하고 있다.

　한대표는 나이가 많아짐에 따라 자신이 모든 주식을 보유하고 있지 아니하여 추후 자신이 사망하거나 증여에 따라 회사를 자녀 등에게 승계하는 경우에 경영권을 유지할 수 있을지? 경영권 방어를 위해서는 어떻게 준비를 하여야 할지 조언을 구하고 있다.

컨설팅 방향

주식회사의 설립과 주식회사의 의사결정기구에 대해서 소개한다. 특히 주식회사의 의사결정기구를 통하여 한대표가 사망한 이후 가업승계가 제대로 이루어지지 아니한 상태에서 대표이사의 변경이나 신주의 발행 등을 통하여 경영권을 위협하는 요소 등을 사전에 분석하여 이에 대비할 수 있도록 한다.

가. 주식회사의 설립

　법인은 사람이 사회생활을 하면서 공동의 목적을 달성하기 위하여 단체를 결성하는 경우에 그 단체의 모든 구성원에게 권리·의무를 부여하게 되면 거래관계가 복잡해지고 불편해질 수가 있다. 이런 경우에 그 단체에 법인격을 부여함으로써 권리·의무의 주체가 될 수 있도록 하게 되었는데, 이것이 법인제도이다.

　법인의 설립에 대해서는 여러 가지 입법주의가 있으나 우리나라 민법에서는 법인의 설립에 관하여 아무런 제한을 두지 않고 법인으로서 실질만 갖추면

법인격을 인정한다. 이 경우에 인적회사는 그 절차가 간단하나 주식회사의 경우에는 그 설립절차가 복잡하다. 회사를 설립하기 위해서는 정관의 작성과 사원의 확정이 선행되어야 한다. 정관은 회사의 조직이나 운영에 관한 근본적인 규칙이 되는 것을 말하므로 주식회사의 경우에는 발기인이 작성하게 된다.

이 이외에도 주주에 의한 주식의 인수와 출자금의 납입이 필요하다. 이러한 절차에 따라 주주가 확정되고 주금이 납입된 이후에 설립등기를 하여야 주식회사가 성립된다(민법 §33).

나. 주식회사의 의사결정기구

법인은 정관으로 정한 목적의 범위 내에서 권리능력을 갖는다. 법인은 실체가 없는 추상적인 존재에 불과하므로 행위능력을 실행하기 위해서는 회사의 의사를 결정하고 행동하여야 한다. 법인이 행위능력을 실행하기 위해서는 의사결정기구를 통하여 결정하고, 결정된 의사를 대외적으로 표시하기 위해서는 다음과 같은 의사결정기구가 필요하다.

(1) 대표이사

대표이사는 대내적으로 회사의 업무를 집행하고 대외적으로는 회사를 대표하는 필요적 상설기관이다. 회사의 업무에 관한 의사결정은 이사회에서 하는 것이지만 이사회는 실체가 없는 회의체 형식의 기관이므로 이사회의 결의를 현실에 집행할 때는 대표이사를 통하여 집행된다. 또한, 대표이사는 이사회가 위임한 사항과 일상 업무에 관한 사항을 결정하고 집행할 권한을 갖는다. 대표이사는 이사 중에서 회사를 대표하는 자이므로 이사회의 결정으로 선정하는 것이 원칙이나 정관의 규정으로 주주총회에서 선정할 수도 있다.

(2) 이사회

이사회는 이사 전원으로 구성되는 업무집행과 관련된 회의체 형식의 의사결정을 하고 이사의 직무집행을 감독하는 회사의 필요적인 기관이다. 법령이나 정관에서 주주총회의 권한으로 정한 사항 이외의 업무집행사항에 대하여 의사결정을 하게 된다. 그러나, 자본총액이 5억원 미만인 회사는 이사를 1인으로 할 수 있다. 이사가 1인이 되는 경우에는 이사회를 구성하지 못하므로 1인의 경우에는 그 이사 혹은 주주총회가 상법상 규정된 이사회의 역할을 나누어 맡도록 규정하고 있다. 이사회의 주요결의사항은 다음과 같다.

① 주주총회의 소집결정(상법 §362)
② 대표이사의 선임과 공동대표의 결정(상법 §389)
③ 중요한 자산의 처분 및 양도, 대규모 재산의 차입, 지배인의 선임 또는 해임과 지점의 설치·이전 또는 폐지 등 회사의 업무집행(상법 §393 ①)
④ 이사와 회사 간의 거래의 승인(상법 §398)
⑤ 간이합병, 소규모합병의 합병계약서의 승인(상법 §522 ① 단서)
⑥ 신주의발행(상법 §416)
⑦ 준비금의 자본전입(상법 §461)
⑧ 전환사채의 발행(상법 §513 ②)
⑨ 신주인수권부사채의 발행(상법 §516의2 ②) 등이 있다.

(3) 주주총회

주주총회는 주식회사의 기본적 의사를 결정하는 필요적 기관이다. 주주총회는 정기적 또는 필요에 따라 소집하는 회의체 형식의 최고의 의사결정기관으로서 그 권한은 상법이나 정관에 정해 놓은 것에 한정한다. 주주총회의 소집은 이사회에서 결정하고 대표이사가 소집하는 것이 가장 일반적이다(상법 §362).

다. 회사의 경영권 확보

주식회사의 의사결정기구는 앞에서 검토한 바와 같이 이사회와 대표이사 주주총회로 구분할 수 있다. 주주총회에서 결정하는 사항 중 가장 중요한 사항 중에 하나가 이사의 선임이다. 이사는 이사회라는 회사 내 기관에서 회사의 경영활동을 위한 결의를 하게 된다. 따라서, 주식회사의 경영권을 확보하기 위해서는 주식 수의 확보가 중요하다. 주식회사의 이사는 주주총회에서 선임할 수 있고, 대주주는 주식 수가 많아 이사의 임명권을 가질 수 있어서 경영권 확보가 가능하게 된다.

(1) 보통결의

주주총회의 결의는 원칙적으로 보통결의에 따른다. 따라서, 정관의 규정에 따라 주주총회의 결의사항으로 한 것은 보통결의사항에 해당되고, 상법에서 특별결의라고 한 것만 특별결의로 하면 된다. 보통결의는 발행주식총수의 4분의 1이상의 다수와 출석한 주주의 의결권의 과반수로 결의한다.

① 이사, 감사, 청산인의 선임 및 보수결정(상법 §382, 상법 §388, 상법 §409, 상법 §531 ①)
② 주주총회의 의장의 선임(상법 §366의2)
③ 재무제표의 승인(상법 §449)
④ 주식배당(상법 §462의2)
⑤ 검사인의 선임(상법 §366 ③)
⑥ 청산종료의 승인(상법 §534 ⑤)
⑦ 청산인의 해임(상법 §539)

(2) 특별결의

주주총회의 결의는 상법에 규정이 있는 경우에만 특별결의를 하고 원칙적으로 보통결의에 따른다. 특별결의는 발행주식총수의 3분의 1 이상의 다수와 출석주식의 3분의 2 이상의 다수에 따른다(상법 §434). 상법에서 특별결의사항을 둔 것은 대주주의 횡포로부터 소수주주를 보호하기 위한 것이다.

특별결의에 포함되는 내용을 보면, 다음의 내용과 같이 회사의 기본적인 구조를 변경하는 것이나 주주에게 피해가 될 수 있는 사항으로 되어 있다.

① 정관의 변경(상법 §434)
② 영업의 전부 또는 중요한 일부의 양도, 영업 전부의 임대, 경영위임, 타인과 손익을 같이 하는 계약(상법 §374)
③ 타 회사의 영업전부의 양수(상법 §374)
④ 회사의 영업에 중대한 영향을 미치는 다른 회사의 영업 일부의 양수(상법 §374 ① 3호)
⑤ 주식매수선택권의 부여(상법 §340의 3)
⑥ 이사 또는 감사의 해임(상법 §385)
⑦ 자본의 감소(상법 §438 ①)
⑧ 사후설립(상법 §375)
⑨ 임의해산(상법 §518)
⑩ 회사의 계속(상법 §519)
⑪ 합병 및 분할(상법 §522 ③)
⑫ 주주 외의 자에 대한 전환사채 및 신주인수권부사채의 발행(상법 §513 ③, 상법 §516의2 ④)
⑬ 주식의 포괄적 교환, 주식의 포괄적 이전(상법 §360의 3, 상법 §360의 16)

(3) 특수결의

총주주의 동의가 필요한 경우 이를 특수결의사항이라 하며, 그 내용은 다음과 같다.

① 이사, 감사 또는 발기인의 회사에 대한 책임면제(상법 §400)
② 주식회사에서 유한회사로의 조직변경(상법 §604)
③ 간이합병의 경우 총주주의 동의가 있다면 이사회 결의로 합병할 수 있다 (상법 §527의 2)
④ 회사의 분할로 분할에 관련된 각 회사의 주주의 부담이 가중되는 경우에는 그 주주 전원의 동의가 필요하다(상법 §530의 3 ⑥)

라. 주식의 종류

주식회사의 주주는 동종의 주식에 있어서는 모든 면에서 같은 권리와 의무를 지니므로 각 주주의 회사에 대한 지분권은 소유주식 수에 비례하게 된다. 회사는 이익의 배당, 잔여재산의 분배, 주주총회에서의 의결권의 행사, 상환 및 전환 등에 관하여 내용이 다른 종류의 주식을 발행할 수 있다. 다양한 주식을 발행하기 위해서는 정관으로 주식의 내용과 수를 정하여야 하고, 종류주식을 발행하는 때에는 정관에 다른 정함이 없는 경우에도 주식의 종류에 따라 신주의 인수, 주식의 병합·분할·소각 또는 회사의 합병·분할로 인한 주식의 배정에 관하여 특수하게 정할 수 있다(상법 §344).

(1) 보통주·우선주·후배주

주주는 그가 가지고 있는 주식 수에 비례하여 배당과 잔여재산을 분배받을 수 있는 권리가 있다. 이를 주주평등의 원칙이라고 한다. 이 때 기준이 되는 주식으로서 보통주가 있으며, 정관의 규정에 따라 이익의 배당에 있어서 우선적, 열위적 지위에 있는 주식 등을 발행할 수 있다.

(가) 보통주

어떤 종류의 주식이 이익·이자배당과 잔여재산분배 등에 있어서 다른 종류의 주식보다 우선적(優先的) 또는 열후적(劣後的)인 지위를 가지는 경우에 있어서 통상 기준이 되는 주식을 말한다.

(나) 우선주

이익배당과 잔여재산의 분배에서 보통주에 우선하는 주식을 말한다. 우선주에 대한 우선배당률은 사전에 규정되어 있어서 사채와 유사하나 언제나 우선적으로 보장되는 것은 아니다.

(다) 후배주

이익배당과 잔여재산의 분배에서 보통주보다 열후한 주식이다. 일반적으로 후배주는 발기인이 가진다.

(2) 액면주식·무액면주식

액면주식은 정관 및 주권에 1주의 금액이 정해진 주식으로 주권의 표면에 금액이 기재되어 있는 주식을 말한다. 일반적으로 주식은 일정한 액면상의 금액(10,000원, 5,000원, 1,000원 등)을 표시하고 있으며, 회사가 발행한 모든 주식의 액면 합계가 회사의 전체 자본금을 구성한다. 반면에 무액면주식은 주권에 액면가액은 기재되지 않고 주식수만 기재하므로 주식발행시에는 임의로 발행가액을 정하여 발행한다.

상법에서는 주식의 금액은 균일하여야 하고, 1주의 금액은 100원 이상으로 하도록 하고 있다(상법 §329 ③·④). 현행 상법에서는 정관으로 정한 경우에는 주식의 전부를 무액면주식으로 발행할 수 있다. 이 경우에 무액면주식을 발행하는 경우에는 액면주식을 발행할 수 없다. 다만, 액면주식을 무액면주식으로 전환하거나 무액면주식을 액면주식으로 전환할 수는 있다.

(3) 기명식주식·무기명식주식

주주의 성명이 주권에 기재되어 있느냐 없느냐에 따라 주식을 구별할 수 있다. 주주가 의결권을 행사할 경우에는 일일이 주권을 제시할 필요가 없지만 주식을 양도할 경우에는 주권을 교부하면 되므로 기명·무기명의 실익은 없어지게 되었다. 상법에서 무기명식의 주권은 정관에 정한 경우에 한하여 이를 발행할 수 있으며, 주주는 언제든지 무기명식의 주권을 기명식으로 할 것을 회사에 청구할 수 있다(상법 §480).

03 상속에 따른 세금제도

사례연구

한대표는 설립한지 25년이 지난 비상장법인을 운영하고 있다. 회사의 자본금은 30억원 규모로서 매년 5억원의 정도의 당기순이익을 내고 있다. 그 밖에도 주택과 건물을 보유 하고 있는데, 이에 대해 자신이 사망하는 경우에 납부할 상속세가 어느 정도 되는지? 세금은 어떻게 납부하는지 궁금해하고 있다.

컨설팅 방향

상속세는 상속인이 피상속인으로부터 물려받는 상속재산을 평가하여 상속세 과세표준과 세액을 산출하여 자진 신고·납부하게 된다. 국세청에서는 상속인이 신고한 내용에 대해서 세무조사를 통하여 상속세 과세표준과 세액을 결정한다. 이와 같이 우리나라의 상속세 부과방법은 정부에서 조사하여 결정하여야 납세의무가 확정되는 정부부과과세제도를 채택하고 있으므로 상속세를 결정할 때 계산하는 방식과 상속세 과세대상에서 제외되는 재산, 세율, 납부방법 등에 대해서 소개하고 상속세를 절세하기 위해서는 사전에 준비할 사항이 어떤 것이 있는지 그 방안을 제시한다.

가. 상속세란?

상속세는 자연인이 사망하여 상속이 발생함에 따라 망자(피상속인)의 재산이 가족이나 친족 등의 상속인에게 무상이전 되는 경우에 해당 상속재산에 대하여 부과하는 세금이다. 상속세의 과세방식은 일반적으로 피상속인을 기준으로 과세하는 방식과 상속재산을 받는 상속인을 기준으로 과세하는 방식으로 구분한다. 우리나라의 상속세 과세방식은 피상속인을 기준으로 과세하는 유산과세형으로 과세한다.

상속세는 증여세와 함께 재산의 무상이전에 대하여 과세하지만 사람의 사망으로 인하여 과세되는 상속세는 생전에 자녀 등에게 재산을 무상이전하는 경우에 과세하는 증여세와는 구분된다.

나. 납세의무자

상속(유증·사인증여를 포함한다)에 의하여 재산을 취득한 상속인 또는 수유자는 상속재산 중 각자가 받았거나 받을 재산을 한도로 하여 각자가 상속세를 납부할 의무가 있다. 또한, 상속인 또는 수유자는 상속재산 중 각자가 받았거나 받을 재산을 한도로하여 연대하여 납부할 의무가 있다.

다. 상속세의 계산구조

(1) 상속세과세가액의 계산

상속세과세가액은 상속세가 과세되어야 할 상속재산의 가액을 말한다. 상속세는 상속에 따라 취득한 재산의 가액에서 상속개시일 현재 피상속인이나 상속재산에 관련된 공과금이나 장례비 및 채무 등을 공제하고, 상속개시 전 일정기간 내에 상속인이나 상속인 이외의 자에게 증여한 재산가액을 합한 가액을 대상으로 부과한다. 이 때 가산하는 증여재산가액은 피상속인이 상속인에게 상속개시일 전 10년 이내에 증여한 재산가액과 상속인이 아닌 자에 상속개시일 전 5년 이내에 증여한 재산을 말한다.

상속세 과세가액의 산정은 피상속인이 거주자이거나 비거주자에 따라 각각 상이한 과세방식으로 부과한다. 이 경우에 거주자에게는 소득세의 과세방법과 마찬가지로 피상속인의 국내·외의 모든 재산에 대해서 과세권을 행사하고, 비거주자에 대해서는 국내에 소재하는 재산에 대하여 과세권을 행사하는 것이다. 또한, 공과금 등의 공제에 있어서도 다르게 취급하고 있다.

[상속세과세가액의 계산]

> 상속세 과세가액 =
> 상속재산가액-(공과금+장례비+채무) + 상속개시전 10년(상속인 이외 자는 5년) 이내에 상속인에게 증여한 재산가액

(가) 상속재산가액

상속재산가액은 상속의 개시로 인하여 상속이나 유증에 따라 취득한 상속세 과세대상 재산에 대한 평가액을 말한다. 이 때 상속재산의 평가는 상속세 및 증여세법 제60조부터 제66조까지에서 규정한 평가액을 적용한다.

(나) 상속개시 전 증여재산가액 가산

1) 의의

증여세는 증여 시마다 증여세를 부과하되, 증여세 과세가액은 원칙적으로 해당 증여일 전 10년 이내에 동일인으로부터 받은 증여재산가액을 가산한 금액을 기준으로 산출한 과세표준에 대하여 세율을 적용하여 부과한다. 상속세도 상속세과세가액을 기준으로 계산한 상속세 과세표준에 대하여 증여세와 동일한 세율을 적용하여 상속세를 부과하게 된다. 상속재산가액에 가산하는

상속개시 전 증여재산가액은 피상속인을 기준으로 상속인에게 상속개시일 전 10년 이내에 증여한 재산가액과 상속인이 아닌 자에 상속개시일 전 5년 이내에 증여한 재산을 가산하게 된다.

이 경우에 상속개시 전에 증여한 재산가액을 가산하는 것은 피상속인이 생전에 상속인이나 상속인 이외의 자에게 분산하여 증여함으로써 상속세 부담을 회피하는 것을 방지하기 위하여 상속개시 전 일정기간 내의 증여분에 대해서 상속재산가액에 가산하게 된다.

상속세를 결정할 때 상속재산가액에 가산하는 증여재산과 관련하여 이미 납부한 증여세는 상속세 산출세액에서 공제하도록 하고 있다. 이것은 사전증여재산을 가산하여 상속세과세표준을 계산하여 이에 따른 누진세율을 적용하여 산출세액을 계산하고, 기납부한 증여세액은 공제하는 것이다.

상속재산의 가액에 가산하는 사전증여재산 해당여부 요약

구분		합산대상 증여재산가액
원칙	• 상속인에게 증여한 재산 • 상속인외의 자에게 증여한 재산	• 10년 이내에 증여한 재산가액 • 5년 이내에 증여한 재산가액
	• 증여세가 면제·감면된 영농자녀가 증여받은 농지 등의 가액 • 자경농민이 증여받은 농지로서 증여세 면제된 재산의 가액	• 상속재산가액에 가산하지 않음
	• 증여세 과세특례가 적용된 창업자금 • 가업승계 증여세과세특례가 적용된 주식가액	• 증여받은 기간에 관계없이 반드시 상속세과세가액에 가산
	• 비과세증여재산 • 공익법인 등이 출연받은 재산으로 과세가액 불산입 재산 • 공익신탁재산에 대한 과세가액 불산입재산가액 • 장애인이 증여받은 과세가액 불산입재산가액 • 합산배제증여재산(상속세및증여세법 제47조 제1항)	• 상속재산가액에 가산하지 않음

* 증여재산가액은 증여일 현재의 시가에 따라 평가한 가액임

2) 상속재산가액에 가산하는 재산의 범위

상속재산가액에 가산하는 증여재산가액은 상속인이거나 상속인이 아닌 경우를 구분하여 적용한다. 수증자를 기준으로 상속인에 해당하는 경우에는 상속개시일 전 10년 이내에 피상속인이 증여한 재산가액을 가산하고, 수증자가 상속인이 아닌 경우에는 상속개시일 전 5년 이내에 피상속인이 증여한 재산가액을 가산한다.

사례

상속세과세가액을 계산할 때 상속재산가액에 가산하는 증여한 재산가액은 상속인에게 사전 증여한 경우에는 상속개시일(돌아가신 날) 전 10년 이내에, 상속인 이외의 자에게 증여한 경우에는 상속개시일 전 5년 이내에 증여한 재산가액을 가산한다고 한다. 이 경우에 상속인과 상속인 이외의 자는 어떻게 구분하는가?

해설

민법에서 상속인의 범위는 돌아가신 망자(피상속인)의 직계존비속과 같은 직계혈족과 4촌 이내의 방계혈족까지 열거하고 있다. 상속인의 범위는 여러 사람으로 구성될 수 있는데 그 가운데 가장 가까운 근친이 상속인이 되고, 상속인이 결정되면 그 다음 순위는 상속인 이외의 자에 해당된다.

상속인의 범위는 사망한 사람의 자녀 혹은 손자·손녀와 같은 직계비속은 1순위의 상속인이 되고, 직계비속이 없을 때는 부모 혹은 조부모, 외조부모 등이 2순위가 된다. 직계비속과 직계존속이 없는 경우에는 돌아가신 망자의 형제자매가 3순위의 상속인이 되고, 형제자매도 없는 경우에는 백숙부, 고모, 이모, 4촌 형제 등과 같은 피상속인의 방계혈족이 4순위 상속인이 된다.

배우자의 경우에는 혈족이 아닌 당연 상속인이 되고, 피상속인의 직계비속 또는 직계존속과 같은 순위로 공동 상속된다. 만약에 피상속인의 친족 중에 자녀와 배우자, 직계존속, 형제자매가 있다면 자녀는 제1순위 상속인이 되고, 그 배우자는 당연 상속인이 된다.

상속세과세가액을 결정할 때 가산하는 증여재산가액은 피상속인의 자녀와 배우자, 형제자매에게 사전 증여한 재산이 있었다면 자녀와 배우자는 상속인에 해당되어 상속개시일부터 10년 이내의 증여재산가액을 가산하고, 피상속인의 부모나 형제자매는 상속인 이외의 자에 해당되어 상속개시일부터 5년 이내의 증여재산가액을 가산하게 된다.

(다) 사전증여재산의 평가방법

상속세가 부과되는 재산의 가액은 상속개시일 현재의 시가에 따른다. 다만, 상속세 및 증여세법 제13조에 따라 상속재산가액에 가산하는 증여재산가액은 증여일 현재의 시가에 따른다(상속세및증여세법 §60 ④).

(라) 증여세 과세특례가 적용되는 창업자금 및 가업승계 주식가액

창업자금에 대한 증여세 과세특례제도와 가업승계에 대한 증여세 과세특례가 적용되는 경우에는 상속세과세가액에 가산한다. 증여세 과세특례가 적용된 창업자금과 가업승계 주식가액은 증여받은 날부터 상속개시일까지의 기간에 관계없이 상속세과세가액에 가산한다(조특법 §30의5 ⑨).

창업자금에 대한 증여세 과세특례제도와 가업승계에 대한 증여세 과세특례가 적용되는 재산가액은 상속개시기간에 관계없이 반드시 상속세 과세가액에 가산해야 하므로 이 제도를 활용할 때는 사전에 신중하게 판단하여야 한다.

(마) 상속세과세가액에 합산하지 아니하는 증여재산

① 상속세 및 증여세법에 따라 가산하지 않는 증여재산가액

증여세를 부과할 때 상속세 및 증여세법에 따라 특정한 증여재산에 대해서는 증여세를 비과세하거나 일정한 요건에 해당되는 증여재산에 대해서는 과세가액 산입하지 않도록 하고 있다. 또한 주식전환이익이나 상장·합병시세차익, 타인의 기여에 의한 재산가치의 증가 등은 증여자나 그 원천을 구분하기 어려우므로 건별로 과세하고 합산과세를 배제하도록 하고 있다.

상속세 및 증여세법에서 다음의 증여유형에 대해서는 증여세가 비과세되거나 과세가액에 산입되지 않았으므로 상속개시전 일정기간 내에 증여되었다고 하더라도 상속세과세가액에 합산하는 것을 배제하고 있다(상증법 §13 ③).

㉠ 비과세되는 증여재산(상증법 §46)
㉡ 공익법인 등이 출연받은 재산에 대한 과세가액불산입 등(상증법 §48 ①)
㉢ 공익신탁재산에 대한 상속세과세가액불산입(상증법 §52)
㉣ 장애인이 증여받은 재산의 과세가액불산입(상증법 §52의2)
㉤ 합산배제증여재산
  ㉮ 재산취득후 해당 재산의 가치가 증가하는 경우(상증법 §31 ① 3호)
  ㉯ 전환사채 등의 주식전환등으로 얻는 이익(상증법 §40 ① 2호)
  ㉰ 전환사채 등을 특수관계인에게 시가초과액으로 양도로 얻는 이익(상증법 §40 ① 3호)
  ㉱ 주식·출자지분의 상장 등에 따른 이익의 증여(상증법 §41의3)
  ㉲ 합병에 따른 상장 등 이익의 증여(상증법 §41의 5)
  ㉳ 재산 취득 후 재산가치 증가에 따른 이익의 증여(상증법 §42의3)
  ㉴ 재산 취득자금 등의 증여추정(상증법 §45)
  ㉵ 명의신탁재산에 대한 증여의제(상증법 §45의2)
  ㉶ 특수관계법인과의 거래를 통한 이익의 증여의제(상증법 §45의3, 일감몰아주기)
  ㉷ 특수관계법인과으로부터 제공받은 사업기회로 발생한 이익의 증여의제(상증법 §45의4, 일감떼어주기의 거래를 통한 이익의 증여의제)

② 수증자가 증여자보다 먼저 사망한 경우

증여자보다 수증자가 먼저 사망한 경우에는 증여자인 피상속인의 상속세과세가액에 합산과세하지 아니한다.

③ 자경농민이 증여받은 농지로서 증여세 면제된 재산의 가액

자경농민에게 증여한 농지로서 증여세가 면제되는 농지의 가액은 상속세과세가액에 가산하는 증여재산가액에 이를 포함시키지 아니한다.

④ 영농자녀가 증여받은 농지 등으로서 증여세가 면제된 재산의 가액

영농자녀에게 증여한 농지 등으로서 증여세가 면제되는 농지 등의 가액은 상속세과세가액에 가산하는 증여재산가액에 이를 포함시키지 아니한다.

⑤ 영농자녀가 증여받은 농지 등으로서 증여세가 감면된 재산의 가액

영농자녀가 증여받은 농지 등에 대하여 증여세를 감면받은 경우로서 당해 농지 등은 증여자가 사망하여 상속이 개시된 경우 상속세 과세가액에 가산하는 사전증여재산에 포함시키지 아니한다.

다. 상속세 과세표준

우리나라 상속세는 피상속인의 총상속재산가액을 과세베이스로 하여 과세하는 유산세형을 취하고 있다. 이 유형에 의한 상속세 과세는 총상속재산가액에서 상속세의 비과세재산과 과세가액 불산입액을 제외한 상속재산가액에서 공과금, 장례비, 채무 등을 뺀 후 사전증여재산가액를 가산하여 상속세 과세가액을 계산한다.

상속세 과세가액에 대하여 각 상속인의 인적사항을 고려한 상속공제와 필요경비 등을 차감하면 과세표준이 된다. 이에 대한 실무상 상속세 납부세액을 계산할 때 작성하는 상속세 과세가액 계산명세서를 기준으로 상속세 과세표준을 계산하는 절차를 요약하면 다음과 같다.

【상속세 과세표준의 계산】

1. 총상속재산가액	• 본래의 상속재산 • 유증·사인증여재산 • 간주상속재산 • 추정상속재산
- 비과세 재산가액	• 금양임야등 가액
- 과세가액불산입액	• 공익법인 출연재산가액 • 공익신탁 재산가액
2. 과세대상 상속재산가액	
- 공제금액	• 공과금·장례비·채무
+ 사전증여재산가액	• 상속인의 10년내 수증재산 • 상속인 이외 자의 5년내 수증재산
3. 상속세 과세가액	
- 상속공제	• 기초공제 • 배우자 상속공제 • 기타인적공제 • 일괄공제 • 가업상속공제 • 영농상속공제 • 금융재산상속공제 • 재해손실공제
- 상속재산의 감정평가 수수료 등	• 감정평가수수료공제 • 비상장주식의 평가심의위원회 의뢰한 신용평가 전문기관의 평가수수료
4. 상속세 과세표준	

라. 상속세 및 증여세 세율

우리나라의 상속세와 증여세의 세율은 동일하게 적용하고 있다. 상속세는 상속세 과세가액에서 기초공제, 인적공제 및 물적공제를 하여 계산한 과세표준에 세율을 적용하여 산출하고, 증여세는 증여재산가액에서 증여재산공제를 한 과세표준에 세율을 적용하여 산출한다.

현재 과세표준에 대하여 적용하는 세율은 다음과 같이 최저 10%에서 최고 50%까지 5단계의 초과누진세율을 적용하고 있다.

과세표준	세율
1억원 이하	과세표준의 10%
1억원 초과 5억원 이하	1천만원＋1억원을 초과하는 금액의 20%
5억원 초과 10억원 이하	9천만원＋5억원을 초과하는 금액의 30%
10억원 초과 30억원 이하	2억4천만원＋10억원을 초과하는 금액의 40%
30억원 초과	10억4천만원＋30억원을 초과하는 금액의 50%

04 증여에 따른 세금제도

사례연구

한대표는 자신이 성장시킨 가나산업(주)의 비상장주식 일부를 장남에게 증여하는 방안을 검토하고 있다. 이것은 한대표가 회사의 주식을 장남에게 사전 증여하면서 회사 경영 수업을 하고, 추후에는 경영권을 승계할 수 있도록 하기 위해서다. 이와 같이 사전에 증여할 경우에 납부하는 세금과 사망한 이후에 상속하는 경우에 납부하는 세금을 비교할 때 어느 것이 유리하게 절세할 수 있는지 그 방안에 대해서 조언을 요구하고 있다.

컨설팅 방향

이 단원에서는 증여세 전반에 대하여 과세체계를 이해할 수 있도록 하고, 일반적으로 회사의 주식을 자녀에게 증여하는 경우에 발생되는 증여세 과세 문제에 대해서 구체적으로 이해할 수 있도록 한다.

가. 증여세란?

증여세는 사람이 사망하기 전에 다른 사람에게 재산을 무상으로 이전하는 경우에 재산을 받은 사람에게 과세하는 세금이다. 즉, 이 세금은 사람이 사망한 경우에 돌아가신 분(피상속인)의 재산을 자녀 등이 상속받은 경우에 그 자녀 등에게 과세하는 상속세와 비교가 된다.

증여세는 상속세와 같이 재산의 무상 이전을 과세대상으로 한다는 점에서 같으나 사람의 사망에 의하여 재산이 무상 이전되는 경우에 과세된다는 점에서 상이하다. 또한 증여세는 상속세의 보완세로서, 부의 재분배를 목적으로 과세되기 때문에 증여받은 자, 즉 수증자를 기준으로 수증자가 상속인에 해당하는 경우에는 상속개시일 전 10년 이내에 피상속인이 증여한 재산가액을 가산하고, 수증자가 상속인 이외의 자인 경우에는 상속개시일 전 5년 이내에 피상속인이 증여한 재산가액을 가산한다.

나. 납세의무자

타인으로부터 재산을 증여받은 자(수증자)는 증여세 납부의무가 있다. 이 경우에 국내에 주소를 두고 있는 거주자는 국내·외의 모든 증여재산에 대해 납부의무가 있고, 국내에 주소를 두고 있지 아니한 비거주자의 경우에는 증여세 과세대상이 되는 국내에 있는 모든 증여재산을 대상으로 한다.

다. 증여세의 계산구조

증여세는 수증자에게 귀속되는 경제적·재산적가치가 있는 물건과 권리의 가액에 대해서 과세한다. 증여세의 과세대상은 그 내용이나 형식에 관계없이 증여의 개념에 해당되면 과세하게 된다. 이 경우에 "증여"란 그 행위 또는 거래의 명칭·형식·목적 등과 관계없이 직접 또는 간접적인 방법으로 타인에게 무상으로 유형·무형의 재산 또는 이익을 이전(移轉)(현저히 낮은 대가를 받고 이전하는 경우를 포함한다)하거나 타인의 재산가치를 증가시키는 것을 말한다(상속세및증여세법 §2 6호).

이와 같이 세법에서 정하는 증여의 개념에 해당되는 경우에는 10년 이내에 동일인으로부터 증여 받은 재산가액이 1천만원 이상인 경우에는 원칙적으로 합산하여 과세하게 된다.

라. 과세표준의 계산

증여세과세표준은 증여재산가액에서 10년 이내에 동일인으로부터 증여 받은 재산가액을 합산하고, 비과세, 과세가액 불산입, 채무 등을 공제하여 계산한 증여세과세가액에 대하여 증여재산공제를 하여 과세표준을 산출한다.

마. 증여세의 세율

증여세의 세율은 상속세와 같이 초과누진세율을 적용하고 있다. 이 때 적용되는 초과누진세율은 과세표준이 낮은 단계에서는 낮은 세율이 적용되고, 과세표준이 높은 단계에서는 높은 세율이 적용된다. 구체적으로는 과세표준이 1억원 이하면 그 금액에 대해 10%를 적용하고, 과세표준이 5억원 이하이면 1억원 초과 5억원 이하의 금액에 대해서 20%를 적용하며, 과세표준이 10억원 이하이면 5억원 초과 10억원의 이하의 금액에 대해서 30%를 적용한다. 또한 과세표준이 30억원 이하이면 10억원 초과 30억원 이하의 금액에 대해서 40%를 적용하고, 30억원 초과하는 경우에는 그 초과분에 대해서 50%를 적용하여 증여세를 부과한다.

> **사례**
>
> 한대표가 운영하고 있는 가나산업(주)의 자본금은 5억원(50,000주 액면가액 10,000원)으로 이 회사의 모든 주식을 보유하고 있다. 이 회사는 비상장법인으로서 주식의 1주당 평가액은 100,000원이다. 이 주식 중 30,000주를 장남(30세)에게 증여하는 경우에 증여세의 산출세액은? 단, 최근 10년 이내에 장남에게 증여한 재산은 없다.
>
> **해설**
> - 증여재산가액 : 100,000원×30,000주 = 3,000,000,000원
> - 증여세과세표준 : 3,000,000,000원-증여재산공제(50,000,000원)
>   = 2,950,000,000원
> - 산출세액 : 2,970,000,000×40%-160,000,000(누진공제)
>   = 1,028,000,000원

05 상속세 및 증여세의 납부

사례연구

한대표는 가나산업(주)을 설립하여 성공적으로 운영하였다. 한대표는 회사의 주식가액에 대해 매년 김세무사에게 평가를 의뢰하여 자문을 받으면서 주식가치가 매년마다 증가되는 것을 보고 회사를 성장시키면 시킬수록 기업을 물려받을 자식에게는 상속세나 증여세 부담이 증가할 것을 우려하고 있다.

자신이 기업을 성장시킬수록 자식의 부담도 점점 커져서 세금으로 납부할 재원이 없는 경우에는 주식을 처분해야 할 수 밖에 없으므로 경영권 승계에도 어려울 것으로 예상하고 있다. 이에 혹시나 불의의 사고로 자신이 사망했을 때 세금을 편리하게 납부할 대안을 마련하고 싶어 하고 있다.

컨설팅 방향

세금의 납부는 현금으로 납부하는 것이 원칙이지만 상속세나 증여세의 경우에는 일시에 많은 세금을 내야 하기 때문에 이를 지원하기 위해서 분납과 연부연납제도, 물납제도를 두고 있다. 이러한 지원방안을 활용하면 편리할 수 있지만 세법에서는 일부 제한을 두거나 담보를 제공하는 등의 의무를 부여되고 있다.
이에 현금납부 이외에 다른 대안의 적용요건과 활용방안에 대해서 대안을 제시할 필요가 있다.

가. 개요

세금은 일시에 금전으로 납부하는 것을 원칙으로 한다. 상속세나 증여세의 경우에는 일시에 거액의 세금을 납부하는 경우가 많으므로 일정한 요건에 해당하는 경우에는 세금을 나누어 내는 분납하는 제도와 수년간 나누어 내는 연부연납제도가 있고, 처분이 곤란한 경우에는 상속재산이나 증여재산으로 납부하는 물납제도를 두고 있다.

나. 분납제도

납세의무자가 과세표준 신고기한 이내에 자진 신고하면서 납부할 상속세나 증여세가 1천만원을 초과할 경우에는 그 금액에 대해서 납부기한 경과 후 2월 이내에 분납할 수 있다. 분납세액은 납부할 세액을 기준으로 2천만원을 초과하는 경우와 그 이하인 경우로 다음과 같이 구분하여 적용하다. 납세의무자의 신청에 의하여 연부연납허가를 받은 경우에 분납제도는 적용하지 아니한다(상증법 §70 ②).

납부할 세액 기준	분납 세액
2천만원 이하	1천만원 초과금액
2천만원 초과	납부할 세액의 50% 이하 금액

다. 연부연납제도

(1) 의의

상속세나 증여세는 금전으로 납부하여야 하지만 대부분의 상속·증여재산이 부동산 등으로 구성되어 있는 경우에는 일시에 거액의 세금을 납부하는 것은 곤란하다. 이러한 곤란한 점을 지원하기 위하여 정부에서는 납세의무자의 신청에 의하여 상속세나 증여세를 수 회로 분할하여 연납하도록 함으로써 기한의 편의를 제공하도록 하는데, 이를 연부연납제도라고 한다.

(2) 연부연납의 요건

연부연납의 적용요건은 상속세납부세액 또는 증여세납부세액이 2천만원을 초과하여야 하고, 상속세 또는 증여세과세표준 신고기한이나 결정 통지에 의한 납세고지서상의 납부기한까지 납세의무자가 연부연납신청서를 제출하여야 한다. 이 때 납세의무자가 연부연납을 적용받기 위해서는 납세담보를 제공하여야 한다.

(3) 연부연납기간

상속세의 연부연납기간은 원칙적으로 연부연납허가일부터 10년 이내로, 증여세의 연부연납기간은 5년 이내로 한다. 그러나 정부에서는 가업승계에 대해서 원활하게 할 수 있도록 지원하기 위하여 20년간(10년 거치 가능), 가업승계에 대한 증여세 과세특례가 적용된 증여재산은 15년간의 범위에서 연부연납기간을 정하도록 하였다.

[상속세 및 증여세 연부연납기간]

세목			연부연납기간	
			'08.1.1.~'22.12.31. 상속·증여분	'23.1.1. 이후 상속·증여분
상속세	가업 상속재산	50%미만	10년간 분할납부 (3년 거치 가능)	20년간 분할납부 (10년 거치 가능) ※가업상속재산 비율 관계없이 적용
		50%이상	20년간 분할납부 (5년 거치 가능)	
	일반 상속재산		10년간* 분할납부(거치기간 없음) *'22.1.1. 이후 상속분부터	
증여세	일반 증여재산		5년간 분할납부(거치기간 없음)	
	가업승계 과세특례 적용 증여재산		15년간* 분할납부(거치기간 없음) *'24.1.1. 이후 연부연납 신청분부터	

(4) 연부연납가산금의 납부

납세의무자가 연부연납 허가를 받아서 분납을 하게 되면 연부연납허가를 받은 자는 납부기한의 이익을 얻게 된다. 따라서 연부연납허가를 받은 자는 연부연납금액과 연부연납일수에 가산율을 적용하여 산정한 가산금을 각 회분의 분납세액에 가산하여 납부해야 한다. 연부연납가산금의 가산율은 「국세기본법 시행령」 제43조의3 제2항 본문에 따른 이자율(연 1천분의 35)을 적용한다.

라. 물납제도

(1) 의의

세금은 원칙적으로 현금으로 납부하여야 한다. 다만 예외적으로 연부연납과 마찬가지로 일시에 거액의 세금을 납부할 때 상속재산 또는 수증재산의 대부분이 부동산과 유가증권으로 구성되어 있어서 일시에 금전으로 환가하여 납부하는 것이 곤란하다. 이런 경우에 예외적으로 납세의무자의 신청에 의하여 당해 상속재산이나 증여재산으로 납부하도록 하는 제도를 말한다.

(2) 물납의 요건

납세의무자가 무상으로 취득한 상속 또는 증여받은 재산 중 부동산과 유가증권의 가액이 당해 재산가액의 2분의 1을 초과하고, 상속세납부세액 또는 증여세납부세액이 1천만원을 초과하는 경우에 납세의무자의 신청에 의하여 상속세 또는 증여세과세표준 신고기한이나 결정 통지에 의한 납부통지서상의 납부기한까지 물납신청서를 제출하여야 한다. 이 때 물납 신청한 재산은 관리·처분이 부적당하지 아니하여야 한다.

또한 증여받은 비상장주식은 증여세의 물납대상에서 제외한다. 상속세의 경우에도 비상장주식 등은 물납에서 제외하되, 비상장주식 이외에 상속재산이 없거나 다른 상속재산으로 물납에 충당한 후 부족한 경우에는 물납이 가능하다.

(3) 물납의 신청과 허가

물납은 납세의무자의 신청을 받아 상속 또는 증여받은 부동산과 유가증권에 한하여 물납을 허가할 수 있다.

납세의무자가 물납을 신청하면 물납신청서를 받은 세무서장은 상속세과세표준신고기한 또는 증여세과세표준신고기한이 경과한 날부터 법정결정기간(상속세는 9개월, 증여세는 6개월) 이내에 신청인에게 그 허가 여부를 서면으로 결정·통지하여야 한다. 또한 납세의무자가 신고를 하지 않거나 신고한 내용에 대하여 조사를 실시하여 과세표준과 세액이 결정되는 경우에는 해당 납세고지서에 의한 납부기한의 다음날부터 14일 이내에 그 허가 여부를 통지하여야 한다. 그러나 물납 신청한 재산의 관리·처분이 부적당하다고 인정되는 경우에는 물납허가를 하지 아니할 수 있다.

제3절

가업승계에 대한 증여세 과세특례제도

Ⅰ. 정부는 왜 가업승계를 지원하는가?

01 가업승계에 대한 지원 개요

가. 도입 취지

정부에서는 2008년부터 중소기업 경영자가 고령이 된 경우에 자녀에게 기업을 사전 상속하도록 함으로써 중소기업의 영속성을 유지하고 경제 활력을 도모하기 위해 가업승계에 대한 증여세 과세특례제도를 도입하였다. 이 제도의 특징은 일반적인 증여의 경우에는 자녀에게 증여하고 상속이 발생하는 경우에 상속개시일부터 10년 이내에 증여한 재산가액을 가산하여 상속세를 과세하게 된다. 반면에, 가업승계 증여세 특례제도는 가업승계를 위해 주식으로 자녀에게 증여하는 경우에 저율의 특례세율로 증여세를 과세하되, 증여자의 사망 시기에 관계 없이 증여 당시의 증여재산가액을 상속세 과세가액에 가산하여 상속세로 정산해야 한다.

이 제도의 도입 취지는 적은 세금으로 가업승계를 할 수 있게 하되, 추후 상속이 발생하면 상속세로 정산하도록 하면서 상속개시 당시에 가업상속공제의 요건을 충족하면 다시 가업상속공제를 통해 가업승계를 지원하기 위한 것이다.

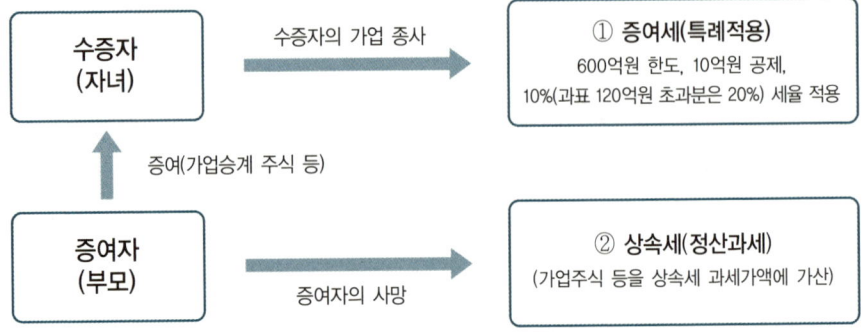

나. 가업승계에 대한 지원 경과

기업주 생전에 증여하는 가업승계에 대한 증여세 과세특례는 기업주 사후에 지원하는 가업상속공제보다 적용된 사례는 많지 않았다.

일반증여의 경우에는 증여일 이후 10년이 경과하면 상속세 과세가액에 가산하지 않지만, 가업승계에 대한 증여세 과세특례는 증여시기에 관계없이 증여자가 사망하면 반드시 상속세 과세가액에 가산하여 상속세를 정산해야 한다. 또한, 자녀가 가업승계를 받은 이후에 경영이 원활하지 못하여 주가가 증여 당시보다 낮아져도 증여 당시의 가액으로 과세되고, 일정기간 사후관리를 받아야 하는 점 때문이라고 할 수 있다.

이러한 점을 보완하기 위해 가업승계에 대한 지원 규모를 확대하고, 사후관리기간은 10년에서 7년으로, 7년에서 5년으로 단축하고, 세율도 과세표준이 60억원 이하인 경우에는 10%, 그 초과분은 20%의 세율을 적용하던 것을 2024년부터는 120억원 초과분에 대해서는 20% 세율로 과세하는 것으로 개정하였으며, 업종의 변경도 중분류 내에서 변경을 허용하던 것을 대분류 내로 완화하였다.

이러한 지원의 확대와 사후관리요건을 완화하고 있고, 증여자가 사망하여 상속이 개시될 때 가업상속공제의 요건에 해당하면 가업상속공제를 적용할 수도 있어 가업승계를 준비하고 있는 경우에는 가업승계에 대한 증여세과세특례제도에 대한 관심이 더욱 커질 것으로 예상된다.

[가업승계 증여세 과세특례 결정 현황]

(단위 : 백만원)

구분 연도별	과세		과세미달		합계	
	건수	증여재산가액	건수	증여재산가액	건수	증여재산가액
2019년	113	221,559	59	16,721	172	238,280
2020년	157	299,039	65	17,912	222	316,951
2021년	195	380,638	72	21,886	267	402,524
2022년	297	710,958	113	34,824	410	745,782
2023년	177	362,638	137	59,080	314	421,718

* [2024년 국세통계연도]

02 가업승계에 대한 증여세 과세특례 적용 원리

가. 증여세 과세원리

증여세는 증여세 과세가액에서 증여재산공제를 하고 계산한 과세표준이 1억원 이하인 경우에는 10%, 과세표준이 30억원을 초과하는 경우에는 50%의 초과누진세율을 적용하고, 동일인으로부터 10년 이내에 증여받은 재산은 합산배제증여재산에 해당하지 않는 한 합산하여 과세한다. 이에 따라 상속개시일 전 10년 이내에 피상속인이 상속인에게 증여한 재산가액과 상속개시일 전 5년 이내에 상속인이 아닌 자에게 증여한 재산가액을 상속세 과세가액에 가산하여 상속세로 과세한다.

이 경우에 증여세 과세표준은 증여세과세가액에서 자녀의 경우에는 5천만원(미성년자는 2천만원)의 증여재산공제를 한 금액에 대해 다음과 같은 세율로 증여세를 과세한다.

과세표준	세율
1억원 이하	과세표준의 10%
1억원 초과 5억원 이하	1천만원+1억원 초과금액의 20%
5억원 초과 10억원 이하	9천만원+5억원 초과금액의 30%
10억원 초과 30억원 이하	2억4천만원+10억원 초과금액의 40%
30억원 초과	10억4천만원+30억원 초과금액의 50%

나. 가업승계 증여세 과세특례의 적용 세율

수증자가 증여자로부터 가업에 해당하는 법인의 주식을 증여받은 경우에는 증여세 과세가액에서 10억원을 공제하고 세율은 100분의 10(과세표준이 120억원을 초과하는 경우 그 초과금액에 대해서는 100분의 20)으로 하여 증여세를 부과한다.

과세표준	세율
120억원 이하	과세표준의 10%
120억원 초과	12억원+120억원 초과금액의 20%

다. 가업승계 증여세 과세특례 적용 범위

증여세 과세특례가 적용되는 증여세 과세가액은 증여자의 가업영위기간이 10년 이상인 기업을 대상으로 하되, 가업의 가업영위기간을 기준으로 다음의 구분에 따른 금액을 한도로 한다(조특법 §30의6 ①).

① 부모가 10년 이상 20년 미만 계속하여 경영한 경우: 300억원
② 부모가 20년 이상 30년 미만 계속하여 경영한 경우: 400억원
③ 부모가 30년 이상 계속하여 경영한 경우: 600억원

라. 일반증여와 가업승계 증여세 특례적용에 따른 납부세액 비교

▌사례

▶ 30년 이상 경영한 중소기업(갑) 주식 80%를 보유한 부친이 성인 자녀에게 주식증여
▶ 중소기업(갑)은 총자산가액 중 사업관련 자산가액 비율이 100%임
  ① 주식증여가액이 130억원인 경우

일반적 증여인 경우	구 분	특례적용 대상인 경우
130억원	증여세과세가액	130억원
(0.5억원)	증여공제	(10억원)
129.5억원	증여세 과세표준	120억원
50%(누진공제 4.6억원)	세율	10%(120억원 초과분은 20%)
60억1,500만원	산출세액	12억원
1억8,045만원	신고세액 공제	-
58억3,455만원	자진납부 세액	12억원

*가업승계주식 특례 적용시 46억3,455만원의 증여세를 적게 부담

② 주식증여가액이 600억원인 경우

일반적 증여인 경우	구 분	특례적용 대상인 경우
600억원	증여세 과세가액	600억원
(0.5억원)	증여공제	(10억원)
599.5억원	증여세 과세표준	590억원
50%(누진공제 4.6억원)	세율	10%(120억원 초과분은 20%)
295억1,500만원	산출세액	106억원
(8억8,545만원)	신고세액 공제	-
286억2,955만원	자진납부 세액	106억원

증여세 산출세액 106억원 = [(600억원 – 130억원) × 20%] + [(130억원 – 10억원) × 10%]

*가업승계주식 특례 적용시 180억2,955만원의 증여세를 적게 부담

II. 가업승계에 대한 증여세 과세특례 적용 요건

01 개요

가업승계에 대한 증여세 과세특례제도는 특례세율로 가업에 대한 승계를 지원하되 일정한 요건을 충족해야 한다.

첫째, 가업의 요건

① 증여자가 10년 이상 계속 경영한 기업
② 가업상속공제 적용대상 중소기업 및 매출액 5천억원 미만 중견기업
③ 가업상속공제 적용대상 별표에서 정하는 업종

둘째, 가업재산의 요건

① 주식 및 출자지분(개인기업은 법인전환해야 가능)
② 주식 및 출자지분 가액 중에서 사업용자산가액에 상당하는 가액

셋째, 증여자의 요건

① 60세 이상인 수증자의 부모(증여 당시 부모가 사망한 경우 그 사망한 사람의 부모)
② 주식 및 출자지분의 40%(상장법인은 20%)를 10년 이상 계속 보유

넷째, 수증자 요건

① 증여일 현재 18세 이상이고 거주자인 자녀
② 가업 주식을 증여받은 수증자 또는 그 배우자가 가업에 종사
③ 증여일부터 3년 이내에 대표이사 취임

다섯째, 증여자 및 수증자의 조세포탈 또는 회계부정 행위범의 적용배제

02 가업의 요건

가. 가업의 정의

가업은 증여자가 10년 이상 계속 경영한 기업으로서 일정한 요건을 갖춘 법인을 대상으로 한다. 기업의 승계대상이 되는 가업은 별표에서 정하고 있는 업종을 영위하고 있는 대통령령으로 정하는 중소기업 또는 중견기업으로서 증여자가 증여일이 속하는 사업연도의 직전 3개 법인세 사업연도의 매출액 평균금액이 5천억원 미만인 기업을 10년 이상 계속하여 경영한 기업을 말한다.

(1) 경영의 의미

경영이란 단순히 지분을 소유하는 것을 넘어 가업의 효과적이고 효율적인 관리 및 운영을 위하여 실제 가업 운영에 참여한 경우를 의미한다(기획재정부 재산-825, 2011.09.30.).

(2) 10년 이상 계속 경영한 사업의 범위

가업은 증여자가 10년 이상 계속하여 경영한 기업을 대상으로 한다. 증여자가 10년간 계속하여 경영한 기업의 판단은 증여일로부터 소급하여 10년 이상 계속하여 경영된 사업만을 대상으로 해석함이 법규 상호 간의 합리적 해석에 부합한다(서울지방행정법원 2017.05.12. 선고 2016구합72754 판결).

(3) 대표이사 재직요건은 필수가 아니다

증여자는 대표이사 재직을 요건으로 하지는 않으나 증여일 전 10년 이상 계속하여 해당 가업을 실제로 영위한 것으로 확인되어야 하며, 다른 요건을 모두 충족하였다면 수증자가 가업의 승계를 목적으로 주식 등을 증여받기 전에 해당 기업의 대표이사로 취임한 경우에도 적용된다(서면상속증여 2020-4940, 2020.12.31.).

(4) 증여자가 증여일 현재 가업에 종사하지 않아도 가능하다

가업의 승계에 대한 증여세 과세특례 적용시 증여자인 부모가 증여일 현재 가업에 종사하지 아니하였더라도 증여세 과세특례를 적용할 수 있다(서면상속증여 2022-2304, 2022.07.04.).

(5) 개인사업자의 법인전환

증여자가 가업을 10년 이상 계속하여 영위하였는지를 판단할 때, 증여자가 개인사업자로서 영위하던 가업을 동일한 업종의 법인으로 전환한 경우로서 증여자가 법인설립일 이후 계속하여 당해 법인의 최대주주 등에 해당하는 경우에는 개인사업자로서 가업을 영위한 기간을 포함하여 계산한다(서면4팀-998, 2008.04.22.).

개인사업자로서 영위하던 가업을 폐업하고 같은 장소에서 법인을 설립하여 동일 업종을 영위하는 경우로서 법인전환에 해당하지 않거나, 개인사업의 사업용 자산의 일부를 제외하고 법인전환한 경우에는 개인사업자로서 가업을 영위한 기간은 포함하지 않는다(서면법규-1179, 2014.11.07.).

✔ key point

★ 개인사업자도 법인으로 전환하면 적용 가능

가업승계에 대한 증여세 과세특례는 60세 이상의 부 또는 모가 각각 10년 이상 계속하여 경영한 가업 법인의 주식으로 증여한 경우에 적용한다. 따라서, 주식을 발행하는 법인을 대상으로 하므로 개인사업자는 적용대상에 해당하지 않는다.

> 법인의 경우에 가업을 10년 이상 계속하여 영위했는지의 판단은 개인사업자로서 영위하던 가업을 동일한 업종의 법인으로 현물출자에 의해 신설하거나 법인 설립 후 사업양수도 방법에 의해 전환한 경우로서, 증여자가 법인설립일 이후 계속하여 당해 법인의 최대주주 등에 해당하는 경우에는 개인사업자로서 가업을 영위한 기간을 포함하여 계산한다.
>
> 개인사업자의 영위기간을 포함하는 것으로 해석하는 것을 고려하면, 개인사업자로서 10년 이상 장기사업자는 법인전환을 통해 증여세 과세특례를 적용할 수 있다.

(6) 합병 및 분할법인

10년 이상 영위한 합병법인과 합병법인의 자회사가 합병 시 가업영위기간은 합병법인을 기준으로 하며, 인적분할한 경우 당해 분할신설법인의 사업영위기간은 분할 전 분할법인의 사업개시일부터 계산한다(서면상속증여 2020-4593, 2020.12.31.).

(7) 법인이 기업인수목적회사(SPAC)에 합병된 경우

비상장법인이 상장을 위하여 「자본시장과 금융투자업에 관한 법률 시행령」 제6조 제4항 제14호에 따른 기업인수목적회사(SPAC)와 합병을 하는 경우로서 합병 후 상장법인이 합병 전의 비상장법인과 업종, 명칭, 대표이사 및 최대주주 등이 동일하여 사업의 계속성이 인정되는 경우에는 「상속세 및 증여세법」 제18조 제2항 제1호에 따른 "피상속인이 10년 이상 계속하여 경영한 기업" 판정시 피상속인이 합병 전 비상장법인을 계속하여 경영한 기간을 피상속인의 가업영위기간에 포함하는 것이다(기획재정부 재산-186, 2015.02.17.).

(8) 매출 비중 변동되어 주된 업종 변경된 경우

가업의 승계에 대한 증여세 과세특례는 60세 이상의 부모가 증여일 현재 10년 이상 계속하여 상속세 및 증여세법 시행령 별표에 따른 업종을 주된 사업으로 영위한 경우에 적용하는 것이며, 2 이상의 서로 다른 사업을 영위하는 경우에는 사업별 사업수입금액이 큰 사업을 주된 사업으로 본다(서면상속증여 2023-1822, 2023.08.30.).

> ★ 가업영위기간 해석 사례
>
> **서면상속증여 2019-4227, 2021.03.30.**
>
> 가업상속공제는 피상속인이 상속개시일 현재 10년 이상 계속하여 별표에 따른 업종을 주된 사업으로 영위한 기업을 경영한 경우에 적용하는 것이며, 2이상의 서로 다른 사업을 영위하는 경우에는 사업별 사업수입금액이 큰 사업을 주된 사업으로 보는 것임
>
> **서면상속증여 2022-746, 2022.07.29.**
>
> 가업상속공제 대상 가업의 영위기간은 통계청장이 작성·고시하는 한국표준산업분류상 동일한 대분류 내의 다른 업종으로 주된 사업을 변경하여 영위한 기간을 합산하는 것임
>
> **재산-932, 2010.12.13.**
>
> 가업승계 증여세 과세특례 적용시 가업이란 증여자가 10년 이상 계속하여 중소기업을 동일업종으로 유지 경영한 기업을 말함

> ✔ key point
>
> ★ 주업종 판단 요령
>
> 　가업에 대한 조세지원은 증여자 또는 피상속인이 10년 이상 계속하여 경영한 주된 사업에 대해서만 적용될 수 있다. 가업상속의 대상이 되는 가업은 소비성 서비스업종 등의 일부 업종은 제외하고, 일정한 규모 이하의 기업을 대상으로 한다.
>
> 　일정한 규모 이하의 중소기업 또는 중견기업은 상속이 개시되는 소득세 과세기간 또는 법인세 사업연도의 직전 3개 소득세 과세기간 또는 법인세 사업연도의 매출액 평균금액이 5천억원 미만인 기업을 대상으로 한다. 과거에는 조세특례제한법에서 중소기업 52개 업종에 대해서만 조세 지원하였으나, 2017년 2월 7일 「상속세 및 증여세법 시행령」 개정을 통해 기존 업종 범위를 유지하되, 소비성서비스업 등을 제외한 모든 업종으로 확대하는 등 적용대상 업종을 별표를 통해 지정하였다.
>
> 　별표에 따른 업종은 통계청장이 작성·고시하는 한국표준산업분류에 따른 업종과 조세특례제한법 등 개별 법령에서 규정한 업종으로 구분하여 고시한다. 이 때 적용하는 업종은 증여자가 증여일 현재 10년 이상 계속하여 별표에 따른 업종을 주된 사업으로 영위한 기업을 경영한 경우에 적용되며, 둘 이상의 서로 다른 사업을 영위하는 경우에는 사업별 수입금액이 큰 사업을 주된 사업으로 간주한다.

나. 규모기준

(1) 중소기업

중소기업은 증여일이 속하는 법인세 사업연도의 직전 법인세 사업연도 말 현재 다음의 요건을 모두 갖춘 기업을 말한다.

① 별표에 따른 업종을 주된 사업으로 영위할 것
② 매출액이 업종별로 「중소기업기본법 시행령」 별표 1에 따른 규모 기준 ("매출액") 이내일 것

③ 「독점규제 및 공정거래에 관한 법률」 제31조 제1항에 따른 공시대상기업집단에 속하는 회사 또는 같은 법 제33조에 따라 공시대상기업집단의 국내 계열회사로 편입·통지된 것으로 보는 회사에 해당하지 않으며, 실질적인 독립성이 「중소기업기본법 시행령」 제3조 제1항 제2호에 적합할 것. 이 경우 「중소기업기본법 시행령」 제3조 제1항 제2호 나목의 주식등의 간접소유 비율을 계산할 때 「자본시장과 금융투자업에 관한 법률」에 따른 집합투자기구를 통하여 간접소유한 경우는 제외하며, 「중소기업기본법 시행령」 제3조 제1항 제2호 다목을 적용할 때 "평균매출액등이 별표 1의 기준에 맞지 아니하는 기업"은 "매출액이 「조세특례제한법 시행령」 제2조 제1항 제1호에 따른 중소기업기준에 맞지 않는 기업"으로 본다.
④ 자산총액이 5천억원 미만일 것

(2) 중견기업

중견기업은 증여일이 속하는 법인세 사업연도의 직전 소득세 과세기간 또는 법인세 사업연도 말 현재 다음 각 호의 요건을 모두 갖춘 기업을 말한다.

① 별표에 따른 업종을 주된 사업으로 영위할 것
② 중소기업이 아닐 것
③ 소유와 경영의 실질적인 독립성이 다음과 같이 「중견기업 성장촉진 및 경쟁력 강화에 관한 특별법 시행령」 제2조 제2항 제1호에 적합할 것, 즉 소유와 경영의 실질적인 독립성이 다음 각 목의 어느 하나에 해당하지 아니하는 기업일 것
  ㉠ 「독점규제 및 공정거래에 관한 법률」 제31조제1항에 따른 상호출자제한기업집단에 속하는 기업
  ㉡ 「독점규제 및 공정거래에 관한 법률 시행령」 제38조제2항에 따른 상호출자제한기업집단 지정기준인 자산총액 이상인 기업 또는 법인

(외국법인을 포함한다)이 해당 기업의 주식(「상법」 제344조의3에 따른 의결권 없는 주식은 제외한다) 또는 출자지분의 100분의 30 이상을 직접적 또는 간접적으로 소유하면서 최다출자자인 기업. 이 경우 최다출자자는 해당 기업의 주식등을 소유한 법인 또는 개인으로서 단독으로 또는 다음의 어느 하나에 해당하는 자와 합산하여 해당 기업의 주식등을 가장 많이 소유한 자로 하며, 주식등의 간접소유비율에 관하여는 「국제조세조정에 관한 법률 시행령」 제2조제3항을 준용한다.

ⓐ 주식등을 소유한 자가 법인인 경우: 그 법인의 임원
ⓑ 주식등을 소유한 자가 개인인 경우: 그 개인의 친족

④ 증여일의 직전 3개 법인세 사업연도의 매출액(매출액은 기획재정부령으로 정하는 바에 따라 계산하며, 법인세 사업연도가 1년 미만인 법인세 사업연도의 매출액은 1년으로 환산한 매출액을 말한다)의 평균금액이 5천억원 미만인 기업일 것

다. 업종 기준

세법에서 조세를 지원하는 업종은 과거에는 조세특례제한법에서 중소기업 52개 업종으로 제한하였다가 소비성서비스업 등을 제외한 모든 업종으로 확대하는 개정을 하였다. 이러한 개정으로 「상속세 및 증여세법」에서는 2017.02.07. 시행령을 개정하면서 기존의 업종 범위는 그대로 유지하되, 적용대상 업종을 별표를 통해 지정하고 있다.

별표에는 통계청장이 작성·고시하는 한국표준산업분류에 따른 업종과 조세특례제한법 등 개별 법령에서 규정한 업종으로 구분하고 있다. 이에 따라 증여자가 증여일 현재 10년 이상 계속하여 별표에 따른 업종을 주된 사업으로

영위한 기업을 경영한 경우에 적용하며, 2 이상의 서로 다른 사업을 영위하는 경우에는 사업별 사업수입금액이 큰 사업을 주된 사업으로 보아 판단한다.

> ✔ key point
>
> ★ 별표에서 정하는 주업종의 판정 요령
>
> 　가업승계 대상 업종은 포지티브 방식으로 운영되고 있어 관련 법령에서 규정한 대로 적용해야 한다. 별표에서 열거한 업종은 한국표준산업분류에서 정한 업종과 개별법률의 규정에 따른 업종으로 구분되어 있다.
>
> 　업종을 판정할 때 세무전문가들은 필요경비 산정 시 적용하는 기준경비율이나 단순경비율 표를 사용하여 판정하는 경향이 있다. 가업은 별표에 열거된 한국표준산업분류에서 정한 기준을 따라야 한다. 예를 들어, 주택을 신축 판매하는 건설업자가 건축설계를 겸업하고 있을 때, 지원대상 업종은 한국표준산업분류에서는 건축기술, 엔지니어링 및 기타 과학기술 서비스업(72) 중 기타 과학기술 서비스업(729)에 해당한다. 기타 과학기술 서비스업(729)은 건축 및 조경 설계서비스업과는 구분되므로 건축설계서비스업은 적용대상 업종에 해당하지 않는다.
>
> 　가업승계의 적용 업종은 증여자가 10년 이상 계속하여 경영한 주된 사업을 기준으로 적용된다. 이에 따라 하나의 기업에서 영위하는 업종 중에 주업종과 부업종의 구분이 중요하다.

[별표] 가업상속공제를 적용받는 중소·중견기업의 해당업종(제15조 제1항 및 제2항 관련)

1. 한국표준산업분류에 따른 업종

표준산업분류상 구분	가업 해당 업종
가. 농업, 임업 및 어업 (01 ~ 03)	작물재배업(011) 중 종자 및 묘목생산업(01123)을 영위하는 기업으로서 다음의 계산식에 따라 계산한 비율이 100분의 50 미만인 경우 [제15조제7항에 따른 가업용 자산 중 토지(「공간정보의 구축 및 관리 등에 관한 법률」에 따라 지적공부에 등록해야 할 지목에 해당하는 것을 말한다) 및 건물(건물에 부속된 시설물과 구축물을 포함한다)의 자산의 가액] ÷ (제15조제7항에 따른 가업용 자산의 가액)
나. 광업(05 ~ 08)	광업 전체
다. 제조업(10 ~ 33)	제조업 전체. 이 경우 자기가 제품을 직접 제조하지 않고 제조업체(사업장이 국내 또는 「개성공업지구 지원에 관한 법률」 제2조제1호에 따른 개성공업지구에 소재하는 업체에 한정한다)에 의뢰하여 제조하는 사업으로서 그 사업이 다음의 요건을 모두 충족하는 경우를 포함한다. 1) 생산할 제품을 직접 기획(고안·디자인 및 견본제작 등을 말한다)할 것 2) 해당 제품을 자기명의로 제조할 것 3) 해당 제품을 인수하여 자기책임하에 직접 판매할 것
라. 하수 및 폐기물 처리, 원료 재생, 환경정화 및 복원업(37 ~ 39)	하수·폐기물 처리(재활용을 포함한다), 원료 재생, 환경정화 및 복원업 전체
마. 건설업(41 ~ 42)	건설업 전체
바. 도매 및 소매업 (45 ~ 47)	도매 및 소매업 전체
사. 운수업(49 ~ 52)	여객운송업[육상운송 및 파이프라인 운송업(49), 수상 운송업(50), 항공 운송업(51) 중 여객을 운송하는 경우]
아. 숙박 및 음식점업 (55 ~ 56)	음식점 및 주점업(56) 중 음식점업(561)
자. 정보통신업 (58 ~ 63)	출판업(58)
	영상·오디오 기록물제작 및 배급업(59). 다만, 비디오물 감상실 운영업(59142)은 제외한다.
	방송업(60)
	우편 및 통신업(61) 중 전기통신업(612)
	컴퓨터 프로그래밍, 시스템 통합 및 관리업(62)
	정보서비스업(63)

차. 전문, 과학 및 기술서비스업(70 ~ 73)	연구개발업(70)
	전문서비스업(71) 중 광고업(713), 시장조사 및 여론조사업(714)
	건축기술, 엔지니어링 및 기타 과학기술 서비스업(72) 중 기타 과학기술 서비스업(729)
	기타 전문, 과학 및 기술 서비스업(73) 중 전문디자인업(732)
카. 사업시설관리 및 사업지원 서비스업 (74 ~ 75)	사업시설 관리 및 조경 서비스업(74) 중 건물 및 산업설비 청소업(7421), 소독, 구충 및 방제 서비스업(7422)
	사업지원 서비스업(75) 중 고용알선 및 인력 공급업(751, 농업노동자 공급업을 포함한다), 경비 및 경호 서비스업(7531), 보안시스템 서비스업(7532), 콜센터 및 텔레마케팅 서비스업(75991), 전시, 컨벤션 및 행사 대행업(75992), 포장 및 충전업(75994)
타. 임대업 : 부동산 제외 (76)	무형재산권 임대업(764, 「지식재산 기본법」제3조제1호에 따른 지식재산을 임대하는 경우로 한정한다)
파. 교육서비스업(85)	교육 서비스업(85) 중 유아 교육기관(8511), 사회교육시설(8564), 직원훈련기관(8565), 기타 기술 및 직업훈련학원(85669)
하. 사회복지 서비스업(87)	사회복지서비스업 전체
거. 예술, 스포츠 및 여가관련 서비스업(90 ~ 91)	창작, 예술 및 여가관련 서비스업(90) 중 창작 및 예술관련 서비스업(901), 도서관, 사적지 및 유사 여가관련 서비스업(902). 다만, 독서실 운영업(90212)은 제외한다.
너. 협회 및 단체, 수리 및 기타 개인 서비스업 (94 ~ 96)	기타 개인 서비스업(96) 중 개인 간병인 및 유사 서비스업(96993)

2. 개별법률의 규정에 따른 업종

가업 해당 업종
가. 「조세특례제한법」제7조제1항제1호커목에 따른 직업기술 분야 학원
나. 「조세특례제한법 시행령」제5조제9항에 따른 엔지니어링사업
다. 「조세특례제한법 시행령」제5조제7항에 따른 물류산업
라. 「조세특례제한법 시행령」제6조제1항에 따른 수탁생산업
마. 「조세특례제한법 시행령」제54조제1항에 따른 자동차정비공장을 운영하는 사업
바. 「해운법」에 따른 선박관리업
사. 「의료법」에 따른 의료기관을 운영하는 사업
아. 「관광진흥법」에 따른 관광사업(카지노업, 관광유흥음식점업 및 외국인전용 유흥음식점업은 제외한다)
자. 「노인복지법」에 따른 노인복지시설을 운영하는 사업
차. 법률 제15881호 노인장기요양보험법 부칙 제4조에 따라 재가장기요양기관을 운영하는 사업

| 카. 「전시산업발전법」에 따른 전시산업 |
| 타. 「에너지이용 합리화법」제25조에 따른 에너지절약전문기업이 하는 사업 |
| 파. 「국민 평생 직업능력 개발법」에 따른 직업능력개발훈련시설을 운영하는 사업 |
| 하. 「도시가스사업법」제2조제4호에 따른 일반도시가스사업 |
| 거. 「연구산업진흥법」제2조제1호나목의 산업 |
| 너. 「민간임대주택에 관한 특별법」에 따른 주택임대관리업 |
| 더. 「신에너지 및 재생에너지 개발·이용·보급 촉진법」에 따른 신·재생에너지 발전사업 |

(1) 조세특례제한법시행령 제2조제1항제1호·제3호 요건을 충족할 것

(가) 매출액 기준

매출액이 업종별로 중소기업기본법 시행령 별표 1에 따른 규모 기준("평균매출액등"은 "매출액"으로 보며, 이하 "중소기업기준"이라 한다)이내이어야 한다.

[별표 1] 주된 업종별 평균매출액등의 규모 기준(2017.10.17. 개정)

해당업종	분류부호	규모기준
1. 의복, 의복액세서리 및 모피제품 제조업	C14	평균매출액등 1,500억원 이하
2. 가죽, 가방 및 신발 제조업	C15	
3. 펄프, 종이 및 종이제품 제조업	C17	
4. 1차 금속 제조업	C24	
5. 전기장비 제조업	C28	
6. 가구 제조업	C32	
7. 농업, 임업 및 어업	A	평균매출액등 1,000억원 이하
8. 광업	B	
9. 식료품 제조업	C10	
10. 담배 제조업	C12	
11. 섬유제품 제조업(의복 제조업은 제외한다)	C13	
12. 목재 및 나무제품 제조업(가구 제조업은 제외)	C16	평균매출액등 1,000억원 이하
13. 코크스, 연탄 및 석유정제품 제조업	C19	
14. 화학물질 및 화학제품 제조업(의약품 제조업은 제외)	C20	
15. 고무제품 및 플라스틱제품 제조업	C22	

16. 금속가공제품 제조업(기계 및 가구 제조업은 제외)	C25	평균매출액등 1,000억원 이하
17. 전자부품, 컴퓨터, 영상, 음향 및 통신장비 제조업	C26	
18. 그 밖의 기계 및 장비 제조업	C29	
19. 자동차 및 트레일러 제조업	C30	
20. 그 밖의 운송장비 제조업	C31	
21. 전기, 가스, 증기 및 공기조절 공급업	D	평균매출액등 1,000억원 이하
22. 수도업	E36	
23. 건설업	F	
24. 도매 및 소매업	G	
25. 음료 제조업	C11	평균매출액등 800억원 이하
26. 인쇄 및 기록매체 복제업	C18	
27. 의료용 물질 및 의약품 제조업	C21	
28. 비금속 광물제품 제조업	C23	
29. 의료, 정밀, 광학기기 및 시계 제조업	C27	
30. 그 밖의 제품 제조업	C33	
31. 수도, 하수 및 폐기물 처리, 원료재생업(수도업은 제외)	E(E36제외)	
32. 운수 및 창고업	H	
33. 정보통신업	J	
34. 산업용 기계 및 장비 수리업	C34	평균매출액등 600억원 이하
35. 전문, 과학 및 기술 서비스업	M	
36. 사업시설관리, 사업지원 및 임대 서비스업(임대업은 제외한다)	N(N76 제외)	
37. 보건업 및 사회복지 서비스업	Q	
38. 예술, 스포츠 및 여가 관련 서비스업	R	
39. 수리(修理) 및 기타 개인 서비스업	S	
40. 숙박 및 음식점업	I	평균매출액등 400억원 이하
41. 금융 및 보험업	K	
42. 부동산업	L	
43. 임대업	N76	
44. 교육 서비스업	P	

※ 비고 : 해당 기업의 주된 업종의 분류 및 분류기호는 통계법 제22조에 따라 통계청장이 고시한 한국 표준산업분류에 따른다.

※ 위 표 제19호 및 제20호에도 불구하고 자동차용 신품 의자 제조업(C30393), 철도 차량 부품 및 관련 장치물 제조업(C31202) 중 철도 차량용 의자 제조업, 항공기용 부품 제조업(C31322) 중 항공기용 의자 제조업의 규모 기준은 평균매출액등 1,500억원 이하로 한다.

(나) 실질적인 독립성이 중소기업기본법 시행령 제3조 제1항 제2호에 적합할 것

독점규제 및 공정거래에 관한 법률 제31조 제1항에 따른 공시대상기업집단에 속하는 회사 또는 같은 법 제33조에 따라 공시대상기업집단의 소속회사로 편입·통지된 것으로 보는 회사에 해당하지 않으며, 실질적인 독립성이 중소기업기본법 시행령 제3조 제1항 제2호에 적합할 것. 이 경우 중소기업기본법 시행령 제3조 제1항 제2호 나목의 주식등의 간접소유 비율을 계산할 때 자본시장과 금융투자업에 관한 법률에 따른 집합투자기구를 통하여 간접소유한 경우는 제외하며, 중소기업기본법 시행령 제3조 제1항 제2호 다목을 적용할 때 "평균매출액등이 별표 1의 기준에 맞지 아니하는 기업"은 "매출액이 조세특례제한법 시행령 제2조 제1항 제1호에 따른 중소기업기준에 맞지 않는 기업"으로 본다.

① 자산총액이 5천억원 이상인 법인(외국법인을 포함하되, 비영리법인 및 중소기업기본법 시행령 제3조의2 제3항 각 호의 어느 하나에 해당하는 자는 제외한다)이 주식등의 100분의 30 이상을 직접적 또는 간접적으로 소유한 경우로서 최다출자자인 기업. 이 경우 최다출자자는 해당 기업의 주식등을 소유한 법인 또는 개인으로서 단독으로 또는 다음의 어느 하나에 해당하는 자와 합산하여 해당 기업의 주식등을 가장 많이 소유한 자를 말하며, 주식등의 간접소유 비율에 관하여는 국제조세조정에 관한 법률 시행령 제2조 제2항을 준용한다.

ⓐ 주식등을 소유한 자가 법인인 경우: 그 법인의 임원
ⓑ 주식등을 소유한 자가 ⓐ에 해당하지 아니하는 개인인 경우: 그 개인의 친족

② 관계기업에 속하는 기업의 경우에는 중소기업기본법 시행령 제7조의4에 따라 산정한 평균매출액등이 별표 1의 기준에 맞지 아니하는 기업

(2) 자산총액이 5천억원 미만일 것

업종별 규모기준을 충족하더라도 재무상태표 상 자산총계(자본총계+부채총계)가 5,000억 원 미만이어야 중소기업에 해당한다. 자산총액은 회계관행에 따라 작성한 직전 사업연도 말일 현재 재무상태표상의 자산총계로 한다. 해당 사업연도에 창업하거나 합병 또는 분할한 기업의 자산총액은 창업일이나 합병일 또는 분할일 현재의 자산총액으로 한다. 외국법인의 경우 자산총액을 원화로 환산할 때에는 직전 5개 사업연도의 평균환율을 적용한다(중기령 §7의2).

03 증여자의 요건

가. 60세 이상의 부모

증여자는 60세 이상의 부모에 해당하여야 한다. 다만, 수증자가 증여받을 당시에 그 아버지나 어머니가 사망한 경우에는 그 사망한 아버지나 어머니의 부모도 포함된다. 즉, 수증자가 증여받을 당시 그의 아버지나 어머니가 사망한 경우에는 할아버지나 할머니가 증여하는 경우도 포함한다.

(1) 최대주주가 2인 이상인 경우의 증여자의 범위

가업의 승계 후 가업의 승계 당시 최대주주에 해당하는 다른 주주로부터 증여받는 경우에는 적용하지 아니한다(조특법 §30의 6 ① 단서). 가업승계에 대한 증여세 과세특례는 최대주주가 다수인 경우 증여자는 최대주주 한 사람에 한하여 적용한다. 예를 들어, 아버지의 주식을 자녀가 가업승계를 받은 경우에는 최대주주에 해당하는 삼촌이 있는 경우 그 삼촌의 자녀인 4촌에게는 적용할 수 없다.

(2) 부모가 동일한 법인의 최대주주인 경우

부모가 동일한 법인의 최대주주에 해당하는 경우에 부 또는 모 중에 한 사람의 지분에 대해서만 가업승계 증여세 특례제도를 적용받을 수 있다. 아버지와 어머니가 공동사업을 경영하는 가업의 어머니 지분을 자녀가 증여받아 "가업의 승계에 대한 증여세 과세특례"를 적용받은 후, 아버지의 지분을 증여받은 경우는 해당 특례를 적용할 수 없다(서면법규재산 2021-4361, 2022.06.29.).

✔ key point

★ 가업승계의 걸림돌 배우자 주식

가업 법인의 지분이 가족 위주로 구성되어 있을 때 증여자는 최대주주 한 사람이 보유한 주식에 대해서만 적용된다. 증여자와 증여자의 배우자가 같은 회사의 주식을 각각 보유하고 있다면 증여자의 주식에 대해서는 증여세 과세특례를 적용할 수 있고, 그의 배우자가 보유한 주식은 자녀 등에게 증여하면 수증자에게는 일반 증여로 과세되고, 사후에 상속받는 경우에는 상속인이 상속세를 납부해야 한다.

반면에, 증여자가 그의 배우자 지분을 생전에 취득하면 그 주식도 가업승계에 대한 증여세 과세특례를 적용할 수 있고, 사후에는 가업상속공제를 적용받을 수 있다. 그 이유는 증여자가 10년 이상 보유하지 않는 주식도 가업승계 대상 자산에 해당하는 것으로 해석하고 있기 때문이다. 가업승계 또는 가업상속으로 절세를 고려한다면 배우자 주식을 생전에 취득하여 한사람이 보유하는 지혜가 필요하다.

(3) 증여세 과세특례 적용 후 동일한 증여자의 재차 특례적용

가업승계에 대한 증여세 과세특례를 적용할 때 증여자는 해당 법인의 최대주주 중에 한 사람에 한해 적용된다. 이러한 제한에도 가업의 승계 당시 해당 주식등의 증여자 및 해당 주식등을 증여받은 자는 제외한다(조특법 §30의6 ① 단서). 예를 들어 아버지가 보유하고 있던 주식을 자녀에게 증여세 과세특례를 적용하고 추가로 아버지가 다른 자녀에게 증여하는 경우에도 적용이 가능하고, 최대주주 중에 삼촌과 같은 다른 주주의 경우에는 가업승계 증여세 과세특례를 적용할 수 없다.

(4) 증여세 과세특례 적용대상 기업이 다수인 경우

가업의 승계에 대한 증여세 과세특례를 적용할 때 주식 등을 증여받고 가업을 승계한 거주자가 2인 이상인 경우에는 각 거주자가 증여받은 주식 등을 한 사람이 모두 증여받은 것으로 보아 증여세를 부과한다(조특법 §30의6 ②). 부모가 여러 개의 가업을 영위하고 가업승계 증여세 과세특례 요건을 충족하는 경우에는 기업별로 또는 공동으로 증여받는 경우에도 적용이 가능하다.

사례

주주현황

법인	주주 구성	수증자
A 법인	아버지 50%, 타인 50%	아버지 ⇒ 장남
B 법인	아버지 20%, 어머니 80%	어머니 ⇒ 차남
C 법인	아버지 50%, 타인 50%	아버지 ⇒ 장남

부(父)와 모(母)가 각각 영위하는 가업의 주식을 장남, 차남에게 각각 증여하여 가업을 승계하는 경우로서, 「조세특례제한법」제30조의6 제1항 및 같은 법 시행령 제27조의6제1항에 따른 요건을 모두 갖춘 경우에는, 같은 법 제30조의6 제2항에 따라 거주자 한 사람이 모두 증여받은 것으로 보아 증여세를 계산하는 것이다(서면법규재산 2020-5942, 2022.03.31.).

(5) 수증자가 40% 이상(상장법인 20%) 보유하여도 적용 가능

수증자가 이미 주식의 50% 이상을 보유하고 대표이사로 재직 중이라 하더라도 부모가 10년 이상 계속하여 경영한 기업으로서, 가업의 요건을 충족하는 기업의 주식을 자녀에게 증여하고, 그 자녀가 가업승계 증여세 과세특례 요건을 갖추어 가업을 승계하는 경우에는 증여세 과세특례 적용이 가능하다(서면 법령해석재산 2015-2596, 2016.12.09.).

나. 보유주식 지분율

증여자와 그의 특수관계인의 주식등을 합하여 해당 기업의 발행주식총수등의 100분의 40[거래소에 상장되어 있는 법인이면 100분의 20] 이상인 경우에 적용된다.

(1) 증여자가 10년 이하 보유주식도 가능

가업승계 증여세 과세특례는 증여자의 가업영위기간이 10년 이상인 경우에 적용이 가능하다. 그렇지만 적용대상 주식은 가업승계에 해당하는 법인의 주식 중 피상속인이 직접 10년 이상 보유한 주식만이 가업승계 적용대상이 되는 것은 아니다(기획재정부 조세법령-10, 2022.01.05.).

(2) 자기주식은 발행주식총수에서 제외한다

증여자가 그의 특수관계인의 주식 등을 합하여 해당 기업의 발행주식총수의 100분의 40(거래소에 상장된 법인이면 100분의20) 이상을 계속하여 보유하는지 여부를 판정할 때 주식발행법인이 보유하는 자기주식은 발행주식총수에서 제외한다(상속증여-154, 2014.05.23.).

(3) 명의신탁주식은 포함한다

증여자와 특수관계에 있는 자가 명의신탁한 주식이 있는 사실이 명백히 확인되는 경우에는 그 명의신탁한 주식을 포함하여 증여자의 요건을 충족하는지 여부를 판단한다(재산-897, 2010.12.02.).

04 수증자 요건

가. 연령 기준

수증자는 18세 이상의 거주자인 자녀에 해당하여야 한다. 부모가 사망하여 가업을 조부모가 영위하고 있어 그 사업을 조부모로부터 18세 이상인 손자, 손녀가 증여받은 경우에도 적용이 가능하다(조특법 §30의 6 ① 괄호).

나. 수증자의 배우자도 가업승계 가능

가업승계 증여세 특례는 자녀가 부모로부터 가업승계를 받아야 하나, 2015.02.03. 개정을 통하여 자녀가 가업에 종사할 수 없는 사정이 있는 경우에는 자녀가 주식을 증여받고 그 배우자가 가업에 종사하고 대표이사에 취임하는 경우에도 특례적용이 가능하다. 이러한 개정으로 자녀가 주식을 증여받고 사위 또는 며느리가 가업에 종사하고 대표이사에 취임하는 경우에도 특례적용이 가능하게 되었다.

✔ key point

사위도 장인의 가업을 승계할 수 있다

가업을 승계받을 수증자는 18세 이상이어야 하고, 수증자의 부모가 사망하였고 조부모가 가업을 경영하고 있는 경우에는 18세 이상인 손자, 손녀가 가업승계 증여세 과세특례의 적용이 가능하다. 가업승계에 대해 과거에는 수증자 한사람에게만 적용하였으나 최근에는 2인 이상에게 증여하는 것도 가능하다. 즉, 부모가 여러 개의 가업을 영위하고 가업승계 증여세 과세특례 요건을 충족하는 경우에는 기업별로 또는 공동으로 증여받는 경우에도 특례 적용이 가능하다.

가업승계 증여세 과세특례는 자녀가 부모로부터 가업승계를 받아야 했으나, 의사 등과 같은 전문직에 종사하고 있어 가업에 종사하기 어렵거나 가업에 종사하기를 원치 않는 경우도 있다. 이러한 경우에는 자녀가 주식을 증여받고 그 배우자가 가업에 종사하고 대표이사에 취임하면 특례적용이 가능하다.

이에 따라 자녀가 주식을 증여받고, 사위 또는 며느리가 가업에 종사하면서 대표이사에 취임하는 경우에도 특례적용이 가능하다.

다. 가업 종사 및 3년 이내에 대표이사 취임

수증자가 증여세 과세표준 신고기한까지 가업에 종사하고 증여일부터 3년 이내에 대표이사에 취임해야 한다(조특령 §27의 6 ①). 대표이사 취임 규정은 2023.02.28. 개정 전에는 증여일부터 5년 이내에 취임하도록 하였다.

(1) 대표이사 취임의 의미

수증자 또는 그 배우자가 가업에 종사하고 대표이사에 취임해야 한다. 취임의 경우 주주총회에서 이사나 감사를 선임할 때, 선임결의와 피선임자의 승낙만 있으면, 피선임자는 대표이사와 별도의 임용계약을 체결하였는지와 관계없이 이사나 감사의 지위를 취득하고(대법원 2017.3.23. 선고 2016다251215 전원합의체 판결) 변경등기는 그 요건이 아니며, 5년(3년) 이내에 대표이사로 취임할 것을 요건으로 둔 것은 특례규정의 취지에 따라 일정한 기간 내에 대표이사로 취임하여 실제로 가업을 승계할 의무를 부여한 것으로 변경등기 여부는 이러한 취지와 무관한 점 등을 고려하면, '취임'은 주주총회의 결의에 의하여 선임되고 이를 승낙하는 것으로 충분하고 이외에 대표이사 취임등기까지 마쳐야 하는 것은 아니다(부산고법 2019.05.15. 선고 2018누24049 판결).

대표이사의 취임등기는 필수적인 요건은 아니라는 법원의 판결에도 대표이사의 취임은 가업승계 증여세 과세특례에서 필수적인 요건에 해당하는 것으로 판단하고 있으므로 법인등기부등본에 대표이사로 등재하여 외형적인 요건을 갖추어 분쟁을 방지할 필요가 있다(조심 2017부3614, 2017.12.11.).

(2) 대표이사의 겸직

가업승계 증여세 과세특례는 수증자가 증여세 과세표준 신고기한까지 가업에 종사하고 증여일부터 3년 이내에 대표이사에 취임하는 경우 적용된다. 수증자가 다른 기업의 대표이사를 겸직하는 경우에도 적용되는 것이며, 수증자가 실제 해당 가업에 종사하고 대표이사로 취임해야 한다(서면상속증여 2020-3200, 2020.09.29.).

(3) 공동으로 대표이사도 가능

가업승계에 대한 증여세 과세특례는 수증자가 증여세 과세표준 신고기한까지 가업에 종사하고 증여일부터 5년(3년) 이내에 공동 대표이사에 취임하는 경우에도 적용되는 것이다(서면상속증여 2017-3066, 2019.05.21.).

(4) 가업승계 전에 대표이사 취임 가능

수증자가 주식을 증여받기 전에 가업승계를 목적으로 대표이사에 취임한 상태에서도 가업승계에 대한 증여세 과세특례가 가능하다. 가업승계에 대한 증여세 과세특례는 수증자가 가업의 승계를 목적으로 주식 등을 증여받기 전에 해당 기업의 대표이사로 취임한 경우에도 증여일 전 10년 이상 계속하여 부 또는 모가 가업을 실제로 경영한 경우에도 적용이 가능하다(서면상속증여 2021-3733, 2021.06.28.).

라. 자녀가 둘 이상인 경우 증여 사례별 분석

(1) 재차 승계

가업승계 증여세 과세특례는 처음 도입할 당시에는 30억원 한도로 하였으나 한도액을 확대함에 따라 재차 증여를 고려할 수 있다. 이러한 한도액이 확대되고, 2인 이상이 증여받을 수 있도록 개정됨에 따라 최초로 가업의 승계에 대한 증여세 과세특례를 적용받은 이후 해당 수증인을 포함한 2인 이상이 같은 법령에 따라 해당 증여세 과세특례를 적용받을 수 있다(서면상속증여 2021-6974, 2022.07.04.).

사례

법인	주주 구성	수증자	대표이사	적용여부
1차	아버지 70%, 기타 30%	장남 40%	대표이사 취임	적용 가능
2차	아버지 30%, 기타 70%	차남 30%	대표이사 취임	적용 가능

(2) 기업별 승계 또는 공동 승계

2인 이상의 수증자가 기업별로 주식을 증여받거나 하나의 기업을 공동으로 증여받은 경우 해당 가업의 주식 등을 증여받은 수증자 또는 그 배우자가 증여세 과세표준 신고기한까지 가업에 종사하고 증여일부터 5년(3년) 이내에 대표이사에 취임하여 가업승계 증여세 과세특례 요건을 모두 갖춘 경우에는 해당 수증자의 승계지분에 대하여 증여세 과세특례를 적용할 수 있다(서면상속증여 2020-5330, 2021.04.30.).

이 경우 각 수증자가 납부할 증여세액은 자녀 한 사람이 증여받은 것으로 보아 증여세액을 계산한다.

사례 1

법인	주주 구성	수증자	대표이사	적용여부
A 법인	아버지 70%	장남 40% 차남 30%	대표이사 취임 대표이사 취임	적용 가능 적용 가능

사례 2

법인	주주 구성	수증자	대표이사	적용여부
A 법인	아버지 70%	장남 40%	대표이사 취임	적용 가능
B 법인	아버지 50%	차남 50%	대표이사 취임	적용 가능

05 조세포탈 또는 회계부정 행위에 대한 증여세 과세특례 배제

가. 가업승계 증여세 과세특례 적용배제 또는 증여 추징대상

거주자 또는 부모가 가업의 경영과 관련하여 조세포탈 또는 회계부정 행위로 징역형 또는 "대통령령으로 정하는 벌금형"을 증여일 전 10년 이내 또는 증여일부터 5년 이내의 기간 중의 행위로 징역형 또는 벌금형을 선고받고 그 형이 확정된 경우에는 결정이 있기 전과 결정 이후에 따라 구분하여 가업승계에 대한 증여세 과세특례를 배제하거나 또는 이자상당액까지 포함하여 증여세가 부과된다(조특법 §30의6 ④).

이 규정은 기업인의 성실경영책임을 강화하고자 가업상속공제에는 2020년 이후 상속개시분부터 적용하였고, 가업승계에 대한 증여세 과세특례에서는 2024년 이후 증여분부터 적용하고 있다.

① 증여세 과세표준과 세율의 결정이 있기 전에 거주자 또는 부모에 대한 형이 확정된 경우에는 가업승계에 대한 증여세 과세특례를 적용하지 아니한다.
② 가업승계에 대한 증여세 과세특례를 적용받은 후에 거주자 또는 부모에 대한 형이 확정된 경우에는 증여받은 주식등의 가액에 대하여 「상속세 및 증여세법」에 따라 증여세를 부과한다. 이 경우에는 세법에서 정하는 바에 따라 계산한 이자상당액을 증여세에 가산하여 부과한다.

탈세·회계부정 행위에 따른 가업승계에 대한 증여세 과세특례 효과

탈세·회계부정 행위 시기	형 확정시기	효과
공제 전 행위	가업승계 증여세 과세특례 적용 전	공제 배제
	가업승계 증여세 과세특례 적용 후	추징
사후관리기간 중 행위	사후관리 기간 중	추징
	사후관리 기간 이후	추징

☞ 범죄행위 시기 : 증여일 10년 전부터 증여일부터 5년까지

나. 조세포탈 또는 회계부정 행위의 범위

조세포탈 또는 회계부정 행위란 조세범처벌법 제3조 제1항 또는 주식회사 등의 외부감사에 관한 법률 제39조 제1항에 따른 죄를 범하는 것을 말하며, 증여일 전 10년 이내 또는 증여일부터 5년 이내의 기간 중의 행위로 한정한다 (조특법 §30의6 ④).

(1) 조세포탈 행위의 범위

조세포탈 행위란 조세범처벌법 제3조 제1항에 따른 죄를 범하는 것을 말한다. 즉, 사기나 그 밖의 부정한 행위로써 조세를 포탈하거나 조세의 환급·공제를 받은 자는 2년 이하의 징역 또는 포탈세액, 환급·공제받은 세액 즉, 포탈세액등의 2배 이하에 상당하는 벌금에 처한다. 다만, 다음의 어느 하나에 해당하는 경우에는 3년 이하의 징역 또는 포탈세액등의 3배 이하에 상당하는 벌금에 처한다.

① 포탈세액등이 3억원 이상이고, 그 포탈세액등이 신고·납부하여야 할 세액(납세의무자의 신고에 따라 정부가 부과·징수하는 조세의 경우에는 결정·고지하여야 할 세액을 말한다)의 100분의 30 이상인 경우
② 포탈세액등이 5억원 이상인 경우

(2) 회계부정 행위의 범위

회계부정 행위란 주식회사 등의 외부감사에 관한 법률 제39조 제1항에 따른 죄를 범하여 받은 벌금형(재무제표상 변경된 금액이 자산총액의 100분의 5 이상인 경우로 한정한다)을 받은 경우를 말한다. 주식회사 등의 외부감사에 관한 법률 제39조 제1항에 따른 죄란 상법 제401조의2 제1항 및 제635조 제1항에 규정된 자나 그 밖에 회사의 회계업무를 담당하는 자가 제5조에 따른 회계처리기준을 위반하여 거짓으로 재무제표를 작성·공시하거나 감사인 또

는 그에 소속된 공인회계사가 감사보고서에 기재하여야 할 사항을 기재하지 아니하거나 거짓으로 기재한 경우에는 10년 이하의 징역 또는 그 위반행위로 얻은 이익 또는 회피한 손실액의 2배 이상 5배 이하의 벌금에 처해진 것을 말한다.

다. 이자상당액의 계산

가업승계에 대한 증여세 과세특례를 적용받은 후에 거주자 또는 부모에 대한 형이 확정된 경우에는 증여받은 주식등의 가액에 대하여「상속세 및 증여세법」에 따라 증여세를 부과한다. 거주자는 거주자 또는 부모에 대한 형이 확정된 날이 속하는 달의 말일부터 3개월 이내에 다음과 같이 계산한 해당 증여세와 이자상당액을 납세지 관할 세무서, 한국은행 또는 체신관서에 납부하여야 한다(조특령 §27의6 ⑫). 다만, 이미 증여세와 이자상당액이 부과되어 납부된 경우에는 그러하지 아니하다(조특법 §30의6 ⑧).

$$이자상당액 = 증여세 \times 적정이자율 \times \frac{증여세\ 신고기한의\ 다음날부터\ 추징사유가\ 발생한\ 날까지의\ 시간}{365}$$

(1일 22/100,000, 연 8.03%)

Ⅲ. 가업용 증여재산가액 및 적용 한도

01 가업재산의 요건

가. 주식 및 출자지분

가업은 증여자가 10년 이상 영위한 법인을 대상으로 하고, 가업의 승계를 목적으로 해당 가업의 주식 및 출자지분을 증여받은 경우에 적용이 가능하다. 주식 및 출자지분이 없는 개인사업자는 법인전환을 하지 않으면 적용할 수 없다. 가업용 자산은 과거에는 증여자가 10년 이상 영위한 가업 법인의 주식을 대상으로 하므로 증여재산이 되는 주식도 증여자가 10년 이상 보유한 주식을 대상으로 하는 것으로 해석하였다.

이러한 해석에 대해 법원(서울행정법원 2021.10.15. 선고 2021구합53771 판결)에서는 '적용대상이 되는 주식 그 자체를 증여자가 직접 10년 이상 보유하지 않았다는 사정만으로 가업의 승계에 대한 증여세 과세특례 규정의 당초 입법 취지에 부합하지 않는 불합리한 결과를 가져올 것이라고는 보기 어렵다'고 판단하였다.

이러한 판결의 영향으로 가업상속에 해당하는 법인의 주식 중 증여자가 직접 10년 이상 보유한 주식만이 가업상속공제 대상이 되는 것은 아닌 것으로 해석을 변경하였다(기획재정부 조세법령-10, 2022.01.05.). 이에 따라 증여자가 10년 이상 보유하지 않는 주식도 가업승계 자산에 해당된다.

나. 적용대상 가업용 자산가액

가업승계에 대한 증여세 과세특례는 법인의 주식을 증여받은 경우에 적용되며, 주식에 대한 증여재산가액은 주식의 평가액이 된다. 가업용 자산가액은 가업승계에 대한 증여세 과세특례가 적용되는 주식가액 중에 사업무관자산이 포함되어 있다면 이를 제외하고 계산해야 한다.

가업용 자산가액은 증여일 현재 해당 법인의 주식가액 중 사업무관자산이 차지한 비율을 제외한 비율을 곱하여 계산한 금액으로 적용한다.

> 가업자산가액 = 주식평가액 × (1-사업무관자산 비율)

다. 사업무관자산의 범위

(1) 토지등 양도소득에 대한 과세특례 적용대상 자산

법인이 보유한 주택, 비사업용 토지 및 주택을 취득하기 위한 권리 등 다음에 해당하는 것은 사업무관자산에 해당한다(법법 §55의2 ①).

(가) 주택과 그 부수토지

국내에 소재하는 주택으로서 대통령령으로 정하고 있는 임대주택 등에 해당하지 않는 주택(이에 부수되는 토지를 포함한다) 및 주거용 건축물로서 상시 주거용으로 사용하지 아니하고 휴양·피서·위락 등의 용도로 사용하는 건축물(별장)을 말한다. 다만, 「지방자치법」 제3조 제3항 및 제4항에 따른 읍 또는 면에 있으면서 대통령령으로 정하는 범위 및 기준에 해당하는 농어촌주택(그 부속토지를 포함한다)은 제외한다.

① 건물의 연면적이 150제곱미터 이내이고, 그 건물의 부속토지의 면적이 660제곱미터 이내일 것
② 건물과 그 부속토지의 가액이 기준시가 2억원 이하일 것
③ 「조세특례제한법」 제99조의4[농어촌주택등 취득자에 대한 양도소득세 과세특례] 제1항 제1호 각 목의 어느 하나에 해당하는 지역을 제외한 지역에 소재할 것

(나) 비사업용 토지

1) 기간 기준

토지 등 양도소득에 대한 법인세를 추가로 과세하는 비사업용 토지는 토지를 소유하는 기간 중 다음에 해당하는 기간 동안 비사업용에 해당하는 토지를 말한다(법법 §55의2 ②, 법령§ 92의3).

토지의 소유기간	기간 기준
5년 이상	가. 양도일 직전 5년 중 2년을 초과하는 기간 나. 양도일 직전 3년 중 1년을 초과하는 기간 다. 토지의 소유기간의 100분의 40에 상당하는 기간을 초과하는 기간. 이 경우 기간의 계산은 일수로 한다.
2. 3년 이상 5년 미만	가. 토지의 소유기간에서 3년을 차감한 기간을 초과하는 기간 나. 양도일 직전 3년 중 1년을 초과하는 기간 다. 토지의 소유기간의 100분의 40에 상당하는 기간을 초과하는 기간. 이 경우 기간의 계산은 일수로 한다.
3. 3년 미만	가. 토지의 소유기간에서 2년을 차감한 기간을 초과하는 기간 나. 토지의 소유기간의 100분의 40에 상당하는 기간을 초과하는 기간. 이 경우 기간의 계산은 일수로 한다. * 소유기간이 2년 미만이면 '가'는 적용하지 아니한다.

2) 비사업용 토지의 범위

토지를 소유하는 기간 중 일정기간 동안 다음 중 어느 하나에 해당하는 토지를 말한다.

① 논밭 및 과수원(이하 "농지"라 한다)으로서 다음의 어느 하나에 해당하는 것
  ㉠ 농업을 주된 사업으로 하지 아니하는 법인이 소유하는 토지.
  ㉡ 특별시, 광역시(광역시에 있는 군 지역은 제외), 특별자치시(특별자치시에 있는 읍·면지역은 제외), 특별자치도(행정시의 읍·면지역은 제외) 및 시 지역[도농(都農) 복합형태의 시의 읍·면 지역은 제외] 중 도시지역(도시지역 및 개발제한구역은 제외)에 있는 농지. 다만,

특별시, 광역시, 특별자치시, 특별자치도 및 시 지역의 도시지역에 편입된 날부터 3년이 지나지 아니한 농지는 제외한다.

② 임야

임야에 대한 비사업용 토지를 판단할 때 다음의 어느 하나에 해당하는 것은 제외한다.

- ㉠ 「산림자원의 조성 및 관리에 관한 법률」에 따라 지정된 채종림(採種林)·시험림, 「산림보호법」 제7조에 따른 산림보호구역, 그 밖에 공익상 필요하거나 산림의 보호·육성을 위하여 필요한 임야로서 대통령령으로 정하는 것
- ㉡ 임업을 주된 사업으로 하는 법인이나 「산림자원의 조성 및 관리에 관한 법률」에 따른 독림가(篤林家)인 법인이 소유하는 임야로서 대통령령으로 정하는 것
- ㉢ 토지의 소유자·소재지·이용상황·보유기간 및 면적 등을 고려하여 법인의 업무와 직접 관련이 있다고 인정할 만한 상당한 이유가 있는 임야로서 대통령령으로 정하는 것

③ 목장용지

목장용지에 대한 비사업용 토지를 판단할 때 다음의 어느 하나에 해당하는 목장용지는 비사업용 토지에 해당한다. 다만, 토지의 소유자·소재지·이용상황·보유기간 및 면적 등을 고려하여 법인의 업무와 직접 관련이 있다고 인정할 만한 상당한 이유가 있는 목장용지로서 대통령령으로 정하는 것은 제외한다.

- ㉠ 축산업을 주된 사업으로 하는 법인이 소유하는 목장용지로서 대통령령으로 정하는 축산용 토지의 기준면적을 초과하거나 특별시, 광역시, 특별자치시, 특별자치도 및 시 지역의 도시지역에 있는 목장용지

ⓒ 축산업을 주된 사업으로 하지 아니하는 법인이 소유하는 목장용지

④ 농지, 임야 및 목장용지 외의 토지 중 다음의 것을 제외한 토지
  농지, 임야 및 목장용지 외의 토지 중 다음에 열거한 토지는 사업용 토지에 해당한다.
  ㉠ 「지방세법」이나 관계 법률에 따라 재산세가 비과세되거나 면제되는 토지
  ㉡ 「지방세법」에 따른 재산세 별도합산과세대상 또는 분리과세대상이 되는 토지
  ㉢ 토지의 이용상황, 관계 법률의 의무이행 여부 및 수입금액 등을 고려하여 법인의 업무와 직접 관련이 있다고 인정할 만한 상당한 이유가 있는 토지로서 대통령령으로 정하는 것

⑤ 배율 초과 주택 부수토지
  「지방세법」 제106조 제2항에 따른 주택 부속토지 중 주택이 정착된 면적에 지역별로 대통령령으로 정하는 배율을 곱하여 산정한 면적을 초과하는 토지는 비사업용토지에 해당한다.

⑥ 별장의 부속토지
  별장에 부속된 토지의 경계가 명확하지 아니한 경우에는 그 건축물 바닥면적의 10배에 해당하는 토지를 부속토지로 본다.

⑦ 그밖의 토지
  위에서 열거한 '①'부터 '⑥'까지에 규정된 토지와 유사한 토지로서 법인의 업무와 직접 관련이 없다고 인정할 만한 상당한 이유가 있는 대통령령으로 정하는 토지는 비사업용토지에 해당한다.

(다) 주택을 취득하기 위한 권리

주택을 취득하기 위한 권리로서 조합원입주권 및 분양권은 사업무관자산에 해당한다.

"조합원입주권"은 「도시 및 주거환경정비법」 제74조에 따른 관리처분계획의 인가 및 「빈집 및 소규모주택 정비에 관한 특례법」 제29조에 따른 사업시행계획인가로 인하여 취득한 입주자로 선정된 지위를 말하며, "분양권"은 「주택법」 등 대통령령으로 정하는 법률에 따른 주택에 대한 공급계약을 통하여 주택을 공급받는 자로 선정된 지위(해당 지위를 매매 또는 증여 등의 방법으로 취득한 것을 포함한다)를 말한다.

(2) 업무와 관련 없는 자산 및 임대용 부동산

업무와 관련이 없는 자산(「법인세법 시행령」 제49조) 및 타인에게 임대하고 있는 부동산(지상권 및 부동산임차권 등 부동산에 관한 권리를 포함한다)

(가) 업무무관 부동산

업무와 관련이 없는 자산으로서 법인의 업무에 직접 사용하지 아니하는 부동산을 말하며, "유예기간"이 경과하기 전까지의 기간 중에 있는 부동산을 제외한다.

구분	유예기간
① 건축물 또는 시설물 신축용 토지	5년
② 부동산매매업을 주업으로 하는 법인	5년
③ 위의 '①' 및 '②' 이외의 부동산	2년

(나) 업무와 관련 없는 동산

① 서화 및 골동품. 다만, 장식·환경미화 등의 목적으로 사무실·복도 등 여러 사람이 볼 수 있는 공간에 상시 비치하는 것을 제외한다.
② 업무에 직접 사용하지 아니하는 자동차·선박 및 항공기. 다만, 저당권의 실행 기타 채권을 변제받기 위하여 취득한 선박으로서 3년이 경과되지 아니한 선박 등 기획재정부령이 정하는 부득이한 사유가 있는 자동차·선박 및 항공기를 제외한다.
③ 그밖에 '①' 및 '②'의 자산과 유사한 자산으로서 당해 법인의 업무에 직접 사용하지 아니하는 자산

(다) 임대용 부동산

가업승계가 적용되는 사업용으로 사용되는 부분과 가업승계가 적용되지 아니하는 임대용으로 사용하는 부분이 있는 경우 건물은 각 사용 부분에 대한 「상속세 및 증여세법」 제61조 제1항에 의해 평가(기준시가 기준)으로, 토지는 사업용과 임대용으로 사용되는 건물의 부수토지에 상당하는 면적이 차지하는 비율로 안분계산한다(법규재산 2014-1894, 2014.11.19.).

(3) 대여금

대여금은 「법인세법 시행령」 제61조 제1항 제2호에서 규정한 금전소비대차계약 등에 의하여 타인에게 대여한 금액을 말한다.

이 경우에 「법인세법」 제19조의2 제2항 제2호 및 같은 영 제28조 제1항 제4호 나목에 따른 특수관계인에게 해당 법인의 업무와 관련 없이 지급한 가지급금은 「상속세 및 증여세법 시행령」 제15조제5항제2호에 따른 사업무관 자산에 해당한다(서면법령해석 재산 2020-2768, 2020.10.15).

가지급금에 대한 국세청 해석사례

- 「법인세법」을 적용받는 가업의 경우, 가업상속 재산가액에서 제외하는 사업무관자산은 상증령 §15⑤(2)각목에서 열거하고 있으며,
  - 이 중 마목은 '법인의 영업활동과 직접 관련이 없이 보유하고 있는 주식 등, 채권 및 금융상품(라목에 해당하는 것은 제외)'을 사업무관자산으로 규정하고 있는바,
    * 상기 채권의 범위에 대해 상증법상 별도로 규정하고 있지 않아 법인세법상 관련 규정에 따라 동일하게 취급함이 합리적임.
  - 특수관계인에게 업무와 관계없이 대여한 가지급금은 법인 입장에서 특수관계인으로부터 받아야 할 '채권'으로 볼 수 있고,
  - 법인법 §19의2②(2) 및 법인령 §28①(4)나목에 따라 법인세법상 '채권'에 해당함이 명확하므로
  - 상증령 §15⑤(2)마목에 따라 가업상속 재산가액에서 제외하는 사업무관자산에 해당하는 것으로 봄이 타당함.

- 현행 상증법상 대손충당금 설정을 허용하는 정상적인 대여금도 일률적으로 가업상속 재산가액에서 제외하는 사업무관자산으로 취급함에도 불구하고,
  - 법인세법상 '지급이자 손금불산입, 대손금 손금불산입, 대손충당금 설정대상 제외'의 제재를 받는 특수관계인에 대한 업무무관 가지급금을 가업상속 재산가액에 포함하는 것은 과세 형평성 측면에서 불합리한 결과를 초래

- 따라서, 특수관계인에게 업무와 관계없이 지급(대여)한 가지급금을 사업무관자산에 포함하는 것이 사업무관자산 비율을 가업상속 재산가액에서 제외하는 제도의 도입 취지*에 부합
  * ('12.2.2.개정) 가업상속공제를 이용한 상속세 회피를 방지하고 개인사업자와의 형평을 고려하여 가업상속공제의 취지에 부합하도록 가업상속재산 범위 조정

- 「소득세법」을 적용받는 개인가업의 경우, 사업용 자산은 가업에 직접 사용되는 토지, 건축물, 기계장치 등 사업용 비유동자산으로 유형자산 및 무형자산을 의미하는바(기준-2018-법령해석재산-0108, 2019.2.7.),
  - 대여금은 유동자산 또는 비유동자산 중 투자자산이나 기타비유동자산에 해당하여 개인가업의 사업용 자산에 포함되지 않으므로
  - 법인가업의 경우에도 소득세법을 적용받는 개인가업과의 형평성을 고려하여 특수관계인에 대한 업무무관 가지급금을 사업무관자산으로 봄이 타당함

(4) 과다보유현금

과다보유현금은 상속개시일 직전 5개 사업연도 말 평균 현금(요구불예금 및 취득일부터 만기가 3개월 이내인 금융상품을 포함한다)보유액의 100분의 150을 초과하는 것을 말한다.

✔ key point

★ 과다보유현금은 장기간에 걸쳐 준비해야 한다.

요구불예금 및 취득일부터 만기가 3개월 이내인 금융상품은 현금으로 취급하여 증여일 직전 5개 사업연도말 평균 현금의 150% 초과분은 과다보유현금으로 분류하여 사업무관자산으로 취급하고, 만기 3개월을 초과하는 예금은 사업무관자산으로 취급한다.

이러한 분류에 따라 가업승계를 준비하는 과정에 과다보유현금으로 분류되는 경우에는 부채의 상환이나 사업용 자산의 취득, 확정급여형 퇴직연금제도(DB)를 활용하여 과다보유현금으로 분류되지 않도록 준비하는 지혜가 필요하다.

(5) 법인의 영업활동과 직접 관련이 없이 보유하고 있는 주식등

법인의 영업활동과 직접 관련이 없는 주식등, 채권 및 금융상품 등은 사업무관자산에 해당한다. 이러한 규정으로 회사가 여유자금을 투자활동이나 재무활동에 활용하는 경우에는 사업무관자산으로 분류될 수 있다.

다만, 「근로자퇴직급여보장법」제2조제8호의 확정급여형퇴직연금제도(DB형)에 따라 적립된 퇴직연금운용자산은 사업무관자산에 해당하지 않는 것이고, 「근로자퇴직급여보장법」제16조제4항에 따라 사용자가 반환을 요구할 수 있는 부분은 사업무관자산에 해당한다(기획재정부 재산-1121, 2022.09.14.).

✔ key point

★ 사업무관자산으로 예시한 규정은 실질을 기준으로 판단한다.

사업무관자산을 판단할 때 법인이 소유한 금융상품 중 만기가 3개월 초과한 예금은 사업무관자산으로 예시하고 있고, 채권이나 금융상품 등도 사업무관자산으로 분류하고 있으나 해당 법인의 사정을 고려하여 판단해야 한다.

예를 들어, 법인이 주식을 증여하기 전부터 상당 규모의 시설투자를 진행한 사실이 확인되고, 이에 충당할 목적의 자금을 일시 운영할 목적으로 다른 금융상품 등을 취득하였다가 이후 실제 시설투자에 직접 사용된다면 사업무관자산으로 단정하기 어렵다(조심 2023전7461, 2023.08.02.).

따라서, 가업승계를 준비하는 과정에 채권이나 금융상품이 직접 사업에 활용된다는 사실을 입증할 수 있는 상황을 미리 마련하는 것도 가업승계의 과정이라 판단된다.

02 가업승계 증여세 과세특례 적용한도

가업승계에 대한 증여세 과세특례가 적용되는 증여세 과세가액은 다음의 구분에 따른 금액을 한도로 한다(조특법 §30의6 ①). 가업의 경위기간에 따라 적용범위가 확대되어 장기사업자에게 유리하다고 할 수 있다.

① 부모가 10년 이상 20년 미만 계속하여 경영한 경우: 300억원
② 부모가 20년 이상 30년 미만 계속하여 경영한 경우: 400억원
③ 부모가 30년 이상 계속하여 경영한 경우: 600억원

증여세 과세특례 한도액 개정연혁

적용기간	증여세 과세특례 한도액
2008~2014년 이전	30억원
2015년~2022년 증여분	100억원
2023.1.1.이후 증여	① 부모가 10년 이상 20년 미만 계속하여 경영한 경우: 300억원 ② 부모가 20년 이상 30년 미만 계속하여 경영한 경우: 400억원 ③ 부모가 30년 이상 계속하여 경영한 경우: 600억원

Ⅳ. 가업승계 증여세 과세특례 과세방법

▌01 증여세 과세원칙

수증자가 증여자로부터 가업에 해당하는 법인의 주식을 증여받은 경우에는 증여세 과세가액에서 10억원을 공제하고 세율을 100분의 10(과세표준이 120억원을 초과하는 경우 그 초과금액에 대해서는 100분의 20)으로 하여 증여세를 부과한다.

▌02 유형별 과세특례 적용방법

가. 가업승계자(수증자)가 한사람인 경우

- 증여세 과세가액이 130억원을 초과하는 경우
  증여세 산출세액 = [(증여세 과세가액* - 130억원) × 20%] + [130억원 - 10억원] × 10%]
  * 증여세 과세가액은 과세특례 한도 범위내의 금액

- 증여세 과세가액이 130억원 이하인 경우
  증여세 산출세액 = (증여세 과세가액 - 10억원) × 10%

나. 가업승계자(수증자)가 2인 이상인 경우

주식등을 증여받고 가업을 승계한 거주자가 2인 이상인 경우에는 각 거주자가 증여받은 주식등을 한사람이 모두 증여받은 것으로 보아 증여세를 부과한다. 이 경우 각 거주자가 납부하여야 하는 증여세액은 다음과 같이 계산한 금액으로 한다(조특법 §30의6 ②).

① 2인 이상의 거주자가 같은 날에 주식등을 증여받은 경우

상기의 원칙적인 방법과 같이 한 사람이 모두 증여받은 것으로 보아 조세특례제한법 제30조의6에 따라 부과되는 증여세액을 각 거주자가 증여받은 주식등의 가액에 비례하여 안분한 금액으로 하여 계산한다.

② 순차 증여

해당 주식등의 증여일 전에 다른 거주자가 해당 가업의 주식등을 증여받고 가업승계에 대한 증여세 과세특례를 적용받은 경우에는 그 다른 거주자를 해당 주식등의 수증자로 보아 증여세액을 계산한다. 이 경우에 한 사람이 수 차례 나누어 증여받은 경우와 같이 후 순위 수증자의 경우에는 선순위 수증자의 증여재산가액을 과세가액에 합산하여 증여세를 계산하고 선순위 수증자가 납부한 증여세를 공제한다.

증여세 과세방법 요약

적용기간	과세방법
2023년이후 증여분	• 과세가액이 70억원 초과시 산출세액: ① + ② 　① (증여세 과세가액 - 70억원) × 20% 　② (70억원 - 10억원) × 10% • 과세가액이 70억원 이하 산출세액: 　(증여세 과세가액 - 10억원) × 10% • 수증자가 2인 경우에도 적용되며, 다만, 수증자가 한 사람인 것으로 보아 증여세 계산
2024년 이후	• 과세가액이 130억원 초과시 산출세액: ① + ② 　① (증여세 과세가액 - 130억원) × 20% 　② (130억원 - 10억원) × 10% • 과세가액이 130억원 이하 산출세액: 　(증여세 과세가액 - 10억원) × 10% • 수증자가 2인 경우에도 적용되며, 다만, 수증자가 한 사람인 것으로 보아 증여세 계산

✔ key point

★ 재차증여에 대한 사후관리기간

    가업승계 과세특례는 2008년에 도입한 이후에 수증자 요건 완화, 사후관리 기간 단축, 특례제도 적용 한도 금액 상향, 적용 세율 구간 확대 등의 지원 확대가 있어 추가로 재차증여가 상당수 있었을 것으로 보이고, 정부의 대폭적인 지원의 확대로 재차증여는 많이 발생할 것으로 예상된다.

    그동안 정부의 지원 경과를 살펴보면, 수증자 요건에서는 한 사람에게만 적용하는 것으로 제한하던 것을 2020년부터는 2인 이상의 경우에도 적용할 수 있게 하였고, 특례의 적용 한도금액도 처음 30억원으로 하였다가 2015년부터는 100억원, 2023년부터는 가업영위기간에 따라 최대 600억원으로 확대하였다.

    특례세율 적용 구간도 처음에는 30억원 이하는 10%를 적용하다가 2015년부터는 적용 금액이 확대되면서 30억원이하 10%, 30억원~100억원은 20%, 2023년부터는 60 억원이하 10%, 60억원~300/400/600억원은 20%, 2024년부터는 120억원이하 10%, 120억원~300/400/600억원은 20%로 완화하였으며, 공제금액도 처음에는 5억원을 공제하다고 2023년부터 10억원으로 상향하였다.

    이러한 지원의 제도에 따라 재차증여가 이루어질 것으로 예상되나 사후관리기간의 완화에 따른 보완이 필요하다. 사후관리기간은 당초 10년으로 하였다가 2015년부터는 7년, 2023년부터는 5년으로 완화하였다. 이 경우에 주식 등을 증여받은 자는 가업을 승계한 후 주식등을 증여받은 날부터 증여세 과세표준 신고기한까지 가업에 종사하고 증여일부터 3년 이내에 대표이사에 취임하는 것을 전제로 5년간 사후관리를 받게 된다.

    이러한 규정으로 사후관리기간 중에 재차증여를 하면 새로 사후관리가 시작되는 것으로 해석되고, 사후관리기간이 종료된 경우에 재차증여를 하면 새로운 사후관리를 하는 것으로 해석되므로 가업승계가 이루어진 기업에서 새로운 가업승계를 시도하는 것이 된다.

03 증여세 과세특례 적용신청 및 납부

가. 적용 신청

가업의 승계로 증여받은 주식 등에 대하여 증여세 과세특례를 적용받고자 하는 경우에는 증여세 과세표준 신고기한까지 증여세과세표준신고와 함께 증여세 과세특례가 적용된 주식 등에 대한 특례신청서를 납세지 관할 세무서장에게 제출하여야 한다(조특법 §30의6 ⑤). 증여세 과세특례의 적용신청은 의무사항이므로 그 신고기한까지 특례신청서를 제출해야 하며, 제출을 하지 아니한 경우에는 증여세 특례규정을 적용받지 못하게 된다(상속증여-1848, 2017.7.28.).

나. 신고납부세액 공제의 배제

증여세 과세특례가 적용된 주식 등에 대한 증여세과세표준을 신고하는 경우에도 신고세액공제는 적용하지 아니한다(조특법 §30의6 ⑤). 이는 증여세 과세특례가 적용된 주식 등에 대하여 10억원을 일괄공제한 후의 과세표준에 10%~20%의 낮은 세율을 적용하여 과세하는 대신에 일반적인 증여재산에 대하여 적용되는 신고세액공제를 배제하고자 하는 취지로 판단된다.

다. 납부방법

가업승계 증여세 과세특례를 적용하여 주식을 증여받은 경우에는 증여한 날이 속하는 달의 말일부터 3개월 이내에 납세지 관할 세무서장에게 신고하고 해당 증여세와 이자상당액을 납세지 관할 세무서, 한국은행 또는 체신관서에 납부하여야 한다.

증여세의 납부는 증여세 신고기한 다음날부터 2월 이내의 분납이 가능하고, 2024년부터는 가업승계 증여세 과세특례를 적용받은 증여재산은 연부연납 허가일부터 15년 동안 연부연납은 가능하다.

물납의 경우에는 증여세 과세특례가 적용된 주식 등에 대한 증여세에 대해서는 물납을 배제하고 있지 않으므로 물납도 가능한 것으로 해석될 수 있다. 그렇지만 상속세및증여세법 제73조의 규정에 의하면 증여세에 대하여는 비상장주식으로 물납신청을 할 수가 없고, 또한 증여세 과세특례를 적용받은 주식 등을 증여일부터 5년 이내에 정당한 사유없이 처분하여 수증자의 지분율이 감소되는 경우에는 상속세및증여세법에 따라 증여세가 추징되므로 물납은 허용되지 않는다.

V. 가업승계 증여세 과세특례 사후관리

01 개요

가업승계 증여세 과세특례는 중소기업의 영속성을 유지하고 경제 활력을 도모할 수 있도록 일정한 규모 이하의 사업에 관해서는 원활한 가업의 승계가 이루어지도록 하여 국민경제에 보탬이 되도록 할 필요가 있으므로 이를 지원하기 위한 제도라고 할 수 있다. 이러한 취지의 특례제도는 저율의 특례세율로 과세되는 점을 고려하여 일정한 한도 내에서 지원하면서 가업승계에 충실하게 실행되도록 하기위해 5년간(2020년부터 2022년까지는 7년) 가업 종사의무, 탈세 또는 회계부정 등의 사후관리 규정을 두고 있다.

가업승계에 대한 증여세 과세특례에 따라 주식등을 증여받은 자가 가업을 승계하지 아니하거나 가업을 승계한 후 주식등을 증여받은 날부터 5년 이내에 정당한 사유 없이 사후관리의무를 이행하지 아니한 경우에는 그 주식등의 가액에 대하여 「상속세 및 증여세법」에 따라 증여세를 부과한다.

가업승계에 대한 증여세 과세특례에 대한 사후관리는 가업상속공제와는 약간의 차이가 있으며, 이를 비교하면 다음과 같다.

구분	가업승계 증여세 과세특례	가업상속공제
가업종사 의무	있음	있음
지분 유지 의무	감소 제한 의무	감소 제한 의무
고용유지 의무	없음	근로자수 또는 총급여액의 90%
가업용 자산처분	없음	가업용자산 처분(40%) 제한
탈세 및 회계부정	5년 이내 탈세 회계 부정 금지	5년 이내 탈세 회계 부정 금지
추징에 따른 이자율	연 2.9%	연 8.03%

02 사후관리 대상

가. 가업에 종사하지 아니하거나 가업을 휴업하거나 폐업하는 경우

(1) 가업에 종사하지 않는 것으로 보는 경우

다음에 해당하는 경우에는 가업에 종사하지 않는 것으로 본다(조특령 §27의 6 ③, ⑥).

① 수증자(수증자의 배우자를 포함한다)가 주식 등을 증여받은 날부터 5년까지 대표이사직을 유지하지 아니하는 경우
② 가업의 주된 업종을 변경하는 경우. 다만, 다음 각 목의 어느 하나에 해당하는 경우는 제외한다.

㉠ 한국표준산업분류에 따른 대분류(2024.2.28.이전 증여분은 중분류) 내에서 업종을 변경하는 경우
㉡ 평가심의위원회의 심의를 거쳐 업종의 변경을 승인하는 경우
③ 가업을 1년 이상 휴업(실적이 없는 경우를 포함한다)하거나 폐업하는 경우

(2) 가업 종사 의무 불이행에 대한 정당한 사유

다음에 해당하는 경우에는 가업 종사 의무 불이행에 대한 정당한 사유가 있는 것으로 본다(조특령 §27의 6 ④).

① 수증자가 사망한 경우로서 수증자의 상속인이 상속세 과세표준 신고기한까지 당초 수증자의 지위를 승계하여 가업에 종사하는 경우
② 수증자가 증여받은 주식 등을 국가 또는 지방자치단체에 증여하는 경우
③ 수증자가 법률에 따른 병역의무의 이행, 질병의 요양, 취학상 형편 등으로 가업에 직접 종사할 수 없는 경우

나. 증여받은 주식등의 지분이 줄어드는 경우

증여받은 주식등의 지분이 줄어드는 경우는 다음의 어느 하나에 해당하는 경우를 포함한다(조특령 §27의 6 ⑦).

① 수증자가 증여받은 주식 등을 처분하는 경우
 다음의 어느 하나에 해당하는 경우는 수증자가 주식을 처분한 것으로 보지 아니한다.
 ㉠ 합병·분할 등 조직변경에 따른 처분으로서 수증자가 최대주주등에 해당하는 경우
 ㉡ 상장규정의 상장요건을 갖추기 위하여 지분을 감소시킨 경우

② 증여받은 주식 등을 발행한 법인이 유상증자 등을 하는 과정에서 실권 등으로 수증자의 지분율이 낮아지는 경우, 다만, 다음의 어느 하나에 해당하는 경우는 수증자의 지분율 감소로 보지 아니한다.
  ⊙ 해당 법인의 시설투자·사업규모의 확장 등에 따른 유상증자로서 수증자의 특수관계인 외의 자에게 신주를 배정하기 위하여 실권하는 경우로서 수증자가 최대주주등에 해당하는 경우
  ⓒ 해당 법인의 채무가 출자전환됨에 따라 수증자의 지분율이 낮아지는 경우로서 수증자가 최대주주 등에 해당하는 경우
③ 수증자와 특수관계에 있는 자의 주식처분 또는 유상증자 시 실권 등으로 지분율이 낮아져 수증자가 최대주주등에 해당되지 아니하는 경우

03 사후관리 위반에 대한 증여세 추징

(1) 일반증여로 증여세 자진신고·납부

가업승계에 대한 증여세 과세특례를 적용받은 날부터 5년 이내에 정당한 사유 없이 가업에 종사하지 아니하거나 가업을 휴업 또는 폐업하는 경우, 증여받은 주식등의 지분이 줄어드는 경우에는 그 주식등의 가액에 대해 일반증여로 보아 증여세를 부과한다(조특법 §30의6 ③).

(2) 이자상당액의 가산

가업승계에 대한 증여세 과세특례를 적용받은 후 주식등을 증여받은 날부터 5년 이내에는 정당한 사유 없이 가업에 종사하지 아니하거나 가업을 휴업 또는 폐업하는 경우, 증여받은 주식등의 지분이 줄어드는 경우에는 당초 증여받은 주식가액에 대해 일반증여로 보아 사후관리 위반 사유가 발생하는 날이

속하는 달의 말일부터 3개월 이내에 해당 증여세와 이자상당액을 가산하여 신고·납부해야 한다.

이 경우에 이자상당액은 당초 증여받은 주식 등에 대한 증여세의 과세표준 신고기한의 다음 날부터 추징사유가 발생한 날까지의 기간에 대해 1일 10만분의 22(연 8.03%, 2022.02.14. 이전 기간은 1일 2.5/10,000)의 이자율로 적용한다.

04 2022년 이전 증여분에 대한 사후관리

가업승계에 대한 증여세 과세특례는 2020년부터 2022년까지의 증여분에 대해서는 7년간 사후관리기간이 적용되었으나 2023년부터는 사후관리기간을 5년으로 단축하였다. 이러한 개정으로 2023년 이전에 증여를 받은 경우로서 2023.1.1. 이후에 증여세 과세표준을 신고하거나 다음의 요건을 충족하는 경우에는 2023년 이전에 증여하였음에도 5년의 사후관리기간이 적용된다(조특법 부칙 §35 ②).

① 2023년 이 법 시행 전에 가업승계에 대한 증여세 과세특례를 적용받았을 것
② 2023.1.1. 이 법 시행 당시 주식등을 증여받은 날부터 7년이 경과하지 아니하였을 것
③ 2023.1.1. 이 법 시행 전에 사후관리위반에 따른 증여세 및 이자상당액이 부과되지 아니하였을 것

가업승계에 대한 증여세 과세특례 요건 검토

구분		검토 항목	충족 여부
가업요건	공통	① 상증령 별표에 따른 업종을 주된 사업으로 영위 (가업상속은 개인사업자도 가능)	여/부
		② 10년 이상 계속하여 경영한 기업	여/부
		③ 10년 이내 조세포탈 또는 회계 부정행위로 징역형 또는 주식회사 등의 외부감사에 관한 법률 제39조1항에 따른 죄(거짓으로 재무제표를 작성·공시등)에 해당하지 않을 것	여/부
	중소기업	① 자산총액 5천억원 미만	여/부
		② 조특령 §2①1,3호요건(매출액, 독립성 기준)을 충족	여/부
	중견기업	① 직전 3개 사업연도 매출액 평균 5천억원 미만	여/부
		② 조특령 §9④1,3호요건(독립성 기준)을 충족	여/부

⇒ 10년 이상 가업 해당업종 영위 & 매출액 5천억원 이하 & 독립성 기준 충족 필요

증여자	① 60세 이상 부모		여/부
	② 증여일 현재 10년 이상 계속 경영(대표이사 재직요건은 필요치 않음)		여/부
주식보유	증여자와 그의 특수관계인의 주식 등을 합하여 비상장기업은 40%(상장기업 20%) 이상 주식 10년 이상 계속 보유		여/부
가업승계자 (수증자)	① 18세 이상		여/부
	② 증여세 신고기한까지 가업에 종사		여/부
	③ 증여일로부터 3년 이내 대표이사 취임		여/부

(검토내용)
모든 항목 충족시 가업의 승계에 대한 증여세 과세특례 가능

☞ 국세청 2023년 발간 "가업승계 지원제도 안내" P.61.

Ⅵ. 증여세 과세특례가 적용된 주식 등에 대한 특칙

01 증여자 사망에 따른 상속세로 정산

가. 상속세 정산

(1) 일반적인 증여

일반적인 증여의 경우 상속세 과세가액은 상속개시일 전 10년 이내에 피상속인이 상속인에게 증여한 재산가액을 가산한다(상증법 §13 ①).

(2) 증여세 과세특례가 적용된 주식

증여세 과세특례가 적용된 주식은 증여받은 날부터 상속개시일까지의 기간과 관계없이 상속세 과세가액에 가산한다.

나. 상속공제 한도액을 계산할 때 차감하지 않는다.

(1) 일반적인 증여

거주자가 사망하는 경우에는 상속세 과세가액에서 기초공제, 배우자공제, 그밖의 인적공제, 일괄공제, 금융상속공제, 재해손실세액공제, 동거주택 상속공제 등의 적용을 받는다. 이 때 공제되는 상속공제는 상속세 과세가액에서 다음과 같이 선순위 상속인이 아닌 자에게 유증 등을 한 재산가액을 비롯하여 상속세 과세가액에 가산한 사전증여재산가액을 뺀 금액을 한도로 한다.

> **상속공제 종합한도액**
> 상속세 과세가액
> -) 선순위 상속인이 아닌 사람에게 유증, 사인증여, 채무이행 중인 재산
> -) 선순위 상속인의 상속포기로 그 다음 순위의 상속인이 상속받은 재산가액
> -) 증여재산가액(증여재산공제 및 재해손실공제액을 뺀 후 금액)
> ⇒ 상속공제 한도

(2) 증여세 과세특례가 적용된 주식

상속공제의 한도액을 계산할 때 사전증여 재산가액은 원칙적으로 상속세 과세가액에서 뺀 금액을 한도로 한다. 반면에, 증여세 과세특례가 적용된 주식은 증여받은 날부터 상속개시일까지의 기간과 관계없이 상속세 과세가액에 가산하되, 상속세 과세가액에 가산한 증여재산가액으로 보지 아니한다. 즉, 상속공제 한도를 계산할 때 상속재산과 같은 취급을 하여 증여세 과세특례가 적용된 주식은 차감하지 아니한다.

다. 증여세 산출세액 전액 공제

(1) 일반적인 증여

상속재산에 가산한 증여재산에 대한 증여세액은 상속세산출세액에서 공제한다. 이 경우에 공제할 증여세액은 상속세산출세액에 상속재산의 과세표준에 대하여 가산한 증여재산의 과세표준이 차지하는 비율을 곱하여 계산한 금액을 한도로 한다. 이 경우 그 증여재산의 수증자가 상속인이거나 수유자이면 그 상속인이나 수유자 각자가 납부할 상속세액에 그 상속인 또는 수유자가 받았거나 받을 상속재산의 과세표준 중 가산한 증여재산의 과세표준이 차지하는 비율을 곱하여 계산한 금액을 한도로 공제한다(상증법 §28 ②).

> **공제한도**
> 한도액 = 상속인등 각자가 납부할 상속세 산출세액
> $\times \dfrac{\text{상속인등 각자의 증여재산에 대한 증여세 과세표준}}{\text{상속인 등 각자가 받았거나 받을 상속재산(증여재산포함)에 대한 상속세 과세표준 상당액}}$

(2) 증여세 과세특례가 적용된 주식

증여세 과세특례가 적용된 주식에 대한 증여세액은 한도액을 계산하지 않고 전액 산출세액에서 공제한다. 다만, 공제할 증여세액이 상속세 산출세액보다 많은 경우 그 차액에 상당하는 증여세액은 환급하지 아니한다(조특법 §30의6 ⑤, 조특법 §30의5 ⑩).

라. 일반증여재산과 별도로 합산

(1) 일반적인 증여

일반적인 증여는 해당 증여일 전 10년 이내에 동일인(증여자가 직계존속인 경우에는 그 직계존속의 배우자를 포함한다)으로부터 받은 증여재산가액을 합친 금액이 1천만원 이상인 경우에는 그 가액을 증여세 과세가액에 가산하고, 증여세 과세표준을 신고한 경우에는 증여세산출세액의 100분의 3에 상당하는 금액을 공제한다.

(2) 증여세 과세특례가 적용된 주식

증여세 과세특례가 적용된 주식에 대하여 증여세를 부과하는 경우에는 해당 증여일 전 10년 이내에 동일인(그 배우자를 포함한다)으로부터 증여받은 증여세 과세특례가 적용된 주식 외의 다른 증여재산의 가액은 증여세 과세특례가 적용된 주식에 대한 증여세 과세가액에 가산하지 아니하며, 증여세 과세특례가 적용된 주식에 대한 증여세 과세표준을 신고하는 경우에도 증여세 신고세액공제를 적용하지 아니한다(조특법 §30의6 ⑤, 조특법 §30의5 ⑪).

02 창업자금에 대한 증여세 과세특례와 중복 적용 배제

가업승계에 대한 증여세 과세특례는 창업자금에 대한 증여세 과세특례와 중복 적용을 배제하고 있다(조특법 §30의6 ⑦). 이에 따라 창업자금에 대한 증여세 과세특례를 적용한 수증자는 가업승계에 대한 증여세 과세특례를 적용받을 수 없다.

자녀가 2인 이상인 경우에는 증여자의 사정을 고려하여 자녀별로 다른 방법을 선택할 수 있다. 예를 들어, 장남에게는 가업승계에 대한 증여세 과세특례를, 차남에게는 창업자금에 대한 증여세 과세특례를 적용하여 각각 다른 방법을 선택할 수 있다.

03 증여세 과세특례가 적용된 주식에 대한 가업상속공제 적용

증여세 특례대상인 주식 등을 증여받은 후 증여자가 사망하여 상속이 개시되는 경우 상속개시일 가업상속공제의 요건을 충족한 경우에는 가업승계에 대한 증여세 과세특례를 적용받은 주식의 가액에 대해 가업상속공제를 적용받을 수 있다. 이에 따라 가업승계에 대한 증여세 과세특례를 적용하여 특례세율로 증여세를 납부하고, 증여자가 사망할 때에도 가업상속공제의 요건을 충족하면 가업상속공제를 받을 수 있어 가업승계에 대한 증여세 과세특례가 적용된 주식을 처분하기 전까지는 납세의무가 발생하지 않는다.

① 피상속인이 보유한 가업의 주식등을 전부 증여하여 상속세 및 증여세법 시행령 제15조 제3항 제1호 가목(일반기업 40%, 상장기업 20%)의 요건을 충족하지 못하는 경우에는 상속개시일에 상속인의 주식등을 피상속인이 보유한 것으로 보아 같은 영 제15조 제3항 제1호 가목의 요건을 적용한다. 예를 들어, 피상속인이 가업의 승계 목적으로 본인이 소유주

식을 생전에 모두 증여하여 상속개시일 현재 주식을 보유하고 있지 않아도 상속인이 보유한 주식을 피상속인이 보유한 것으로 보아 가업상속공제 요건을 적용한다는 의미이다.

② 수증자가 증여받은 주식 등을 처분하거나 지분율이 낮아지지 아니한 경우로서 가업에 종사하거나 대표이사로 재직하고 있어야 한다.

04 가업승계 적용주식의 직상장 또는 우회상장에 따른 이익의 증여 추가 적용

증여세 과세특례 적용대상 주식 등을 증여받은 후 해당 주식 등의 증여에 대한 상속세및증여세법 제41조의3(주식 또는 출자지분의 상장 등에 따른 이익의 증여)·제41조의5(합병에 따른 상장 등 이익의 증여)에 따른 증여이익은 증여세 과세특례 대상 주식 등의 과세가액과 합하여 100억원까지 납세자의 선택에 따라 가업의 승계에 대한 증여세 과세특례를 적용받을 수 있다.

수증자가 가업승계에 대한 증여세 과세특례를 적용받은 이후에 직상장 또는 우회상장으로 이익의 증여가 발생한 경우에 납세자의 선택에 따라 증여세 과세특례를 적용받을 수 있고, 일반증여로 신고할 수 있다.

납세자의 선택으로 증여세 과세특례를 적용받은 증여이익은 추후 증여자의 사망으로 상속이 개시될 때는 증여받은 날로부터 상속개시일까지의 기간과 관계없이 상속세 과세가액에 가산한다(조특법 §30의6 ⑥, 조특령 §27의6 ⑧).

✔ key point

가업승계 이후 5년 이내에 상장 또는 우회상장으로 발생하는 문제

가업승계에 대한 증여세 과세특례는 가업영위기간에 따라 최대 600억원까지까지 적용이 가능하다. 세율의 적용도 과세표준에 대해 120억원까지는 10%, 그 초과분에 대해서는 20% 세율을 적용한다.

한편, 기업의 경영 등에 관하여 공개되지 아니한 정보를 이용할 수 있는 지위에 있는 최대주주 또는 특수관계인 포함 25% 이상 지분율을 가지고 있는 자로부터 주식을 증여받거나 취득한 후 5년 이내에 해당 주식이 상장시장에 상장된 경우로서 상장에 따라 수증자 또는 취득자가 일정 금액 이상의 이익을 얻은 경우에는 해당 이익의 증여에 대해 상장일로 3개월 되는 날(정산기준일)을 기준으로 증여세를 과세한다.

가업승계에 대한 증여세 과세특례의 적용 한도를 2015년에 100억원 한도로 적용할 때 가업승계 특례적용 주식이 직상장 또는 우회상장으로 발생하는 이익의 증여에 대한 한도액도 100억원으로 하였다. 그랬던 것이 최근에 한도를 최대 600억원으로 확대하고, 10% 적용 구간도 확대하였음에도 가업승계 주식가액과 그 주식의 상장차익에 대한 이익의 증여가 적용되는 경우에는 100억원으로 제한하고, 그 초과액은 일반증여로 과세하도록 적용하고 있다.

가업승계에 대한 증여세 특례를 적용하고 5년 이내에 상장 또는 우회상장 하는 경우에는 상증법 제41조의 3(상장 등에 따른 이익의 증여) 제3항에 따라 정산기준일(상장일로부터 3개월 되는 날)로 보도록 하고 있고, 조특법 (2023.12.31. 법률 제19936호) 부칙 제38조의 규정은 주식의 (실물) 증여에 관한 규정일 뿐이며, 상증법 41조의 3에 따른 이익의 증여에 대해서는 법 적용 시기에 관해 규정하고 있지 않다. 또한, '합병상장이익이 합산배제 증여재산에 해당하는지 여부는 정산기준일을 기준으로 정하는 것이 타당하다'고 판시(대법원 2015두3096, 2017.09.26.)하고 있다.

이러한 판례와 상장이익에 대해 합산과세하는 조특법 및 조특법 시행령은 가업승계 증여세 과세특례의 증여세 산정을 위한 것인 점을 고려할 때 정산기준일 당시의 유효한 법령으로 적용하는 것이 타당하다고 판단된다.

가업승계에 대한 증여세 과세특례는 기업의 원활한 승계를 지원하기 위한 제도의 취지를 고려할 때 최초 증여시의 종전법 규정을 적용하는 것은 불합리하고, 상장차익에 대한 이익의 증여에 대하여 종전 법을 적용한다면, 기업은 상장을 포기하거나 5년 경과 이후로 미루게 되는 결과를 초래할 수 있다. 따라서, 주식의 상장에 따른 증여이익에 적용되는 세율 등은 정산기준일 기준으로 시행한다는 법령을 명확히 규정할 필요가 있다.

〈 한도·세율·공제 및 상장 증여이익한도 관련 개정 연혁 〉

구분 \ 연도별	2008~2014년	2015~2022년	2023년	2024년~
한도	30억원	100억원	부모의 가업기간 10~20년 : 300억원 20~30년 : 400억원 30년이상 : 600억원	좌동
공제	5억원	5억원	10억원	
세율	10%	10% 20%(30억원~)	10% 20%(60억원~)	10 % 20%(120억원~)
상장증여이익 적용 한도	30억원	30억원 / 100억원	100억원	시행령 개정 필요

※ 법상 한도와 시행령상 상장 증여이익 한도가 다른 기간은 2015년, 2023년임

05 이월과세 적용주식을 사후관리 기간(5년) 내에 가업 승계한 경우

중소기업 간의 통합에 대한 양도소득세의 이월과세(조세특례제한법 제31조)를 적용받거나 법인전환에 대한 양도소득세의 이월과세(조세특례제한법 제32조)를 적용받은 후 5년 이내에 주식을 증여하는 경우에는 원칙적으로 이월과세된 양도소득세 등이 추징된다.

다만, 해당 내국인이 가업의 승계를 목적으로 해당 가업의 주식 또는 출자지분을 증여하는 경우에 해당하여 수증자가 가업승계에 대한 증여세 과세특례를 적용받은 경우에는 양도소득세 사후관리 위반에 해당되지 않는다(조특령 §28 ⑩ 6호, §29 ⑦ 6호). 이 경우 이월과세가 적용된 취득세도 추징되지 않는다(지특령 §28의2 ③ 4호).

> ✔ key point
>
> ★ **부동산을 보유한 개인기업의 법인전환**
>
> 가업승계에 대한 증여세 과세특례는 개인기업은 적용되지 않고 법인기업을 대상으로 한다. 법인기업도 가업을 10년 이상 계속하여 영위하였는지 여부는 개인사업자로서 영위하던 가업을 동일한 업종의 법인으로 현물출자에 의해 신설하거나 법인 설립 후 사업양수도 방법에 의해 전환한 경우로서, 증여자가 법인설립일 이후 계속하여 당해 법인의 최대주주 등에 해당하는 경우에는 개인사업자로서 가업을 영위한 기간을 포함하여 계산한다.
>
> 사업용 부동산을 보유하고 있는 개인사업자(부동산 임대업은 제외)가 법인전환을 하고 가업승계에 따른 증여세 과세특례를 통하여 자녀에게 주식을 증여할 수도 있다. 개인사업자의 영위기간을 포함하므로 10년 이상 장기 개인사업자는 법인전환을 통해 가업승계 증여세 과세특례를 적용할 수 있다.

▶ **가업승계에 대한 증여세 과세특례 적용 효과 분석**

Q. 설립 후 30년 이상 제조업을 영위한 법인이 가업승계하는 경우

※ 증여자는 2024.3.1. 회사지분 100%를 보유중이며(1주당 평가액 600,000원 주식수 100,000주로 사업무관 자산 비율은 0%로 계속 유지 가정), 10년 후 기업가치의 상승으로 평가액은 주당 1,000,000원으로 예상된다.

전체 지분 100%를 자녀에게 가업승계 시 세부담

증여방법	가업승계 증여세 과세특례 적용
구분	특례 적용
주식수	100,000주
주식가액	600,000원
증여대상 기업 가치	600억원
증여재산가액	600억원
증여공제	(10억원)
과세표준	590억원
세율	10%(120억원 초과분 20%)
산출세액	106억원
신고세액공제(3%)	-
납부세액	106억원

가업승계 10년 후 상속이 개시된 경우 세액비교
(가업주식 외 다른 재산은 없으며, 일괄공제만 적용한 경우)

구분	가업승계 증여세 과세특례 적용 후		가업상속공제 적용
	가업상속공제 적용	가업상속공제 미적용	
증여특례재산	600억원	600억원	-
사전증여재산	-	-	-
총 상속재산	600억원	600억원	1,000억원
일괄공제	(5억원)	(5억원)	(5억원)
가업상속공제	(595억원)	-	(600억원)
과세표준	-	595억원	395억원
세율	50% (누진공제4.6억원)	50% (누진공제 4.6억원)	50% (누진공제 4.6억원)
산출세액	-	292.9억원	197.5억원
증여세액공제	(106억원)	(106억원)	-
신고세액공제	-	(5.6억원)	(5.9억원)
납부세액	-	181.3억원	191.6원
총부담세액 (상속세+증여세)	106억원	287.3억원	429.6억원

※ 상속세 계산시 상속재산가액은 증여 당시의 시가로 가산되기 때문에 가업승계 이후 큰 폭의 기업가치가 상승할 것으로 예상되는 기업은 가업승계 증여세 과세특례 활용이 유리하고 기업가치가 하락하는 경우에는 불리하다. 기업 여건에 따라 가업승계 증여세 과세특례가 유리한지 가업상속공제가 유리한지는 그 기업의 사정에 따라 다르다.

VII. 가업승계 증여세 과세특례 납부유예

01 개요

정부에서는 2023년부터 중소기업의 원활한 가업승계를 지원하고자 중소기업의 가업승계를 할 때 가업승계에 대한 증여세 과세특례의 적용 요건에 해당하더라도 수증자의 선택에 따라 특례적용을 받는 대신 증여세 납부유예를 허가 받을 수 있도록 하였다. 이 제도는 일정한 요건을 충족한 중소기업에 해당하는 가업을 승계한 수증자에 대하여 증여를 받은 시점에 증여세를 곧바로 징수하지 않고 해당 가업승계주식등을 향후 양도하거나 상속, 증여하는 시점에 유예된 증여세를 납부하도록 하는 제도이다.

02 증여세 납부유예 요건

거주자는 가업승계 증여세 과세특례의 요건에 해당하는 주식을 증여받은 경우에는 가업승계에 대한 증여세 과세특례를 적용하지 않고, 일반 증여세를 계산하여 증여세 납부 유예신청을 하면 가업승계주식등을 향후 양도하거나 상속, 증여하는 시점에 유예된 증여세를 납부할 수 있다. 이에 따라 다음과 같은 가업승계에 대한 증여세 과세특례의 요건에 해당하여야 한다.

첫째, 가업승계 목적으로 중소기업 주식등을 증여받아야 한다.

18세 이상인 거주자가 60세 이상의 부모(증여 당시 아버지나 어머니가 사망한 경우에는 그 사망한 아버지나 어머니의 부모를 포함한다)로부터 가업의 승계를 목적으로 부모가 10년 이상 계속하여 최대주주로서 경영한 해당 가업의 주식 또는 출자지분을 증여받아야 한다. 이때 가업은 상속세및증여세법 제18조의2 제1항에 따른 다음의 요건을 충족하는 가업을 말하는 것으로 중소기업에 한한다.

① 상속세및증여세법 시행령 별표에 따른 업종을 주된 사업으로 영위할 것
② 조세특례제한법 시행령 제2조 제1항 제1호 및 제3호의 요건을 충족할 것
③ 자산총액이 5천억원 미만일 것

둘째, 증여재산은 주식·출자지분이어야 한다.

가업승계에 따른 증여세 과세유예를 적용할 때 증여재산의 종류는 주식 또는 출자지분에 한하고 있다. 이 경우 주식은 주식회사의 지분을 말하며, 출자지분이라 함은 합명, 합자, 유한회사의 출자지분을 말한다.

셋째, 수증자 또는 수증자의 배우자가 가업에 종사해야 한다.

해당 가업의 주식 또는 출자지분을 증여받은 자 또는 그 배우자가 증여세 과세표준 신고기한까지 가업에 종사하고 증여일부터 3년 이내에 대표이사에 취임하여야 한다(조특법 §30의7 ①,조특령 §27조의7 ⑤).

넷째, 창업자금에 대한 증여세 과세특례 및 가업승계에 대한 증여세 과세특례를 적용받지 않아야 한다.

거주자가 가업의 승계를 목적으로 증여받은 해당 가업의 주식 또는 출자지분에 대하여 창업자금에 대한 증여세 과세특례 또는 가업의 승계에 대한 증여세 과세특례를 적용받지 아니하였어야 한다.

다섯째, 법정 신청기한까지 납부유예 신청을 해야 한다.

가업승계 증여세 납부유예를 신청하려는 거주자는 상속세 과세표준신고 또는 증여세 과세표준신고(국세기본법 제45조에 따른 수정신고 또는 같은 법 제45조의3에 따른 기한 후 신고를 포함한다)를 할 때 증여세 납부유예 신청을 하여야 한다. 다만, 상속세 및 증여세법 제77조에 따라 과세표준과 세액의 결정 통지를 받은 자는 해당 납부고지서에 따른 납부기한까지 신청해

야 한다. 납부유예 신청을 하지 아니한 경우에는 적용하지 아니한다(조특법 §30의7 ①, 조특령 §27의7 ①)

여섯째, 납세담보를 제공해야 한다.

납부유예 허가를 받으려는 납세의무자는 증여세 납부유예 신청서를 납세지 관할세무서장에게 제출하여야 하며, 이 경우 납세담보를 제공하여야 한다. 이 경우 납세 담보의 제공 및 해제에 관하여는 국세징수법 제18조부터 제23조까지의 규정을 준용한다(조특법 §30의7 ②, 조특령 §27의7 ④).

03 납부유예 대상 증여세

가. 납부유예 가능 증여세

거주자가 증여받은 가업승계주식등을 양도 및 상속·증여하는 시점까지 납부유예가 되는 증여세는 다음 계산식에 따라 '증여세 납부세액'은 일반 증여세율을 적용하여 계산한다(조특령 §27조의7 ⑤).

$$\text{납부유예 가능 증여세} = \text{증여세 납부세액} \times \frac{\text{가업자산상당액}}{\text{총 증여재산가액}}$$

04 납부유예의 신청 및 허가 기한

가. 납부유예의 신청기한

가업승계 시 증여세의 납부유예를 신청하려는 거주자는 상속세 과세표준신고 또는 증여세 과세표준신고(국세기본법 제45조에 따른 수정신고 또는 같은 법 제45조의 3에 따른 기한 후 신고를 포함한다)를 할 때 납세유예신청서 등을 납세지 관할세무서장에게 제출하여야 한다(조특령 §27조의7 ①).

(1) 상속세 과세표준 신고를 한 경우 납부유예 신청기한

상속세 과세표준신고를 할 때 납부유예신청서 등을 납세지 관할세무서장에게 제출하여야 한다.

(2) 증여세 과세표준을 신고한 경우 대한 납부유예 신청기한

증여세 과세표준신고를 하는 경우에는 납부해야 할 세액에 대하여 기획재정부령으로 정하는 납부유예신청서를 증여세 과세표준신고와 함께 납세지 관할세무서장에게 제출해야 한다(조특법 §30의7 ⑧).

(3) 수정신고 및 기한 후 신고한 세액에 대한 납부유예 신청기한

수정신고 또는 기한 후 신고를 하는 경우에도 납부해야 할 세액에 대하여 기획재정부령으로 정하는 납부유예신청서를 증여세 과세표준신고와 함께 납세지 관할세무서장에게 제출해야 한다.

(4) 납부고지서상 세액에 대한 납부유예 신청기한

법정신고기한 이내에 상속세 및 증여세 과세표준을 신고하지 않거나 당초 신고한 내용에 탈루 또는 오류가 있는 경우, 법정신고기한 이내에 자진신고한 세액으로서 전부·일부를 무납부한 경우에는 정부는 그 과세표준과 세액을 조사 등을 통하여 결정하게 된다. 그 결과에 따라서 통지한 과세표준과 세액의 결정통지를 받은 납세의무자는 그 납부고지서에 의한 납부기한(연대납세의무자가 통지를 받은 경우에는 해당 납부고지서상의 납부기한을 말한다)까지 납부유예신청서를 제출할 수 있다.

(5) 납부유예 신청시 제출서류

납부유예를 받으려는 자는 다음 서류를 납세지관할세무서장에게 제출하여야 한다(조특령 §27의7 ①).

① 납부유예신청서
② 가업승계에 대한 증여세 과세특례를 적용받았거나 가업승계 시 증여세 납부유예 허가를 받았음을 증명할 수 있는 서류(같은법 §30조의7 제6항 제1호에 따라 신청하는 경우에만 해당한다)
③ 가업상속공제를 받았거나 같은 법 가업상속에 대한 상속세 납부유예 허가를 받았음을 증명할 수 있는 서류(조세특례제한법 §30조의7 제6항 제2호에 따라 신청하는 경우에만 해당한다)

나. 납부유예 허가통지전 가산금의 면제

과세표준과 세액의 결정통지를 받은 자가 납부유예를 신청한 경우로서 납부고지서에 따른 납부기한을 경과하여 납부유예 허가여부를 통지하여 그 납부유예세액을 징수할 때에는 납부유예 허가여부 통지일 이전에 한정하여 국세기본법 제47조의4 제1항 제1호(납부고지서에 따른 납부기한의 다음 날부터 성립하는 부분으로 한정한다) 및 제3호의 납부지연가산세를 부과하지 않는다(조특령 §27의7 ③).

05 증여세 납부유예 적용 후 사후관리 위반시 증여세 추징

가. 납부유예 사후관리 요건

납세지 관할세무서장은 거주자가 대통령령으로 정하는 정당한 사유 없이 다음의 (1), (2), (3) 어느 하나에 해당하는 경우 가업승계시 증여세 납부유예 허가를 취소하거나 변경하고, 해당 호에 따른 세액과 대통령령으로 정하는 바에 따라 계산한 이자상당액을 징수한다(조특법 §30의7③).

(1) 해당 거주자가 가업에 종사하지 아니하게 된 경우

해당 거주자가 가업에 종사하지 아니하게 된 경우 납부유예된 세액의 전부를 취소하거나 변경하고, 증여세액과 이자상당액을 징수한다. 다음의 경우는 해당 거주자가 가업에 종사하지 아니하게 된 것으로 본다(조특령 §27의7⑧)

① 가업의 주식등을 증여받은 거주자(가업에 종사하는 자가 거주자의 배우자인 경우 거주자의 배우자를 포함한다)가 대표이사로 종사하지 않는 경우(증여일부터 5년 이내의 기간 중으로 한정한다)
② 해당 가업을 1년 이상 휴업(실적이 없는 경우를 포함한다)하거나 폐업하는 경우

(2) 주식등을 증여받은 거주자의 지분이 감소한 경우

주식등을 증여받은 거주자의 지분이 감소한 경우에는 다음의 구분에 따른 세액을 이자상당액과 함께 징수한다.

① 증여일부터 5년 이내에 감소한 경우: 납부유예된 세액의 전부
② 증여일부터 5년 후에 감소한 경우: 납부유예된 세액 중 지분 감소 비율을 고려하여 다음 계산식에 의하여 계산한 세액

> 세액 = A × B ÷ C
> A: 조세특례제한법 제30조의 7제 1항에 따라 납부유예된 세액
> B: 감소한 지분율
> C: 증여일 현재 지분율

다음 어느 하나에 해당하는 경우에는 주식등을 증여받은 거주자의 지분이 감소한 경우에 해당한다(조특령 §27의7 ⑨).

① 수증자가 증여받은 주식 등을 처분하는 경우. 다만, 다음의 어느 하나에 해당하는 경우에는 제외한다.
　ⓐ 합병·분할 등 조직변경에 따른 처분으로서 수증자가 상속세 및 증여세법 시행령 제15조 제3항에 따른 최대주주등에 해당하는 경우
　ⓑ 자본시장과 금융투자업에 관한 법률 제390조 제1항에 따른 상장규정의 상장요건을 갖추기 위하여 지분을 감소시킨 경우

② 증여받은 주식 등을 발행한 법인이 유상증자 등을 하는 과정에서 실권 등으로 수증자의 지분율이 낮아지는 경우. 다만, 다음의 어느 하나에 해당하는 경우에는 제외한다.
　ⓐ 해당 법인의 시설투자·사업규모의 확장 등에 따른 유상증자로서 수증자의 특수관계인(상속세 및 증여세법 시행령 제2조의2 제1항 각 호의 어느 하나에 해당하는 자를 말한다) 외의 자에게 신주를 배정하기 위하여 실권하는 경우로서 수증자가 최대주주등에 해당하는 경우
　ⓑ 해당 법인의 채무가 출자전환됨에 따라 수증자의 지분율이 낮아지는 경우로서 수증자가 최대주주 등에 해당하는 경우

③ 수증자의 특수관계인의 주식처분 또는 유상증자시 실권 등으로 지분율이 낮아져 수증자가 최대주주등에 해당되지 아니하는 경우

(3) 고용유지요건을 위반한 경우

(가) 고용유지 요건

다음의 모두 해당하는 경우에는 납부유예된 세액의 전부와 이자상당액을 징수한다(조특법 §30의7 ③ 3호).

ⓐ 증여일부터 5년간 정규직 근로자수의 전체 평균이 증여일이 속하는 사업연도의 직전 2개 사업연도의 정규직근로자 수의 평균의 100분의 70에 미달하는 경우
ⓑ 증여일부터 5년간 총급여액의 전체 평균이 증여일이 속하는 사업연도의 직전 2개 사업연도의 총급여액 평균의 100분의 70에 미달하는 경우

(나) 정규직 근로자의 범위

"정규직 근로자"란 근로기준법에 따라 계약을 체결한 근로자를 말한다. 다만, 다음의 어느 하나에 해당하는 사람은 제외한다(조특령 §27의7 ⑪).

① 근로계약기간이 1년 미만인 근로자(근로계약의 연속된 갱신으로 인하여 그 근로계약의 총 기간이 1년 이상인 근로자는 제외한다)

② 근로기준법 제2조 제1항 제9호에 따른 단시간근로자로서 1개월간의 소정근로시간이 60시간 미만인 근로자

③ 소득세법 시행령 제196조에 따른 근로소득원천징수부에 따라 근로소득세를 원천징수한 사실이 확인되지 않고, 다음 각 목의 어느 하나에 해당하는 금액의 납부사실도 확인되지 않는 자
   ⓐ 국민연금법 제3조 제1항 제11호 및 제12호에 따른 부담금 및 기여금
   ⓑ 국민건강보험법 제69조에 따른 직장가입자의 보험료

(다) 총급여액의 계산

상기에서 "총급여액"이란 정규직 근로자에게 지급한 아래와 같은 소득의 합계액을 말한다. 다만, 정규직 근로자에는 해당 기업의 최대주주 또는 최대출자자(개인사업자의 경우에는 대표자를 말한다) 및 그와 친족관계인 근로자를 제외하되, 고용인원 산정기간에 같은 호에 해당되는 사람만 있을 경우에는 포함한다(조특령 §27의7 ⑫).

① 근로를 제공함으로써 받는 봉급·급료·보수·세비·임금·상여·수당과 이와 유사한 성질의 급여
② 법인의 주주총회·사원총회 또는 이에 준하는 의결기관의 결의에 따라 상여로 받는 소득

(라) 정규직 근로자 수 및 총급여액의 계산

정규직 근로자 수 및 총급여액의 계산에 관하여는 「상속세 및 증여세법 시행령」 제15조 제17항 및 제18항을 준용한다(조특령 §27의7 ⑬). 구체적인 계산방법은 제4절 가업상속공제에서 적용하고 있는 사후관리 규정을 참조하기 바란다.

(4) 해당 거주자가 사망하여 상속이 개시되는 경우

해당 거주자가 사망하여 상속이 개시되는 경우에는 납부유예된 세액의 전부와 이자상당액을 징수한다.

06 정당한 사유가 있는 경우 증여세 과세유예 계속 적용

주식등을 증여받고 증여세 납부유예를 받은 수증자가 증여일부터 5년 이내에 다음과 정당한 사유가 있는 경우에는 해당주식 등의 가액에 대하여 증여세 납부유예가 그대로 적용된다(조특령 §27의7 ⑦).

① 수증자가 사망한 경우로서 수증자의 상속인이「상속세 및 증여세법」제67조에 따른 상속세 과세표준 신고기한까지 당초 수증자의 지위를 승계하여 가업에 종사하는 경우
② 수증자가 증여받은 주식 등을 국가 또는 지방자치단체에 증여하는 경우
③ 수증자가 법률에 따른 병역의무의 이행, 질병의 요양, 취학상 형편 등으로 가업에 직접 종사할 수 없는 경우. 다만, 증여받은 주식 또는 출자지분을 처분하거나 그 부득이한 사유가 종료된 후 가업에 종사하지 아니하는 경우는 정당한 사유가 있는 경우에 해당되지 않는다(조특칙 §14의4).

07 사후관리요건 위반시 납부유예 증여세의 자진신고 납부기한

(1) 추징 증여세 자진신고 및 납부

가업승계 시 증여세 납부유예 허가를 받은 자가 사후관리 규정을 위반한 경우에는 그 날이 속하는 달의 말일부터 3개월 이내에 납세지 관할세무서장에게 신고하고 해당 증여세와 이자상당액을 납세지 관할세무서, 한국은행 또는 체신관서에 납부하여야 한다. 다만, 이미 증여세와 이자상당액이 징수된 경우에는 그러하지 아니하다(조특법 §30의7 ④).

증여세와 이자상당액을 납부하는 때에는 기획재정부령으로 정하는 납부유예 추징사유 신고 및 자진납부 계산서를 납세지 관할 세무서장에게 제출하여야 한다(조특령 §27의7 ⑯).

(2) 이자상당액의 계산

주식을 증여받아 증여세 납부유예를 적용받은 수증자가 가업을 승계하지 아니하는 등 과세특례가 적용된 증여세에 대하여 추징사유가 발생하게 되는 경우에는 이자상당액을 가산하여 부과한다. 이 때 이자상당액은 다음 ①에 따른 금액에 ②에 따른 기간과 ③에 따른 율(조세특례제한법 제30조의7 제6항에 해당하여 증여세와 이자상당액에 대하여 다시 납부유예되는 경우에는 아래 ③에 100분의 50을 곱한 율)을 곱하여 계산한 금액으로 한다(조특법 §30의7 ③).

① 조세특례제한법 제30조의7 제3항에 따라 결정한 세액
② 당초 증여받은 가업 주식등에 대한 증여세 과세표준 신고기한의 다음날부터 조세특례제한법 제30조의7 제3항 각 호의 추징사유가 발생한 날까지의 기간
③ 조세특례제한법 제30조의7 제3항에 따른 납부유예 허가의 취소 또는 변경 당시의 국세기본법 시행령 제43조의3 제2항 본문에 따른 이자율을 365로 나눈 율. 다만, 상기 ②의 기간 중에 국세기본법 시행령 제43조의3 제2항 본문에 따른 이자율이 1회 이상 변경된 경우 그 변경 전의 기간에 대해서는 변경 전의 이자율을 365로 나눈 율을 적용한다.

$$이자상당액 = 증여세 \times 국세환급가산금 이자율 \times \frac{증여세\ 신고기한의\ 다음날부터\ 추징사유가\ 발생한\ 날까지의\ 시간}{365}$$

08 담보 변경·보전명령 불응 및 납부기한전 징수사유 발생시 증여세 추징

(1) 납부유예된 증여세 취소하거나 변경 사유

납세지 관할세무서장은 가업승계시 증여세 납부유예 허가를 받은 자가 다음의 어느 하나에 해당하는 경우 그 허가를 취소하거나 변경하고, 납부유예된 세액의 전부 또는 일부와 대통령령으로 정하는 바에 따라 계산한 이자상당액을 징수할 수 있다(조특법 §30의7 ⑤).

① 담보의 변경 또는 그 밖의 담보 보전에 필요한 관할 세무서장의 명령에 따르지 아니한 경우

② 다음과 같이 국세징수법 제9조(납부기한 전 징수) 제1항 각 호의 어느 하나에 해당되어 납부유예된 세액의 전액을 징수할 수 없다고 인정되는 경우

ⓐ 국세, 지방세 또는 공과금의 체납으로 강제징수 또는 체납처분이 시작된 경우

ⓑ 민사집행법에 따른 강제집행 및 담보권 실행 등을 위한 경매가 시작되거나 채무자 회생 및 파산에 관한 법률에 따른 파산선고를 받은 경우

ⓒ 어음법 및 수표법에 따른 어음교환소에서 거래정지처분을 받은 경우

ⓓ 법인이 해산한 경우

ⓔ 국세를 포탈(逋脫)하려는 행위가 있다고 인정되는 경우

ⓕ 납세관리인을 정하지 아니하고 국내에 주소 또는 거소를 두지 아니하게 된 경우

(2) 이자상당액의 계산

이자상당액은 다음 ①에 따른 금액에 ②에 따른 기간과 ③에 따른 율(조세특례제한법 제30조의7 제6항에 해당하여 증여세와 이자상당액에 대하여 다시 납부유예되는 경우에는 아래 ③에 100분의 50을 곱한 율)을 곱하여 계산한 금액으로 한다(조특법 제30의7 ⑤).

① 조세특례제한법 제30조의7 제5항에 따라 결정한 세액

② 당초 증여받은 가업 주식등에 대한 증여세 과세표준 신고기한의 다음날부터 조세특례제한법 제30조의7 제5항 각 호의 사유가 발생한 날까지의 기간

③ 가업승계시 증여세 납부유예 허가의 취소 또는 변경 당시의 「국세기본법 시행령」 제43조의3 제2항 본문에 따른 이자율을 365로 나눈 율. 다만, 상기 ②의 기간 중에 국세기본법 시행령 제43조의 3 제2항 본문에 따른 이자율이 1회 이상 변경된 경우 그 변경 전의 기간에 대해서는 변경 전의 이자율을 365로 나눈 율을 적용한다.

$$이자상당액 = 증여세 \times 국세환급가산금 이자율 \times \frac{증여세\ 신고기한의\ 다음날부터\ 추징사유가\ 발생한\ 날까지의\ 시간}{365}$$

09 증여자 사망에 따른 상속세 정산 특칙

피상속인이 10년 이내에 상속인에게 증여한 재산은 상속세 과세가액에 산입한다. 반면에 가업승계에 대한 증여세 납부유예가 적용된 주식등은 증여된 기간에 관계없이 상속세 과세가액에 산입하여 상속세로 다시 정산하는 등 상속세로 정산할 때 다음과 같은 여러 가지 특칙이 있다(조특법 §30의7 ⑧).

① 증여세 납부유예가 적용된 주식 등은 증여자가 사망하여 상속세 납부의무 여부 및 비율을 산정할 때 상속세과세가액에 가산하는 증여재산으로 본다.

② 또한 증여세 납부유예가 적용된 주식 등의 가액은 증여받은 날부터 상속개시일까지의 기간이 상속개시일로부터 10년 이내인지의 여부에 관계없이 상속세과세가액에 가산한다. 이 경우 상속세 과세가액에 가산하는 주식 등의 가액은 증여일 현재를 기준으로 상속세및증여세법 제60조부터 제66조까지의 규정에 의하여 평가한 가액이 된다.

③ 증여세 납부유예가 적용된 주식 등은 상속공제액 한도액을 계산함에 있어서는 상속세과세가액에 가산한 증여재산가액으로 보지 않는다. 즉, 증여세 납부유예가 적용된 주식 등에 대하여는 상속공제 한도가 적용되지 않으므로 각종 상속공제가 가능하다는 뜻이다.

④ 증여세 납부유예가 적용된 주식 등에 대한 증여세액은 한도액 없이 상속세산출세액에서 공제한다. 이 경우 공제할 증여세액이 상속세산출세액보다 많은 경우 그 차액에 상당하는 증여세액은 환급하지 아니한다.

10 증여세 납부유예 재허가 신청 가능

주식등을 증여받은 거주자의 지분이 감소한 경우 또는 해당 거주자가 사망하여 상속이 개시되는 경우(제7항에 따라 준용되는 경우를 포함한다)에 따라 납부유예된 세액과 이자상당액을 납부하여야 하는 자는 다음의 어느 하나에 해당하는 경우 납세지 관할세무서장에게 해당 세액과 이자상당액의 납부유예 허가를 신청할 수 있다(조특법 §30의7 ⑥).

① 주식등을 증여받은 거주자의 지분이 감소한 경우로서 수증자가 가업의 승계에 대한 증여세 과세특례를 적용받거나 가업승계 시 증여세의 납부유예 허가를 받은 경우

② 해당 거주자가 사망하여 상속이 개시되는 경우로서 상속인이 상속받은 가업에 대하여 가업상속공제를 받거나 가업상속에 대한 상속세의 납부유예 허가를 받은 경우

Ⅷ. 특례적용 주식에 대한 양도 또는 상장에 따른 효과

01 증여세 과세특례 적용주식에 대한 양도소득세 효과

🔍 사례연구

한대표는 자녀에게 가업을 승계하는 경우에는 사전증여하거나 자신이 사망하였을 때 상속을 통하여 가업상속공제를 받게 되면 증여세나 상속세에서 많은 절세할 수 있다는 점을 이해하였다. 그런데 가업승계를 하지 않고 주식을 처분하여 그 자금을 자녀에게 넘겨주는 것과는 어떠한 차이가 있는지 그 차이점에 대해서 조언을 구하고 있다.

🔎 컨설팅 방향

> 가업승계에 대한 지원은 단순히 상속세나 증여세만의 문제가 아니다. 우리나라의 양도소득세 과세방식과 비교하여 분석하여야 한다. 우리나라의 양도소득세 과세방식은 상속이나 증여에 의하여 취득하는 경우에는 돌아가신 분이나 증여자 단계에서 발생된 이득에 대해서 전혀 과세를 하지 않고 건너뛰고 있다. 이러한 점은 다른 주택이나 부동산을 양도하여 증여하는 것보다는 상속이나 증여를 통하여 절세를 하고 있다는 점과 같은 이치이다. 따라서 주식을 처분하여 일반적인 증여를 하는 경우와 가업승계에 대한 증여세과세특례를 활용하여 증여를 하였을 때를 비교하여 가업승계를 결정할 수 있도록 방향을 제시한다.

가. 양도소득세의 과세방식

양도소득세는 부동산에 대한 투기성향을 정책적으로 억제하자는 정책적 목적과 과세기술상의 문제로 인하여 부동산과 일부의 유가증권 등의 양도소득에 대하여 과세하고 있다. 양도소득세 과세대상은 토지와 건물, 부동산에 관한 권리, 상장법인의 대주주(소득세법 시행령 제157조 제4항)가 보유한 주식이나 비상장법인 주식, 기타자산 등의 양도소득에 대해서 과세하고 있다.

양도소득은 양도가액에서 필요경비를 차감한 양도차익에 대하여 장기보유 특별공제를 하여 양도소득금액을 계산하고, 양도소득공제를 하여 계산한 과세표준에 대해 세율을 적용하여 양도소득세를 계산한다.

나. 양도소득 계산에 따른 취득가액의 적용

양도가액은 자산의 양도로 인하여 발생하는 총수입금액으로서 실지거래가액에 의하고, 양도소득은 양도가액에서 필요경비를 공제하여 산출한다. 양도가액에서 공제하는 필요경비는 그 자산의 취득가액과 설비비, 자본적 지출액, 양도비 등을 말하는데, 일반적으로 취득가액은 매매를 통하여 취득하는 경우에는 실제 매매로 취득한 가액이 된다.

반면에, 상속이나 증여와 같이 무상 취득한 자산의 필요경비는 상속이나 증여시점의 과세가액으로 하고 있다. 양도소득세를 과세할 때 상속이나 증여에 의하여 무상 취득한 자산의 취득가액은 무상 이전시 과세하는 방식과 승계취득가액 과세방식, 신취득가액을 적용하여 과세하는 방식으로 구분하고 있다. 우리나라의 경우에는 상속 또는 증여 당시의 과세가액을 적용으로 하는 신취득가액을 적용하여 과세하고 있다.

다. 상속 및 증여에 의하여 무상 취득한 재산의 절세효과

상속재산이나 증여재산의 경우에는 상속개시 당시 또는 증여 당시의 과세가액을 취득가액으로 적용하게 된다. 이 경우에 상속재산이나 증여재산의 가액이 상속공제나 증여재산공제에 미달하는 경우에는 상속세·증여세의 부과는 물론 피상속인이나 증여자의 보유기간동안 발생·누적된 자본이득에 대해서는 전혀 과세되지 아니하여 과세공백이 발생된다.

이러한 과세원리에 따라 상속세나 증여세의 과세표준에 미달하여 피상속인이나 증여자 단계에서 발생된 자본이득에 대해서는 양도소득세를 전혀 부담하지 않게 된다.

사례

L대표는 20년 전에 기계부품을 제조하는 중소기업을 설립하여 성공적으로 운영하였다. L대표는 액면 5,000원의 주식 10,000주(시가 300,000원)를 자식에게 처분하여 현금으로 증여하는 방안과 가업승계에 대한 증여세 과세특례를 적용하여 증여하는 방안을 검토하고 있다. L대표는 어떻게 증여하는 것이 얼마의 절세효과가 있는지 김세무사에게 문의하고 있다. 단, 최근 10년 이내에 장남에게 증여한 재산은 없다.

해설

1. 양도 후 현금증여
    가. 양도소득세의 계산
    - 양도가액(300,000×10,000주)   =   3,000,000,000원
    - 취득가액(5,000×10,000)   =   50,000,000원
    - 양도차익   =   2,950,000,000원
    - 과세표준 : 양도차익(2,950,000,000원)−양도소득공제(2,500,000원)
              = 2,947,500,000원
    - 세율(중소기업) : 3억원 초과 25%(20%)
    - 양도소득세 : 과세표준(2,947,500,000원)×25% = 721,875,000원
    - 지방소득세 : 양도소득세(721,875,000원)×10% = 72,187,500원
    - 양도에 따른 세금 : 양도소득세(721,875,000원)+지방소득세(72,187,500원)
              = 794,062,500원
    나. 증여세
    - 증여재산가액   : 양도금액(30억원)−양도에 따른 세금(794,062,500원)
                    = 2,205,937,500원
    - 증여세과세표준 : 2,205,937,500원−증여재산공제(50,000,000원)
                    = 2,155,937,500원
    - 산출세액   : 2,155,937,500×40%−160,000,000(누진공제)
                    = 702,375,000원

다. 총부담세액 : 양도에 따른 세금(794,062,500원) +
증여에 따른 증여세(702,375,000원)
= 1,496,437,500원

2. 가업승계에 따른 증여세 과세특례의 적용
   - 증여재산가액 : 30억원
   - 과세표준 : 증여재산가액(30억원)-10억원 = 2,000,000,000원
   - 산출세액 : 2,000,000,000원×10% = 200,000,000원

3. 절세효과 및 시사점
   가. 절세효과
   현금증여(1,496,437,500원) - 증여세과세특례(200,000,000원)
   = 1,296,437,500원
   나. 시사점
   사례와 같이 주식가액 30억을 가업승계에 대한 증여세과세특례를 적용하여 증여하는 경우는 주식을 양도하여 현금으로 증여하는 경우보다 1,296,437,500원의 절세효과가 발생한다. 추후에 세법에서 정하고 있는 가업상속공제의 요건을 갖추는 경우에는 더 많은 절세의 효과가 발생된다. 가업승계에 대한 증여세과세특례제도는 양도소득세의 과세표준을 계산할 때 취득가액을 신취득가액 과세방식으로 과세하고 있어 다른 주요 외국의 사례에 비하면 지원의 효과는 크다고 할 수 있다.

IX. 가업승계에 대한 절세전략

01 가업승계를 할 기업의 고려사항

🔍 사례연구

한대표 주위의 사업가들은 정부에서 지원하고 있는 가업승계에 대한 증여세 과세특례제도의 지원이 확대되고 있고 사후관리도 완화하고 있어 자녀에게 가업의 승계를 권장하고 있다. 그래서 한대표도 사업을 운영하는 것이 힘들고 나이가 더 들기 전에 자녀에게 가업승계를 하기로 마음먹고 있다.

그런데 한대표는 가업승계를 하게 되면 자신이 운영하고 있는 사업체가 가업승계에 대한 증여세과세특례대상에 해당되는지, 가업승계를 하면 어떻게 세금이 부과되는지, 절세는 어느 정도 되는지 조언을 구하고 있다.

컨설팅 방향

가업승계에 대한 증여세과세특례제도는 증여를 받는 자녀에게 반드시 유리한 제도는 아니라는 것을 인식할 필요가 있다. 가업승계에 대한 증여세 과세특례제도는 증여시점에 10% 또는 20%의 특례세율에 따라 증여세를 납부하고, 추후 선대경영자인 증여자가 사망하는 시점에 상속세로 과세하면서 증여시점에 납부하였던 증여세를 공제하면서 정산하는 방식이다.

이 지원방식은 추후 상속세로 정산할 때에는 증여시점의 주식가치가 그대로 상속재산가액에 가산하여 정산하기 때문에 가업승계를 받는 자녀가 기업의 가치를 증가시키지 않으면 가업승계에 대한 지원의 효과는 없게 된다. 증여자의 사망시점에 기업가치가 증여시점보다 하락한다면 오히려 가업승계를 하지 아니한 것보다 못한 결과가 발생되고, 증여세도 선납한 것이므로 화폐의 시간가치만큼은 손해를 보게 되는 셈이다.

따라서 가업승계를 하는 것이 유리하거나 불리한 기업에 대한 분석 등을 통하여 가업승계 여부를 결정하도록 하여야 할 것이다.

가. 가업승계를 할 기업의 외형적 판단

가업승계에 대한 증여세과세특례제도를 적용받기 위해서는 조세특례제한법에서 정하고 있는 요건에 해당되어야 한다. 가업은 조세특례제한법에서 정하고 있는 중소기업에 해당하여야 하고, 증여자는 10년 이상 가업을 영위한 60세 이상의 부모이어야 하며, 가업을 승계할 수증자는 18세 이상의 자녀이어야 한다. 경영권은 주식의 보유기준으로 가업에 해당하는 중소기업법인의 최대주주로서 발행주식총수의 100분의 40(상장법인의 경우에는 100분의 20) 이상을 보유하고 있어야 한다.

나. 가업승계자의 의지력

가업승계에 대한 증여세과세특례를 적용하기 위해서는 외형적인 요건은 당연히 갖추어야 하겠지만 그것보다 더 중요한 것은 자녀가 가업을 승계받은 이후에 가업을 5년 이상 계속적으로 영위할 의지가 있어야 한다. 가업을 운영할 의지가 확실히 담보되지 않는다면 추후에 사후관리의 요건을 이행하지 못하게 되어 이자와 함께 증여세가 부과될 수 있기 때문이다.

제4절 창업자금에 대한 증여세 과세특례

Ⅰ. 개요

01 의의

창업자금에 대한 증여세 과세특례제도는 심화될 것으로 예상되는 출산율 저하, 고령화 사회로 진전에 대응하여 젊은 세대로의 부의 조기 이전을 촉진함으로써 경제 활력의 증진을 도모하기 위하여 2006년부터 도입되었다.

창업자금에 대한 증여세과세특례는 부모로부터 자녀가 창업자금을 증여받을 때는 5억원을 공제한 금액에 대해 10%의 세율로 증여세를 과세하고 증여자가 사망할 때 증여 당시의 가액을 상속세과세가액에 가산하여 상속세로 정산하여 과세하는 것이다. 창업은 중소기업을 창업하는 경우에 한하고, 창업지원을 통한 투자 활성화 및 일자리 창출에 기여하도록 하기 위해 적용기한을 연장하는 방식으로 운영하다가 2014년부터는 창업중소기업을 계속적으로 지원하기 위해 영구적으로 적용할 수 있게 하였다.

그동안 창업자금 증여세 과세특례는 적용 한도를 30억원으로 제한하다가 2023년부터는 창업의 활성화를 지원하기 위해 창업자금 적용 한도를 50억원(10명 신규고용시 100억원)으로 상향하는 개정이 있었다.

02 창업자금 증여세 과세특례 적용 동향

가. 과세특례 적용방법

18세 이상인 거주자가 지원대상 업종을 영위하는 중소기업을 창업할 목적으로 60세 이상의 부모(증여 당시 아버지나 어머니가 사망한 경우에는 그 사망한 아버지나 어머니의 부모를 포함한다)로부터 토지·건물 등 양도소득세 과세대상 재산을 제외한 재산을 증여받는 경우에는 50억원(창업을 통하여 10명 이상을 신규 고용한 경우에는 100억원)을 한도에 대해서는 증여세 과세가액에서 5억원을 공제하고 세율을 100분의 10으로 하여 증여세를 부과한다(조특법 §30의5 ①).

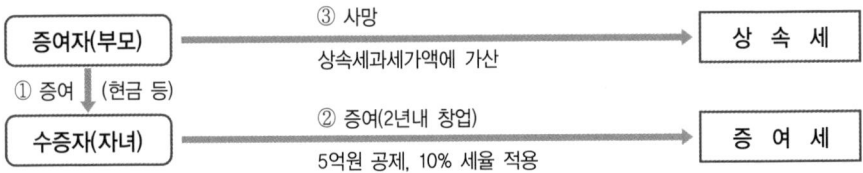

나. 적용동향

젊은 세대에게 부의 조기 이전을 촉진함으로써 경제 활력의 증진을 도모하기 위하여 부모가 자녀에게 창업자금을 증여하는 경우에 대해 특례세율을 적용하고, 적용의 확대를 위해 지속적으로 노력하고 있으나 적용 사례는 많지 않았다.

창업자금 증여세 과세특례의 적용이 많지 않았던 이유는 자녀에게 창업자금을 증여하고 증여자가 사망하는 경우에는 반드시 상속세로 정산해야 하고, 자녀가 창업하여 성공적으로 사업을 운영하지 못하였을 경우에는 추후 증여자가 사망하여 상속세로 정산할 때 상속세 과세가액에 가산하여 과세하게 되어 상속세 부담만 남을 수 있기 때문이다.

최근에는 창업의 활성화를 지원하기 위해 창업자금 적용 한도를 30억원에서 50억원(10명 신규고용시 100억원)으로 지원을 확대하고 있어 적용을 신청하는 사례는 늘어날 것으로 예상된다.

[창업자금 증여세과세특례 결정현황]

(단위 : 백만원)

구분 연도별	과세 건수	과세 공제금액	과세미달 건수	과세미달 공제금액	합계 건수	합계 공제금액
2019년	19	9,938	37	5,256	56	15,194
2020년	18	7,573	41	7,292	59	14,865
2021년	15	21,024	66	14,133	81	35,157
2022년	19	15,333	83	16,942	102	32,275
2023년	23	22,073	108	15,570	131	37,643

* [2024년 국세통계연도]

03 창업자금에 대한 증여세 과세특례 적용원리

가. 증여세 과세원리

증여세는 증여세 과세가액에서 증여재산공제를 하여 계산한 과세표준이 1억원 이하인 경우에는 10%, 과세표준이 30억원을 초과하는 경우에는 50%의 초과누진세율을 적용하여 과세되고 있다. 또한, 동일인으로부터 10년 이내에 증여받은 재산은 합산과세하도록 하고 있어 합산배제증여재산에 해당하지 않는 한 합산하여 과세한다.

이에 따라 상속개시일 전 10년 이내에 피상속인이 상속인에게 증여한 재산가액과 상속개시일 전 5년 이내에 상속인이 아닌 자에게 증여한 재산가액을 상속세 과세가액에 가산하여 상속세로 과세한다. 이 경우에 증여세 과세표준은 증여세과세가액에서 자녀의 경우에는 5천만원(미성년자는 2천만원)의 증여재산공제를 한 금액에 대해 다음과 같은 세율로 증여세를 과세한다.

과세표준	세율
1억원 이하	과세표준의 10%
1억원 초과 5억원 이하	1천만원+1억원 초과금액의 20%
5억원 초과 10억원 이하	9천만원+5억원 초과금액의 30%
10억원 초과 30억원 이하	2억4천만원+10억원 초과금액의 40%
30억원 초과	10억4천만원+30억원 초과금액의 50%

나. 창업자금 증여세 과세특례 적용 세율

창업자금에 대한 증여세 과세특례는 증여세 과세가액[50억원(창업을 통하여 10명 이상 신규 고용시 100억)을 한도로 한다]에서 5억원을 공제하고, 세율을 100분의 10으로 하여 증여세를 부과한다.

다. 일반증여와 창업자금 특례적용에 따른 납부세액 비교

사례

▶ 자녀에게 창업자금 증여세 증여세 과세특례를 적용하여 현금 100억원을 증여한 경우
▶ 창업을 통하여 10명 이상 신규고용의 요건을 충족한 경우

일반적 증여인 경우	구 분	특례적용 대상인 경우
100억원	증여세과세가액	100억원
(0.5억원)	증여공제	(5억원)
99.5억원	증여세 과세표준	95억원
50%(누진공제 4.6억원)	세율	10%
45억1,500만원	산출세액	9.5억원
1억3,545만원	신고세액 공제	–
43억7,955만원	자진납부 세액	9.5억원

* 창업자금 증여세 과세특례 적용시 34억2,955만원의 증여세를 적게 부담

Ⅱ. 창업자금 증여세 과세특례의 요건

01 개요

창업자금 증여세 과세특례는 아래 요건을 모두 충족하여야 가능하다.

요건	상세내역
수증자	18세 이상 거주자인 자녀
증여자	60세 이상인 수증자의 부모
증여물건	양도소득세 과세대상이 아닌 재산 - 현금과 예금, 소액주주 상장주식, 국공채나 회사채 등 * 양도소득세 과세대상(소득세법 제94조 제1항) ① 토지 또는 건물, 부동산에 관한 권리(부동산을 취득할 수 있는 권리, 지상권, 전세권과 등기된 부동산 임차권), ② 주식 또는 출자지분(주권상장법인 소액주주 제외), ③ 기타자산(사업용 고정자산과 함께 양도하는 영업권, 시설물 이용권 등)
중소기업 창업	증여일부터 2년 이내에 중소기업 창업 * 창업중소기업 등에 해당하는 업종(조특법 제6조제3항) 광업, 제조업, 수도, 하수 및 폐기물 처리, 원료 재생업, 건설업, 통신판매업, 물류산업, 음식점업, 정보통신업 등

02 증여자의 요건

창업자금의 증여는 거주자인 자녀가 60세 이상의 부모로부터 증여받아야 하고, 증여 당시 아버지나 어머니가 사망한 경우에는 그 사망한 아버지나 어머니의 부모를 포함한다. 이 경우에 증여 당시 아버지나 어머니가 사망한 경우에는 할아버지·할머니 또는 외할아버지·할머니로부터 증여를 받는 경우에도 적용이 가능하다.

03 수증자 요건

창업자금의 수증자는 증여일 현재 18세 이상으로서 거주자인 자녀이어야 한다. 거주자는 국내에 주소를 두거나 183일 이상 거소를 둔 사람을 말한다. 수증자가 2인 이상인 경우에는 수증자별로 각각 창업자금에 대한 증여세 과세특례를 적용받을 수 있다. 이에 따라 2명 이상의 자녀에게 창업자금에 대한 증여세 과세특례를 적용할 때는 한도액 범위 내에서 각각 창업자금에 대한 증여세 과세특례를 적용받을 수 있다.

04 창업의 요건

창업자금에 대한 증여세 과세특례는 중소기업을 창업할 목적으로 창업자금을 증여받은 경우 적용된다. 창업에 해당하는 업종(조세특례제한법 제6조 제3항)에 해당하더라도 매출액 범위의 기준과 소유 및 경영의 실질적인 독립성을 모두 충족한 중소기업에 해당하여야 한다.

① 광업
② 제조업, 다만, 자기가 제품을 직접 제조하지 아니하고 제조업체(사업장이 국내 또는 개성공업지구 지원에 관한 법률 제2조제1호에 따른 개성공업지구에 소재하는 업체에 한정한다)에 의뢰하여 제조하는 사업으로서 그 사업이 다음 요건을 모두 충족하는 사업 포함한다.
　ⓐ 생산할 제품을 직접 기획(고안·디자인 및 견본제작 등을 말한다)할 것
　ⓑ 해당 제품을 자기명의로 제조할 것
　ⓒ 해당 제품을 인수하여 자기책임 하에 직접 판매할 것
③ 수도, 하수 및 폐기물 처리, 원료 재생업
④ 건설업

⑤ 통신판매업
⑥ 다음의 어느 하나에 해당하는 물류산업
    ⓐ 육상·수상·항공 운송업
    ⓑ 화물 취급업
    ⓒ 보관 및 창고업
    ⓓ 육상·수상·항공 운송지원 서비스업
    ⓔ 화물운송 중개·대리 및 관련 서비스업
    ⓕ 화물포장·검수 및 계량 서비스업
    ⓖ 선박의 입항 및 출항 등에 관한 법률에 따른 예선업
    ⓗ 도선법에 따른 도선업
    ⓘ 기타 산업용 기계·장비 임대업 중 파렛트 임대업
⑦ 음식점업
⑧ 정보통신업. 다만, 다음의 어느 하나에 해당하는 업종은 제외한다.
    ⓐ 비디오물 감상실 운영업
    ⓑ 뉴스제공업
    ⓒ 블록체인 기반 암호화자산 매매 및 중개업
⑨ 금융 및 보험업 중 다음의 어느 하나에 해당하는 업무를 업으로 영위하는 업종을 말한다.
    ⓐ 전자금융거래법 제2조 제1호에 따른 전자금융업무
    ⓑ 자본시장과 금융투자업에 관한 법률 제9조 제27항에 따른 온라인소액투자중개
    ⓒ 외국환거래법 시행령 제15조의2 제1항에 따른 소액해외송금업업무
⑩ 전문, 과학 및 기술 서비스업[엔지니어링산업 진흥법에 따른 엔지니어링활동(기술사법의 적용을 받는 기술사의 엔지니어링활동을 포함한다)을 제공하는 사업을 포함한다]

다만, 다음의 어느 하나에 해당하는 업종은 제외한다.
ⓐ 변호사업, ⓑ 변리사업, ⓒ 법무사업, ⓓ 공인회계사업, ⓔ 세무사업, ⓕ 수의업, ⓖ 행정사법 제14조에 따라 설치된 사무소를 운영하는 사업, ⓗ 건축사법 제23조에 따라 신고된 건축사사무소를 운영하는 사업

⑪ 사업시설 관리, 사업 지원 및 임대 서비스업 중 다음의 어느 하나에 해당하는 업종
  ⓐ 사업시설 관리 및 조경 서비스업
  ⓑ 사업 지원 서비스업(고용 알선업 및 인력 공급업은 농업노동자 공급업을 포함한다)

⑫ 사회복지 서비스업

⑬ 예술, 스포츠 및 여가관련 서비스업. 다만, 다음 어느 하나에 해당하는 업종은 제외한다.
  ⓐ 자영예술가
  ⓑ 오락장 운영업
  ⓒ 수상오락 서비스업
  ⓓ 사행시설 관리 및 운영업
  ⓔ 그 외 기타 오락관련 서비스업

⑭ 협회 및 단체, 수리 및 기타 개인 서비스업 중 다음 각 목의 어느 하나에 해당하는 업종
  ⓐ 개인 및 소비용품 수리업
  ⓑ 이용 및 미용업

⑮ 학원의 설립·운영 및 과외교습에 관한 법률에 따른 직업기술 분야를 교습하는 학원을 운영하는 사업 또는 국민 평생 직업능력 개발법에 따른 직업능력개발훈련시설을 운영하는 사업(직업능력개발훈련을 주된 사업으로 하는 경우로 한정한다)

⑯ 관광진흥법에 따른 관광숙박업, 국제회의업, 테마파크업 및 유원시설업 및 관광진흥법 시행령 제2조에 따른 전문휴양업, 종합휴양업, 자동차야영장업, 관광유람선업과 관광공연장업
⑰ 노인복지법에 따른 노인복지시설을 운영하는 사업
⑱ 전시산업발전법에 따른 전시산업

05 창업자금의 범위

가. 창업자금의 개념

증여세 과세특례가 적용되는 "창업자금"은 창업에 직접 사용되는 다음의 어느 하나에 해당하는 자금을 말한다(조특령 §27의5 ②). 이러한 자금에는 현금과 예금, 상장법인의 소액주주가 보유하는 주식, 국공채나 회사채와 같은 채권 등을 말한다.

① 사업용자산 취득자금은 토지와 건물, 기계 및 장치, 특허권 등 유형자산 및 무형자산으로서 감가상각자산을 말한다
② 사업장의 임차보증금(전세금을 포함한다) 및 임차료 지급액

나. 창업자금에서 제외되는 자산

소득세법상 양도소득세 과세대상 자산은 창업자금에 해당하지 않는다(조특법 §30의5 ①, 조특령 §27의5 ①). 창업자금에서 양도소득세 과세대상을 제외하는 것은 증여자가 자산을 취득하고 증여시점까지 발생한 양도차익에 대해 낮은 세율을 적용받음으로써 양도소득세를 회피수단으로 이용되는 것을 방지하기 위한 것으로 그 대상은 다음과 같다.

① 토지 및 건물(건물에 부속된 시설물과 구축물을 포함한다)
② 부동산에 관한 권리
 ⓐ 부동산을 취득할 수 있는 권리(건물이 완성되는 때에 그 건물과 이에 딸린 토지를 취득할 수 있는 권리를 포함한다)
 ⓑ 지상권
 ⓒ 전세권과 등기된 부동산임차권
③ 주식 또는 출자지분(신주인수권과 증권예탁증권을 포함한다)
 ⓐ 주권상장법인 또는 코스닥시장상장법인의 주식 등으로 대주주가 양도하는 것과 유가증권시장 또는 코스닥시장에서의 거래에 의하지 아니하고 양도하는 것
 ⓑ 비상장주식
④ 기타자산
 ⓐ 사업용고정자산과 함께 양도하는 영업권(영업권을 별도로 평가하지 아니하였으나 사회통념상 자산에 포함되어 함께 양도된 것으로 인정되는 영업권과 행정관청으로부터 인가·허가·면허 등을 받음으로써 얻는 경제적 이익을 포함한다)
 ⓑ 이용권·회원권, 그 밖에 그 명칭과 관계없이 시설물을 배타적으로 이용하거나 일반이용자보다 유리한 조건으로 이용할 수 있도록 약정한 단체의 구성원이 된 자에게 부여되는 시설물 이용권
 ⓒ 법인의 자산총액 중 부동산 등 비율이 100분의 50 이상인 법인의 과점주주 주식
 ⓓ 대통령령으로 정하는 사업을 하는 법인으로서 자산총액 중 부동산 등 비율이 100분의 80 이상인 법인의 주식등
 ⓔ 이축권

⑤ 신탁의 이익을 받을 권리(자본시장과 금융투자업에 관한 법률 제110조에 따른 수익증권 및 같은 법 제189조에 따른 투자신탁의 수익권 등 대통령령으로 정하는 수익권은 제외)

> * 증여받은 재산을 담보로 대출받은 대출금은 창업자금이 아니다.
> 소액주주가 소유한 상장주식을 증여받은 후 그 상장주식을 담보로 대출받은 대출금을 창업자금으로 사용한 경우 창업자금에 대한 특례는 적용되지 않는다(재산-716, 2010.9.30.).

06 창업의 대상

가. 창업의 정의

창업은 법인기업뿐만 아니라 개인기업을 설립하는 경우로서 납세지 관할 세무서장에게 등록하는 것을 말한다. 창업자금을 증여받은 자는 증여받은 날부터 2년 이내에 창업을 하여야 한다. 이 경우에 사업을 확장하기 위하여 사업용 자산을 취득하거나 또는 사업장의 임차보증금 및 임차료를 지급하는 경우에도 창업으로 본다(조특법 §30의5 ②).

나. 법인의 설립이나 개인기업의 창업

거주자가 발기인이 되어 설립한 법인에 출자한 경우에도 창업자금에 대한 증여세 과세특례를 적용받을 수 있다. 또한 소득세법상 공동사업의 형태로 창업하는 경우에도 적용받을 수 있으며, 창업자금을 증여받아 부모가 영위하던 사업과 동종의 사업을 개시하여도 창업에 해당하여 증여세 과세특례가 적용된다.

다. 창업으로 보지 않는 경우

실질적인 창업으로 보기 어려운 경우에는 증여세 특례규정이 적용되는 창업으로 보지 아니한다(조특법 §30의5 ②). 사업의 양수를 통하여 종전의 사업을 승계하거나 종전의 사업에 사용되던 자산을 인수·매입하여 한국표준산업분류상의 세분류가 동일한 업종을 영위하는 경우에는 창업자금에 대한 과세특례가 적용되지 아니한다(재산-547, 2010.7.26.).

① 창업자금을 증여받은 후 2년 이내에 창업을 하지 않는 경우
② 합병·분할·현물출자 또는 사업의 양수를 통하여 종전의 사업을 승계하여 같은 종류의 사업을 하는 경우
③ 종전의 사업에 사용되던 자산을 인수 또는 매입하여 같은 종류의 사업을 하는 경우로서 인수 또는 매입한 자산가액의 합계액이 사업개시일이 속하는 과세연도의 종료일 또는 그 다음 과세연도의 종료일 현재 사업용 자산의 총가액에서 차지하는 비율이 100분의 50 미만으로서 100분의 30을 초과하는 경우
④ 거주자가 영위하던 사업을 법인으로 전환하여 새로운 법인을 설립하는 경우
⑤ 폐업 후 사업을 다시 개시하여 폐업 전의 사업과 같은 종류의 사업을 하는 경우
⑥ 다른 업종을 추가하는 등 새로운 사업을 최초로 개시하는 것으로 보기 곤란한 경우
⑦ 창업자금을 증여받기 이전부터 영위한 사업의 운용자금과 대체설비자금 등으로 사용하는 경우

라. 창업의 기한 및 창업자금의 사용의무 기한

창업자금을 증여받은 자는 증여받은 날부터 2년 이내에 창업을 하여야 한다. 창업자금을 증여받은 자는 증여받은 날부터 4년이 되는 날까지 창업자금을 모두 당해 목적에 사용하여야 한다(조특법 §30의5 ④).

07 창업자금 증여세 과세특례 적용 한도

가. 일반적인 창업자금은 50억원 한도

창업자금에 대한 증여세 과세특례는 증여세 과세가액을 기준으로 일반적인 창업자금은 50억원을 한도로 한다. 증여세 과세특례가 적용된 창업자금을 2회 이상 증여받은 경우 그 합산한 가액에서 수증자가 인수한 채무액이 있는 경우 채무액을 차감한 가액으로 계산한다.

나. 창업을 통하여 10명 이상을 신규 고용시 100억원 한도

창업자금에 대한 증여세 과세특례를 적용할 때에 창업을 통하여 10명 이상을 신규 고용한 경우에는 100억원을 한도로 증여세 과세특례가 적용된다(조특법 §30의5 ①). 신규로 고용하는 근로자는 상시근로자를 말하며, 근로자 수는 해당 과세연도의 매월 말일 현재의 인원을 합하여 해당 월수로 나눈 인원을 기준으로 계산한다(조특령 §27의5 ⑫).

III. 창업자금에 대한 증여세 과세방법

가. 증여세 과세가액

증여세 과세가액은 창업자금을 대상으로 한다. 창업자금은 사업에 직접 사용되는 토지와 건물, 기계 및 장치, 특허권 등 유형자산 및 무형자산 등의 감가상각자산과 사업장의 임차보증금(전세금을 포함한다) 및 임차료 지급액에 사용하는 자금을 말한다.

나. 창업자금 증여세 과세특례 과세방법

(1) 적용 원칙

창업자금에 대한 증여세 과세특례는 증여세 과세가액[50억원(창업을 통하여 10명 이상 신규 고용시 100억)을 한도로 한다]에서 5억원을 공제하고, 세율을 100분의 10으로 하여 증여세를 부과한다.

> 증여세 산출세액 = [(증여세 과세가액 - 5억원) × 10%]

(2) 순차 증여

창업자금을 2회 이상 증여받거나 부모로부터 각각 증여받는 경우에는 각각의 증여세과세가액을 합산한다(조특법 §30의5 ①). 부모로부터 창업자금을 증여받아 창업한 자가 새로이 창업자금을 증여받아 당초 창업한 사업과 관련하여 사용하는 경우에도 합산하여 50억원(창업을 통하여 10명 이상 신규고용시 100억원)을 한도로 증여세 과세특례가 적용된다(재산-4455, 2008.12.30.).

Ⅳ. 창업자금 증여세 과세특례 적용

01 창업자금에 대한 증여세 과세특례 신고

창업자금에 대하여 증여세 과세특례를 적용받고자 하는 자는 증여세과세표준 신고기한(증여받은 날이 속하는 달의 말일부터 3개월 이내)까지 증여세과세표준신고와 함께 창업자금 특례신청서 및 사용내역서를 납세지 관할 세무서장에게 제출하여야 한다.

증여세 과세특례의 적용은 신청을 요건으로 하고 있으므로 그 신고기한까지 특례신청서를 제출하여야 하며, 제출하지 아니한 경우에는 증여세 특례규정을 적용받지 못한다(조특법 §30의5 ⑫).

02 창업자금 사용내역 제출

가. 제출기한

창업자금이 창업에 사용되었는지 사후관리를 위한 확인절차상 필요로 창업자금을 증여받은 자가 창업하는 경우에는 다음에 해당하는 날까지 창업자금 사용명세(증여받은 창업자금이 50억원을 초과하는 경우에는 고용명세를 포함한다)를 증여세 납세지 관할세무서장에게 제출하여야 한다(조특법 §30의5 ⑦).

① 창업일이 속하는 달의 다음달 말일
② 창업일이 속하는 과세연도부터 4년 이내의 과세연도(창업자금을 모두 사용한 경우에는 그 날이 속하는 과세연도)까지 매 과세연도의 과세표준 신고기한

나. 제출내용

창업자금 사용명세에는 다음의 사항이 포함되어야 한다(조특법 §27의5 ⑧).

① 증여받은 창업자금의 내역
② 증여받은 창업자금의 사용내역 및 이를 확인할 수 있는 사항
③ 증여받은 창업자금이 50억을 초과하는 경우에는 고용 내역을 확인할 수 있는 사항

03 창업자금 사용명세 미제출분 등에 대한 제재

창업자금을 증여받은 자가 창업하고 창업자금 사용명세를 제출하지 아니하거나 제출된 창업자금 사용명세가 분명하지 아니한 경우에는 그 미제출분 또는 불분명한 부분의 금액에 1천분의 3을 곱하여 산출한 금액을 창업자금사용명세서 미제출가산세로 부과한다(조특법 §30의5 ⑤).

이 경우에 가산세의 한도액은 5천만원(중소기업기본법 제2조 제1항에 따른 중소기업이 아닌 기업은 1억원)을 한도로 하며, 해당 협력의무를 고의적으로 위반한 경우에는 가산세 한도 1억원을 배제한다(국기법 §49 ① 단서).

```
창업자금사용명세서제출불성실가산세 = Min[①, ②]
  ① 창업자금사용내역을 제출하지 아니하였거나 또는 불분명한 금액×3/1,000
  ② 5천만원(중소기업이 아닌 경우 1억원)
```

V. 창업자금에 대한 사후관리

01 의무 불이행에 따른 증여세액 추징

가. 적용대상

창업자금에 대한 증여세 과세특례를 적용받은 경우로서 창업 후 10년 이내에 해당 사업을 폐업하는 경우 등 다음의 어느 하나에 해당하는 경우에는 「상속세 및 증여세법」에 따라 증여세와 상속세를 각각 부과한다.

① 증여받은 날로부터 2년 이내에 창업하지 아니한 경우 당해 창업자금
② 창업자금으로 창업지원 업종 외의 업종을 경영하는 경우 : 창업지원 업종 외의 업종에 사용된 창업자금
③ 새로 증여받은 창업자금을 창업 목적에 사용하지 아니한 경우 : 해당 목적에 사용되지 아니한 창업자금
④ 창업자금을 증여받은 날부터 4년이 되는 날까지 모두 해당 목적에 사용하지 아니한 경우 : 해당 목적에 사용되지 아니한 창업자금
⑤ 증여받은 후 10년 이내에 창업자금을 해당 사업용도 외의 용도로 사용한 경우: 해당 사업용도 외의 용도로 사용된 창업자금등
⑥ 창업 후 10년 이내에 수증자의 사망으로 인한 폐업 또는 해당 사업을 폐업하거나 휴업(실질적 휴업을 포함한다)한 경우 : 창업으로 인한 가치 증가분을 포함한 창업자금
⑦ 증여받은 창업자금이 50억원을 초과하는 경우로서 창업한 날이 속하는 과세연도의 종료일부터 5년 이내에 각 과세연도의 근로자 수가 다음 계산식에 따라 계산한 수보다 적은 경우: 50억원을 초과하는 창업자금

> 창업한 날의 근로자 수 - (창업을 통하여 신규 고용한 인원 수 - 10명)

나. 추징세액의 계산 추징

창업자금에 대하여 증여세 과세특례를 적용받은 경우에 창업의 요건에 해당하지 않거나 10년간 사후관리 의무를 이행하지 않는 경우에는 상속세및증여세법에 따라 증여세와 상속세를 각각 부과한다. 이 경우 결정한 증여세액에 당초 증여받은 창업자금에 대한 증여세의 과세표준 신고기한의 다음날부터 추징사유가 발생한 날까지의 기간동안 1일당 10만분의 22를 곱하여 계산한 이자상당액을 그 부과하는 증여세에 가산하여 부과한다(조특령 §27의5 ⑨).

> 이자상당액 = 결정한 증여세액 × (신고기한 다음날부터 추징사유 발생한 날까지의 기간) × 22/100,000

02 증여세 추징대상에서 제외

가. 수증자가 사망하여 폐업하는 경우

수증자가 사망하여 폐업한 경우에도 다음의 어느 하나에 해당하는 경우에는 증여세가 추징되지 아니한다(조특령 §27의5 ⑩).

① 수증자가 창업자금을 증여받고 창업하기 전에 사망한 경우로서 수증자의 상속인이 당초 수증자의 지위를 승계하여 창업하는 경우
② 수증자가 창업자금을 증여받고 창업한 후 창업목적에 사용하기 전에 사망한 경우로서 수증자의 상속인이 당초 수증자의 지위를 승계하여 창업하는 경우
③ 수증자가 창업자금을 증여받고 창업을 완료한 후 사망한 경우로서 수증자의 상속인이 당초 수증자의 지위를 승계하여 창업하는 경우

나. 부채가 자산을 초과하여 폐업하는 경우 등

당해 사업을 폐업하거나 휴업(실질적 휴업을 포함한다)한 경우에도 다음 어느 하나에 해당하는 사유로 폐업하거나 휴업하는 경우에는 증여세가 추징되지 아니한다.

① 부채가 자산을 초과하여 폐업하는 경우
② 최초 창업 이후 영업상 필요 또는 사업전환을 위하여 1회에 한하여 2년 이내의 기간동안 휴업하거나 폐업하는 경우(휴업 또는 폐업 중 어느 하나에 한한다). 이 경우에 재개업을 할 때에는 중소기업을 개업하여야 한다.

03 사후관리 위반에 따른 증여세 자신신고 및 납부기한

창업자금에 대한 증여세 과세특례를 적용받은 후 사후관리규정에 위반된 거주자는 해당하는 날이 속하는 달의 말일부터 3개월 이내에 납세지 관할 세무서장에게 신고하고 해당 증여세와 이자상당액을 납세지 관할 세무서, 한국은행 또는 체신관서에 납부하여야 한다. 이 경우에 이미 증여세와 이자상당액이 부과되어 이를 납부한 경우에는 그러하지 아니하다(조특법 §30의5 ⑦). 증여세와 이자상당액을 신고하는 때에는 창업자금 증여세 과세특례 위반사유 신고 및 자진납부 계산서를 납세지 관할 세무서장에게 제출하여야 한다(조특령 §27의5 ⑬).

VI. 창업자금에 대한 증여세 과세특례 특칙

01 증여자가 사망하여 상속세 과세시 특칙

피상속인이 10년 이내에 상속인에게 증여한 재산은 원칙적으로 상속세 과세가액에 산입한다. 반면에 창업자금에 대한 증여세과세특례가 적용된 창업자금은 증여된 기간에 관계없이 상속세 과세가액에 산입하여 상속세로 다시 정산한다. 창업자금에 대한 증여세 과세특례를 적용하고 상속세로 정산할 때 다음과 같은 특칙이 있다.

① 창업자금은 상속세 납부의무 여부 및 비율을 산정할 때 상속재산에 가산하는 증여재산으로 본다(조특법 §30의5 ⑧).
② 창업자금은 증여받은 날부터 상속개시일까지의 기간이 상속개시일로부터 10년 이내인지의 여부에 관계없이 상속세과세가액에 가산한다(조특법 §30의5 ⑨).
③ 상속공제액 한도액을 계산함에 있어서는 상속세과세가액에 가산한 증여재산가액으로 보지 아니한다. 즉, 창업자금에 대하여는 상속공제 한도가 적용되지 않으므로 각종 상속공제가 가능하다(조특법 §30의5 ⑨).
④ 창업자금에 대한 증여세액은 증여세액공제 한도액 없이 상속세산출세액에서 공제한다. 이 경우 공제할 증여세액이 상속세산출세액보다 많은 경우 그 차액에 상당하는 증여세액은 환급하지 아니한다(조특법 §30의5 ⑩).

02 창업자금과 일반증여재산의 합산과세 배제

창업자금에 대하여 증여세를 부과하는 경우에는 동일인으로부터 10년 이내에 재차 증여받은 재산에 대하여 합산과세할 때 동일인(그 배우자를 포함한다)

으로부터 증여받은 창업자금 외의 다른 증여재산의 가액은 창업자금에 대한 증여세과세가액에 가산하지 아니한다(조특법 §30의5 ⑪). 동일인으로부터 증여받은 창업자금은 창업자금과 증여세 과세특례가 적용되지 아니하는 일반 증여재산은 구분하여 합산 과세한다.

03 가업의 승계에 대한 과세특례와 중복적용 배제

창업자금에 대한 증여세 과세특례를 적용받는 거주자는 가업의 승계에 대한 증여세 과세특례를 적용받지 못한다(조특법 §30의5 ⑭). 이에 따라 수증자를 기준으로 "가업의 승계에 대한 증여세 과세특례"와 "창업자금에 대한 증여세 과세특례"규정 중 하나만 적용받을 수 있다.

자녀가 2인 이상인 경우에는 가업승계에 따른 증여세 과세특례와 창업자금에 대한 증여세 과세특례를 각각 적용받을 수 있다.

VII. 신고세액공제 배제 및 연부연납 가능

창업자금에 대한 증여세과세표준을 신고하는 경우에도 신고세액공제를 적용하지 아니한다(조특법 §30의5 ⑪). 다만, 증여세 신고기한 다음날부터 2월 이내의 분납과 연부연납은 가능하다.

창업자금에 대한 증여세 과세특례는 물납을 배제하고 있지 않다. 그렇지만 창업자금은 수증자가 증여일부터 10년 이내에 정당한 사유없이 해당 목적대로 사용하지 않는 경우 증여세가 부과되므로 증여세에 대한 물납은 가능하지 않게 된다.

창업자금과 가업승계에 대한 증여세 과세특례 비교

구분		창업자금에 대한 증여 과세특례	가업승계에 대한 증여 과세 특례
취지		부의 조기이전을 통해 경제 활력 증진	생존시 가업승계를 통해 중소기업의 영속성 지원
요건	당사자	60세 이상 부모 → 18세 이상인 거주자	가업상속공제 규정에 다른 가업을 10년 이상 계속하여 영위한 60세 이상 부모 → 18세 이상인 거주자
	증여대상	양도세 과세대상 제외 재산 [50억(100)억원 한도]	주식 등의 가액 중 가업자산 상당액에 대한 증여세 과세가액[600억원 한도]
	기타사항	2년 이내 창업 4년 이내에 창업자금 사용	수증자가 증여세 과표신고기한까지 가업에 종사하고 증여일부터 3년 이내에 대표이사에 취임
	특례신청	신고기한까지 특례신청	신고기한까지 특례신청
과세특례		(증여세 과세가액−5억원)×10%	(가업자산 상당액에 대한 증여세 과세가액−10억원)×10%(20%)
사후관리	가산세부과	창업자금사용내역 제출 및 명세서 미제출가산세 = 미제출분·불분명한금액 × 0.3%	−
	증여세 추징 (이자상당액가산)	− 2년 이내 창업하지 아니한 경우 − 적용업종 외의 업종을 영위 − 4년 이내 모두 해당 목적에 미사용하거나, 증여받은 후 10년 이내 사업용도 외의 용도로 사용한 경우, 창업 후 10년 이내에 사업을 폐업하거나 수증자가 사망한 경우	− 5년 이내 대표이사직을 상실한 경우 − 5년 이내 주된 업종을 변경하거나 1년 이상 휴업·폐업 * '20.2.11.이후 ①대분류 내 변경, ②중분류 이외는 평가심의위원회 승인을 거쳐 업종변경 가능 − 5년 이내 수증자의 지분이 감소한 경우
상속세 및 증여세법 적용		− 상속재산에 가산하는 증여재산에 포함(기간 상관없음) − 증여세액공제시 창업자금(주식)에 대한 증여세액공제 − 특례적용 받지 않는 일반세율적용 증여재산과 합산하지 않음 − 신고세액공제 적용 배제	

제5절 가업상속공제

사례연구

한대표는 정부에서 사업승계를 지원하기 위하여 사전증여를 통한 가업승계지원방안과 상속개시를 통하여 지원하는 가업상속공제에 대해서 매스컴을 통해서 개략적으로 이해하고 있다. 한대표는 우선 자신이 사망하였을 경우에 자식들이 부담할 상속세를 최소화하는 방안을 찾고 있다.

컨설팅 방향

자연인이 사망을 하였을 때 상속세를 부과하게 되는데, 가업상속공제는 일정한 요건에 해당되는 경우에 상속세과세가액에서 공제하여 상속세 과세표준을 계산하게 된다. 이 때 공제되는 금액은 가업상속재산가액의 일정한 범위 내에서 금액을 공제하게 된다. 이러한 가업상속에 대해 지원하는 가업상속공제의 대상과 공제요건, 공제금액 등을 검토하고, 추후 상속개시시점의 가업상속공제를 적용받을 수 있는 방안을 검토하여 사전에 대비하도록 한다.

I. 가업상속에 대한 조세지원

가. 개요

가업상속공제란 피상속인이 생전에 영위한 사업에 대하여 일정한 요건에 해당하는 가업을 상속인에게 승계하도록 함으로써 피상속인이 영위하던 가업이 상속인에게 승계되어 계속 영위할 수 있도록 지원하기 위하여 공제하는 것을 말한다.

그동안 정부에서는 중소기업의 기술·경영노하우의 효율적인 활용 및 전수를 위해 피상속인의 가업영위기간을 축소하고, 수차례에 걸쳐 공제금액을 확대하는 개정이 있었다. 가업상속에 대한 정부의 지원에도 이를 활용하는 사례가 많지 않았으나 최근에는 적용 금액이 대폭 확대되었고, 적용대상을 중소기업으로 한정하던 것을 일정규모 이하의 중견기업으로 확대하였으며, 업종유지·자산유지·고용유지 요건, 그리고 사후관리기간을 완화하는 개정이 있었다.

나. 적용현황

가업상속공제는 2008년부터 15년 이상 경영하던 중소기업을 상속하는 경우에 종전에는 1억원을 상속세 과세가액에서 공제하던 것을 적용 금액의 확대와 요건을 완화하는 개정이 있었으나 매년 100여건 안팎의 기업이 이 제도를 활용하였다. 가업상속공제의 적용이 저조하였던 것은 가업용 자산의 처분제한, 상속인의 가업 종사, 상속인의 지분유지, 가업의 고용유지 등의 의무 등과 같은 사후관리기간을 10년으로 하고, 조세포탈 또는 회계부정 제한의무 등 불확실성에 그 원인이 있었다고 판단된다.

이러한 원인은 2020년부터는 사후관리기간을 7년으로 완화하여 상속세 결정연도를 기준으로 2022년에는 직전연도보다 적용 건수가 큰 폭으로 증가한 것에서 알 수 있다. 적용금액 측면에서도 2023년부터는 최대 600억원까지 확대하고, 사후관리기간도 7년에서 5년으로 완화하여 가업상속공제를 적용하는 사례가 더욱 증가할 것으로 예상된다.

[가업상속공제 결정 현황]

(단위 : 백만원)

구분 연도별	과세		과세미달		합계	
	건수	공제금액	건수	공제금액	건수	공제금액
2019년	75	224,053	13	12,290	88	236,343
2020년	89	401,109	17	19,940	106	421,049
2021년	97	326,544	13	20,961	110	347,505
2022년	130	327,932	17	15,020	147	342,952
2023년	162	798,338	26	39,429	188	837,767

* [2024년 국세통계연도]

다. 가업상속공제의 적용원리

(1) 상속세 과세원리

우리나라에서는 그동안 상속세는 피상속인의 상속재산총액을 기준으로 과세하는 유산과세형으로 과세함에 따라 피상속인의 상속세과세가액에서 상속공제를 하여 상속세 과세표준을 계산하고, 상속세는 과세표준에 10% ~ 50%의 초과누진세율을 적용하여 과세하여 왔다.

상속세 과세가액은 상속재산의 가액에서 상속개시일 현재 피상속인이나 상속재산에 관련된 공과금이나 장례비용 또는 채무를 뺀 후 상속개시일 전에 증여한 재산의 가액을 가산하여 계산한다. 이 경우에 가산하는 증여재산가액은 피상속인이 상속인에게 상속개시일 전 10년 이내에 증여한 재산가액과 상속인이 아닌 자에 상속개시일 전 5년 이내에 증여한 재산을 말한다(상증법 §13, 14, 15).

상속세 과세가액에서 공제하는 상속공제는 피상속인이 사망하여 상속이 개시된 경우에 상속개시 당시 상속인의 사정을 고려하여 상속세를 부과함으로써 피상속인의 사망 이후에도 상속인과 그 가족이 안정적으로 생활하도록 하는데 그 취지가 있다. 이에 따라 상속인의 인적사항과 상속재산의 물적사항을 고려하여 기초공제, 배우자 상속공제, 기타인적공제, 금융재산상속공제, 재해손실공제 등이 있으며, 상속세과세가액에서 차감하여 상속세과세표준을 계산하게 된다.

가업상속공제도 상속공제의 하나로서 상속세과세가액에서 공제하므로 그 만큼 상속세 과세표준이 감소되어 세율에도 영향을 미치게 되고, 과세표준이 30억원을 초과하는 경우에는 50%의 세율이 적용되는 것을 고려하면 가업상속공제의 규모가 큰 경우에는 가업상속재산가액의 50%에 상당하는 상속세 감세효과가 발생한다.

(2) 가업상속공제액의 범위

거주자의 사망으로 상속이 개시되는 경우로서 가업상속에 해당하는 경우에는 가업상속 재산가액에 상당하는 금액을 상속세 과세가액에서 공제한다. 가업상속공제는 세법에서 정하는 업종을 영위하고 있는 중소기업 또는 중견기업으로서, 상속이 개시되는 소득세 과세기간 또는 법인세 사업연도의 직전 3개 소득세 과세기간 또는 법인세 사업연도의 매출액 평균금액이 5천억원 미만인 기업을 피상속인이 10년 이상 계속하여 경영한 기업을 상속하는 경우에 적용한다.

상속세과세가액에서 공제하는 가업상속 재산가액은 다음의 금액 중 적은 금액을 한도로 한다.

가업상속공제액 : Min [①, ②]
① 가업상속재산에 상당하는 금액
② 가업상속공제 한도액
　㉠ 피상속인이 10년 이상 20년 미만 계속하여 경영한 경우 : 300억원
　㉡ 피상속인이 20년 이상 30년 미만 계속하여 경영한 경우 : 400억원
　㉢ 피상속인이 30년 이상 계속하여 경영한 경우 : 600억원

(3) 가업상속공제의 확대 동향

정부에서는 가업승계에 대한 증여세과세특례제도와 가업상속공제를 통해 가업승계를 지원하고 있고, 사후관리도 업종유지·자산유지·고용유지 요건에 대해 완화하면서 그 기간도 10년에서 7년, 최근에는 5년으로 완화하는 개정이 있었고, 가족 사이의 가업승계를 저출생 고령화 사회에 대비하기 위해 '기업'으로 승계하는 것을 준비하고 있는 것으로 알려지고 있다.

최근에 가업승계를 지원하고 있는 동향을 살펴보면, 적용금액과 사후관리 기간에 대해 2023년부터 가업영위기간에 따라 최대 600억원까지 확대하고, 사후관리 기간을 7년에서 5년으로 완화하였으며, 가업영위기간에 따라 확대하고 있는 추이는 다음과 같다.

[가업상속공제 금액 지원 추이]

적용기간	가업상속공제액
2014년 ~ 2017년 이후	Min [①, ②] ① 가업상속 재산가액에 상당하는 금액 ② 200억원(15년 이상 가업경영시 300억원, 20년 이상 가업경영시 500억원)
2018년 ~ 2022년	Min [①, ②] ① 가업상속 재산가액에 상당하는 금액 ② 200억원(20년 이상 가업경영시 300억원, 30년 이상 가업경영시 500억원)
2023년 이후 상속분	Min [①, ②] ① 가업상속 재산가액에 상당하는 금액 ② 300억원(20년 이상 가업경영시 400억원, 30년 이상 가업경영시 600억원)

Ⅱ. 가업상속공제 적용요건

01 개요

상속세를 과세할 때 가업상속재산에 대해서는 일정한 범위 내에서 상속공제를 하게 되어 상속세 납세의무가 발생하지 않는다. 그 대신 해당 재산을 처분할 때 피상속인의 취득가액을 필요경비로 계산하는 이월과세의 방식을 적용한다. 가업상속공제가 적용되는 적용요건은 다음과 같다.

첫째, 가업의 요건
① 피상속인이 10년 이상 계속 경영한 기업(가업)
② 가업상속공제 적용대상 중소기업 및 매출액 5천억원 미만 중견기업
③ 별표에서 정하는 가업상속공제 적용대상 업종

둘째, 피상속인의 요건
① 일정한 기간 대표이사 재직 요건 : 50% 이상의 기간, 상속개시전 5년 이상 기간, 10년 이상의 기간
② 주식 및 출자지분의 40%(상장법인은 20%)를 10년 이상 계속 보유

넷째, 상속인 요건
① 상속개시일 현재 18세 이상이고 거주자인 자녀
② 상속개시전 2년 이상 가업에 종사
③ 상속세 과세표준 신고기한 내 임원 취임 및 2년 내에 대표이사 취임

다섯째, 피상속인 및 상속인의 조세포탈 또는 회계부정 행위범의 적용배제

02 가업의 요건

가. 가업의 정의

거주자의 사망으로 상속이 개시되는 경우로서 피상속인이 10년 이상 계속하여 경영한 기업 중에 가업에 해당하는 기업을 대상으로 가업상속공제를 지원한다. 가업은 개인사업으로 경영하고 있는 경우뿐만 아니라 일정한 요건에 해당하는 중소기업 또는 중견기업에 해당하는 기업 중에 지원하고자 하는 업종을 대상으로 적용한다.

가업상속공제가 적용되는 가업은 10년 이상 계속 경영한 장수기업을 대상으로 가업영위기간에 따라 공제금액을 차등하여 지원하고 있으므로 피상속인이 10년 이상 계속 경영한 기업, 규모, 업종을 중심으로 정리하면 다음과 같다.

나. 10년 이상 계속 경영의 의미

(1) 동일한 사업의 계속 경영

가업상속공제의 대상이 되는 가업은 피상속인이 10년 이상 계속하여 경영한 기업을 영위하여야 한다. 이 경우에 가업에 대한 계속 경영의 의미는 상속개시일부터 소급하여 10년간 중단 없이 계속 경영한 것을 말한다.

예를 들어, 피상속인이 종전사업장을 폐업하고, 다른 장소에 신규로 사업을 영위한 경우에는 종전 사업장에서의 사업영위기간을 포함하지 아니한다.

다만, 사업장을 사실상 폐업하지 아니하고, 이전하여 같은 업종의 사업을 계속하여 영위하는 경우에는 종전 사업장에서의 사업영위기간을 포함하여 계산한다.

(2) 업종 변경에 대한 판단

사업을 경영하다가 주된 업종을 변경한 경우에는 10년 이상 계속하여 경영하였는지 여부의 판단은 업종을 변경한 이후에는 처음으로 재화 또는 용역을 공급한 때부터 다시 기산하여야 한다. 예를 들어, 피상속인이 경영하던 기업이 제조 및 도매업을 중단하고 물류창고 운영업으로 주된 업종을 변경한 경우 「상속세 및 증여세법」 제18조 제2항 제1호의 "피상속인이 10년 이상 계속하여 경영한 기업"은 해당 기업이 주된 업종을 변경한 후 처음으로 재화 또는 용역의 공급을 개시한 때부터 기산하여 피상속인이 10년 이상 계속하여 같은 업종으로 경영한 기업을 말한다(기준법령해석 재산 2015-227, 2015.10.28.).

업종변경을 한 경우에도 가업상속공제 대상 가업의 영위기간은 통계청장이 작성·고시하는 한국표준산업분류상 동일한 대분류 내의 다른 업종으로 주된 사업을 변경하여 영위한 기간을 합산한다.

> **서면상속증여 2019-4227, 2021.03.30.**
> 가업상속공제는 피상속인이 상속개시일 현재 10년 이상 계속하여 별표에 따른 업종을 주된 사업으로 영위한 기업을 경영한 경우에 적용하는 것이며, 2이상의 서로 다른 사업을 영위하는 경우에는 사업별 사업수입금액이 큰 사업을 주된 사업으로 보는 것임
>
> **서면상속증여 2022-746, 2022.07.29.**
> 가업상속공제 대상 가업의 영위기간은 통계청장이 작성·고시하는 한국표준산업분류상 동일한 대분류 내의 다른 업종으로 주된 사업을 변경하여 영위한 기간을 합산하는 것임

(3) 개인기업의 법인전환

피상속인이 개인사업자로서 영위하던 가업을 동일 업종의 법인으로 전환하고 법인 설립 이후 계속하여 피상속인이 그 법인의 최대주주 등에 해당하는 경우에는 피상속인이 개인사업자로서 가업을 영위한 기간을 포함하여 가업경영기간을 계산한다.

피상속인이 개인사업자로서 제조업에 사용하던 건물 등 일부 사업용 자산을 제외하고 법인전환하였다 하더라도, 법인전환 후에 동일한 업종을 영위하는 등 가업의 영속성이 유지되는 경우에는 피상속인이 개인사업자로서 가업을 영위한 기간을 포함하여 가업 경영기간을 계산한다(기획재정부 재산-724, 2019.10.24.).

(4) 합병에 대한 사업의 계속성 판단

(가) 자회사와 합병에 따른 계속성 판단

사업의 계속성을 판단할 때 10년 이상 영위한 합병법인과 합병법인의 자회사가 합병할 때 가업영위기간은 합병법인을 기준으로 하며, 가업상속재산가액은 합병 후 법인의 주식 등의 가액에서 사업무관자산을 제외한 자산가액이 총자산가액에서 차지하는 비율을 곱하여 계산한다(기준법령해석 재산 2016-135, 2016.07.13.).

가업상속재산가액을 산정할 때 자회사 지분에 대해서는 사업무관자산으로 분류될 수 있다. 사업의 계속성을 판단할 때 합병법인을 기준으로 판단하므로 자회사를 합병하고 합병법인을 통해 계속 자회사가 경영하던 업종을 계속 경영하는 경우에는 사업용자산에 포함될 수 있다. 예를 들어, A법인은 B법인의 지분을 51% 취득하여 계속 보유하고 있고, 두 법인은 서로 다른 업종을 영위하고 있을 때 자회사 지분은 사업무관자산으로 분류된다. 반면에 A법인이 자회사 B법인을 흡수합병을 하고 합병 후에도 합병존속법인(A법인)의 최대주주이자 대표이사로서 A법인과 B법인의 사업을 계속 영위할 경우에는 가업영위기간은 합병법인을 기준으로 판정한다(서면상속증여 2020-4593, 2020.12.31.).

(나) 사업기간 10년 미만 기업과 신설합병에 대한 사업 계속기간 판단

합병을 할 때 기업이 10년 이상 경영한 기업과 10년 이내 경영한 기업 사이에 신설합병하는 경우에 대한 사업의 계속성 판단은 신설합병 후의 사업을 개시한 날부터 시작하여 판단한다. 예를 들어, 피상속인이 10년 이상 계속하여 경영한 기업인 ㈜A와 10년 이상 계속하여 경영하지 않은 기업 ㈜B가 합병하여 합병신설법인 기업 ㈜C의 사업을 영위 중에 상속이 개시된 경우 피상속인의 10년 이상 가업의 계속 영위기간은 합병신설법인 기업 ㈜C가 합병 후 사업을 개시한 날부터 시작하여 판단한다(상속증여-170, 2014.05.30.).

(5) 기업인수목적회사(SPAC)에 합병된 경우 가업영위기간

비상장법인이 상장을 위하여 「자본시장과 금융투자업에 관한 법률 시행령」 제6조 제4항 제14호에 따른 기업인수목적회사(SPAC)와 합병을 하는 경우로서 합병 후 상장법인이 합병 전의 비상장법인과 업종, 명칭, 대표이사 및 최대주주 등이 동일하여 사업의 계속성이 인정되는 경우에는 「상속세 및 증여세법」 제18조 제2항 제1호에 따른 "피상속인이 10년 이상 계속하여 경영한 기업" 판정시 피상속인이 합병 전 비상장법인을 계속하여 경영한 기간을 피상속인의 가업영위기간에 포함한다(기획재정부 재산-186, 2015.02.17.).

다. 규모 기준

(1) 개요

가업상속의 대상이 되는 가업은 소비성 서비스업종 등의 일부 업종은 제외하고, 일정한 규모 이하의 기업을 대상으로 지원한다. 일정한 규모 이하의 중소기업 또는 중견기업은 다음과 같이 상속이 개시되는 소득세 과세기간 또는 법인세 사업연도의 직전 3개 소득세 과세기간 또는 법인세 사업연도의 매출액 평균금액이 5천억원 미만인 기업을 대상으로 한다. 규모기준은 "제3절 가업승계에 대한 증여세 과세특례제도"의 규모기준과 일치하므로 이를 참조하기 바란다.

라. 업종기준

세법에서 지원하는 업종과 관련하여 과거에는 조세특례제한법에서 중소기업 52개 업종을 제한하다가 소비성서비스업 등을 제외한 모든 업종으로 확대하는 개정을 하였다. 이러한 개정으로 「상속세 및 증여세법」에서는 2017.02.07. 시행령 개정으로 통해 기존 업종 범위는 그대로 유지하되, 적용대상 업종을 별표를 통해 지정하고 있다.

별표에 따른 업종은 통계청장이 작성·고시하는 한국표준산업분류에 따른 업종과 조세특례제한법 등 개별 법령에서 규정한 업종으로 구분하여 고시하고 있다. 이 경우에 적용하는 업종은 피상속인이 상속개시일 현재 10년 이상 계속하여 별표에 따른 업종을 주된 사업으로 영위한 기업을 경영한 경우에 적용하는 것이며, 2이상의 서로 다른 사업을 영위하는 경우에는 사업별 사업수입금액이 큰 사업을 주된 사업으로 보아서 판단한다.

업종기준은 "제3절 가업승계에 대한 증여세 과세특례제도"의 업종기준과 일치하므로 이를 참조하기 바란다.

03 피상속인의 요건

가. 거주자로서 10년 이상 최대주주 지분율 유지

(1) 최대주주로서 10년 이상 40%(상장법인 20%) 지분율 유지

중소기업 또는 중견기업의 최대주주등인 경우로서 피상속인과 그의 특수관계인의 주식등을 합하여 해당 기업의 발행주식총수등의 100분의 40[거래소에 상장되어 있는 법인은 100분의 20] 이상을 10년 이상 계속하여 보유해야 한다. 이 경우에 "최대주주등"이란 주주등 1인과 그의 특수관계인의 보유주식등을 합하여 그 보유주식등의 합계가 가장 많은 경우의 해당 주주등 1인과 그의 특수관계인 모두를 말한다(상증령 §19 ②).

최대주주로서 지분율 기준은 특수관계인 지분을 포함하여 발행주식총수의 40%(상장법인 20%) 이상 보유 요건은 상속개시일부터 소급하여 10년간 계속된 것을 말한다.

(2) 최대주주로서 10년 이상 40%(상장 20%) 이상 보유 요건

비상장법인의 형태로 기업을 경영한 경우에 피상속인의 주식 보유에 관한 가업상속공제 요건으로 "피상속인이 중소기업 등의 최대주주 등인 경우로서 피상속인과 그의 특수관계인의 주식등을 합하여 해당 기업의 발행주식총수등의 100분의 40 이상을 10년 이상 계속하여 보유할 것"을 요건으로 하고 있다.

이러한 규정과는 별도로 "피상속인이 10년 이상 보유하지 않은 주식에 대해서도 가업상속공제가 적용된다"라는 해석(기획재정부 조세법령운용과-10, 2022.1.6.)을 하고 있어 그 적용에 대한 해석의 혼란이 있는 것으로 보인다.

여기에서 "피상속인이 중소기업 등의 최대주주 등인 경우로서 피상속인과 그의 특수관계인의 주식등을 합하여 해당 기업의 발행주식총수등의 100분의

40 이상을 10년 이상 계속하여 보유할 것"은 피상속인의 주식 보유에 관한 가업상속공제 요건으로 규정하고 있다(조심 2022서8273, 2023.04.26., 조심 2020서8289, 2021.12.6., 같은 뜻임).

반면에, "피상속인이 10년 이상 보유하지 않은 주식에 대해서도 가업상속공제가 적용된다."라는 해석은 가업상속공제의 요건을 충족한 경우로서, 추가로 취득한 주식으로서 보유 기간이 10년 이내인 경우에도 공제가 가능하다는 것이다.

이러한 내용을 종합하면, 피상속인이 최대주주로서 특수관계인 지분을 포함하여 발행주식총수등의 100분의 40 이상을 10년 이상을 보유하는 것은 가업상속공제의 요건을 충족하는 것이고, 피상속인이 10년 이상 보유하지 않은 주식에 대해서도 가업상속공제가 적용된다."라는 해석(기획재정부 조세법령운용과-10, 2022.1.6.)은 피상속인이 상속개시일 전 10년 이내에 추가로 취득하는 주식도 공제가 가능하다는 의미로 해석된다.

따라서, 가업상속공제를 절세측면에서 확대 적용하고자 한다면, 피상속인이 생전에 보유하고 있는 현금 등의 자산으로 배우자 등 다른 가족의 주식을 취득하는 지혜가 필요하다.

나. 대표이사 재직요건

피상속인은 10년 이상 계속하여 경영한 기업에서 원칙적으로 대표이사를 수행하여야 한다. 대표이사가 가업을 수행하는 과정에 다른 사정으로 대표이사의 직을 수행할 수 없는 경우도 발생할 수 있다. 이러한 점을 고려하여 가업의 영위기간(한국표준산업분류상 대분류 내의 다른 업종으로 주된 사업을 변경하여 영위한 기간은 합산한다) 중 다음의 어느 하나에 해당하는 기간을 대표이사(개인사업자인 경우 대표자를 말한다)로 재직하면 요건은 충족되는 것으로 하였다.

[대표이사 재직요건]

① 100분의 50 이상의 기간
② 10년 이상의 기간(상속인이 피상속인의 대표이사등의 직을 승계하여 승계한 날부터 상속개시일까지 계속 재직한 경우로 한정한다)
③ 상속개시일부터 소급하여 10년 중 5년 이상의 기간

대표이사의 재직요건을 완화한 내용을 정리하면,

첫째, 전체 가업영위기간 중 100분의 50 이상의 기간을 대표이사로 재직하거나

둘째, 자녀(상속인)가 부모(피상속인)로부터 대표이사등의 직을 승계하여 승계한 날부터 상속개시일까지 계속 재직한 경우에 한하여 피상속인은 전체 가업영위기간 중 10년 이상 대표이사의 직을 수행하는 것으로 가능하며,

셋째, 상속개시일부터 소급하여 10년 중 5년 이상의 기간을 대표이사로 재직하여도 된다.

서면상속증여 2020-5789, 2021.08.25.

[제목] 가업상속공제 대표이사 재직요건 판단

[요약] 「상속세 및 증여세법 시행령」제15조제3항제1호나목2)의 대표이사 재직요건은 피상속인이 가업의 영위기간 중 10년 이상의 기간을 대표이사로 재직한 경우로서 상속인이 피상속인의 대표이사등의 직을 승계하여 승계한 날부터 상속개시일까지 계속 재직한 경우에 한하여 적용하는 것임

(사실관계)

- 대표이사의 아들은 10년 이상 해당 법인의 사내이사로 재직하고 있음
- 법인의 주주구성은 대표이사와 특수관계자의 지분이 50%를 초과하며 해당 주식을 10년 이상 보유하고 있음
- 피상속인이 대표이사로 10년 이상의 기간을 재직하고, 일정기간 동안 제3자에게 대표이사직을 맡긴 후 상속인이 그 제3자로부터 대표이사직을 승계하려고 함

[회신]

가업상속공제를 적용함에 있어 대표이사 재직요건은 피상속인이 가업의 영위기간 중 10년 이상의 기간을 대표이사(개인사업자인 경우 대표자를 말한다)로 재직한 경우로서 상속인이 피상속인의 대표이사등의 직을 승계하여 승계한 날부터 상속개시일까지 계속 재직한 경우에 한하여 적용되는 것입니다.

[해설]

상속개시일 현재 상속인이 피상속인으로부터 대표이사를 승계하지 않았다면 10년 이상의 요건은 성립되지 않으며, 상속개시일에 제3자가 대표이사를 승계하고 있다면 피상속인이 가업영위기간 중 100분의 50 이상의 기간 또는 상속개시일부터 소급하여 10년 중 5년 이상의 기간을 대표이사로 취임하는 요건에 충족되어야 한다.

사례

피상속인은 가업영위기간 중 100분의 80이상을 배우자와 공동대표로 등기되어 있었으나, 사업자등록증에는 피상속인이 단독으로 대표자로 되어 있었다. 상속인(장남)이 가업의 전부를 상속받아 상속세 신고기한까지 어머니와 공동대표이사로 등기하고, 사업자등록증에는 어머니가 대표이사로 등재되었다. 이 경우에도 가업상속공제가 가능한지?

해설

가업상속공제를 판단할 때 가업상속은 피상속인과 상속인이 상속세 및 증여세법에서 열거한 가업승계요건을 모두 갖춘 경우에 적용되는 것으로서, 피상속인과 상속인이 특수관계있는 자와 공동대표이사로 등기된 경우에도 적용되는 것이다(재산세과-2975, 2008.09.29.).

04 상속인의 요건

가. 개요

가업상속공제를 적용할 때 가업을 승계받을 상속인은 다음의 요건을 모두 갖추어야 공제가 가능하다. 이 경우 상속인이 직접 승계를 받지 못하고 그 배우자가 승계받는 경우에도 그 요건을 갖춘 경우에는 상속인이 그 요건을 갖춘 것으로 본다.

① 상속개시일 현재 18세 이상일 것
② 상속개시일 전에 피상속인의 가업영위기간 중 2년 이상 직접 가업에 종사
③ 상속세과세표준 신고기한까지 임원으로 취임하고, 상속세 신고기한부터 2년 이내에 대표이사등으로 취임할 것

나. 가업을 승계받을 상속인 요건

(1) 상속개시일 현재 18세 이상의 상속인

거주자의 사망으로 상속이 개시되는 경우를 대상으로 하고 있어 피상속인은 거주자에 해당하여야 한다. 반면에 상속인에 대해서는 거주자 또는 비거주자를 구분하고 있지 않다. 따라서 상속인은 비거주자에 해당하더라도 상속개시일 현재 18세 이상의 상속인에 해당하는 경우에는 가업상속공제의 공제가 가능하다.

(2) 상속인의 배우자도 가능

가업상속은 원칙적으로 상속인만 적용대상이다. 재산의 상속은 상속인이 하더라도 다른 사정으로 가업을 영위할 수 없는 경우에는 상속인의 배우자가

가업을 영위하는 경우에는 상속인이 그 요건을 갖춘 것으로 본다. 이에 따라 주식 등의 상속재산은 상속인이 상속받고, 상속개시일 현재 18세 이상의 배우자가 피상속인의 가업영위기간 중 2년 이상 직접 가업에 종사하면서 상속세과세표준 신고기한까지 임원으로 취임하고, 상속세 신고기한부터 2년 이내에 대표이사등으로 취임하는 경우에는 가업상속공제를 할 수 있다.

따라서, 피상속인의 사위나 며느리가 대표이사로 취임하는 등 법률에 정한 요건을 충족하는 경우에는 가업상속공제가 가능하다. 그렇지만, 피상속인이 10년 이상 영위하던 개인기업을 상속인 1명이 전부 상속받는 경우로서 상속인의 배우자가 해당 개인기업의 대표자가 되는 경우 적용되지 아니한다(서면법령해석 재산 2015-2084, 2016.10.25.).

(3) 상속인이 공동대표로 취임하는 경우

상속인 2인이 1개 가업을 공동으로 상속받는 경우 대표이사로 취임하는 등 가업승계 요건을 충족한 자의 승계지분에 대해 가업상속공제를 적용한다(서면상속증여 2017-1634, 2017.07.10., 서면상속증여 2022-2996, 2022.09.29.).

(4) 직계존속이 상속받는 경우

가업상속공제는 상속인에 해당하여야 한다. 이 경우에 민법에서는 상속인을 1순위는 직계비속과 배우자, 제2순위는 직계존속과 배우자, 제3순위는 형제자매, 제4순위는 방계혈족 순으로 정하고 있다. 제1순위에 해당하는 상속인이 없으면 제2순위가 상속인이 되고, 제2순위의 상속인이 없으면 제3순위가 상속인이 된다.

피상속인은 민법에 따른 상속 1순위인 배우자 및 직계비속이 존재하지 않아 2순위인 피상속인의 모친이 단독으로 상속을 받을 수 있다. 이러한 경우에 제2순위인 피상속인의 모친은 상속인에 해당하므로 가업을 승계받을 수 있다

(서면법규재산 2020-5040, 2022.01.28.).

다. 피상속인의 가업영위기간 중 2년 이상 직접 가업 종사 요건

(1) 중도 퇴사 후 재입사한 경우 근무기간 통산

상속개시일 전 상속인이 가업에 종사하다가 중도에 퇴사한 후 다시 입사한 경우에는 재입사 전 가업에 종사한 기간을 포함하여 상속인의 가업종사 기간을 계산한다(집행기준 §18-15-8).

(2) 상속인이 둘 이상의 법인에서 근무한 경우

피상속인이 대표이사로 있는 법인에서 상속인이 임직원으로 근무를 하고 있는 상태에서 새로운 법인을 설립하여 그 법인의 대표이사를 겸직한 경우에도 해당 가업에 상속개시일 2년 전부터 계속하여 직접 종사한 경우에는 가업상속공제가 가능하다.

상속인이 2년 이상 직접 가업에 종사해야 하는 요건은 해당 가업에서 실제로 직접 종사하고 있다는 사실이 확인되어야 한다(재산-649, 2010.08.27.).

(3) 부득이한 경우에 2년 이상 직접 가업 종사 요건의 예외

상속개시일 현재 피상속인의 가업영위기간 중 2년 이상 직접 가업에 종사하여야 한다. 상속인이 상속개시일 2년 전부터 가업에 종사한 경우로서 상속개시일부터 소급하여 2년에 해당하는 날부터 상속개시일까지의 기간 중 상속인이 법률에 따른 병역의무의 이행, 질병의 요양 등 기획재정부령으로 정하는 부득이한 사유에 해당하는 사유로 가업에 종사하지 못한 기간이 있는 경우에는 그 기간은 가업에 종사한 기간으로 본다.

이 경우에 피상속인이 65세 이전에 사망하거나 천재지변 및 인재 등 부득이한 사유로 사망한 경우에는 그러하지 아니하다(상증령 §15 ③ 2호 나목). 이러한 예외는 피상속인이 가업승계를 고려하지 못할 만큼 조기에 사망한 경우에는 상속개시일부터 피상속인의 가업영위기간 중 2년 이상 직접 가업에 종사하지 못한 경우에도 적용이 가능하다는 것이다

라. 임원 및 대표이사의 취임 요건

(1) 상속인의 대표이사 취임

상속인이 가업상속을 하는 경우에는 상속세 과세표준 신고기한까지 임원으로 취임하고, 상속세 신고기한부터 2년 이내에 대표이사등으로 취임하여야 한다(상증령 §15 ③ 1호 라목).

이 경우에 상속인이 취학상 형편으로 상속세 과세표준 신고기한까지 임원으로 취임하지 못한 경우에는 가업상속공제를 적용할 수 없으며, 상속세 과세표준 신고기한까지 임원으로 취임하여 학업과 가업 종사를 사실상 병행한 것으로 확인되는 경우에는 가능하다(법규재산 2014-1325, 2014.08.13.).

(2) 상속인의 배우자의 취임

상속인은 주식을 상속 받고, 그 배우자가 피상속인의 가업영위기간 중 2년 이상 직접 가업에 종사하면서 상속세과세표준 신고기한까지 임원으로 취임하고, 상속세 신고기한부터 2년 이내에 대표이사등으로 취임하는 경우에는 가업상속공제를 할 수 있다.

마. 회계부정 또는 조세포탈에 따른 가업상속 배제

피상속인 및 상속인이 가업의 경영과 관련하여 상속개시일 전 10년 이내에, 상속개시일부터 5년 이내의 기간 중에 「조세범 처벌법」 제3조 제1항(사기나 그 밖의 부정한 행위로써 조세를 포탈하거나 조세의 환급·공제를 경우) 또는 「주식회사 등의 외부감사에 관한 법률」 제39조 제1항(회계처리기준을 위반하여 거짓으로 재무제표를 작성·공시하거나 감사인 또는 그에 소속된 공인회계사가 감사보고서에 기재하여야 할 사항을 기재하지 아니하거나 거짓으로 기재한 경우)에 따라 조세포탈 또는 회계부정 행위로 징역형 또는 벌금형을 선고받은 경우에는 가업상속을 배제된다(상증법 §18의2 ⑧).

조세범처벌법에서는 사기나 그 밖의 부정한 행위로써 조세를 포탈하거나 조세의 환급·공제를 받은 자는 2년 이하의 징역 또는 포탈세액, 환급·공제받은 세액의 2배 이하에 상당하는 벌금에 처하며(조세범처벌법 §③ 1), 회계처리기준을 위반하여 거짓으로 재무제표를 작성·공시하거나 감사인 또는 그에 소속된 공인회계사가 감사보고서에 기재하여야 할 사항을 기재하지 아니하거나 거짓으로 기재한 경우에는 10년 이하의 징역 또는 그 위반행위로 얻은 이익 또는 회피한 손실액의 2배 이상 5배 이하의 벌금에 처한다(외감법 §39 ①).

따라서, 상속인이 상속개시일 전 10년 이내에, 상속개시일부터 5년 이내의 기간 중에 가업의 경영과 관련하여 상속세 과세표준과 세율의 결정이 있기 전에 조세포탈 또는 회계부정 행위 행위로 징역형 또는 벌금형이 확정된 경우에는 가업상속공제를 적용하지 아니하고, 가업상속공제를 받은 후에 상속인에 대한 형이 확정된 경우에는 가업상속공제 금액을 상속개시 당시의 상속세 과세가액에 산입하여 이자상당액과 함께 공제받은 상속세를 추징한다.

Ⅲ. 가업용 상속재산가액의 적용 범위

01 개요

상속세의 과세대상이 되는 재산은 국내외에 소재하는 모든 재산이 과세대상이다. 상속세 과세대상 재산을 평가하여 계산한 상속세 과세가액에서 공제되는 가업상속재산가액은 가업에 해당하는 사업에 해당하는 개인사업과 법인사업을 구분하여 규정하고 있다(상증령 §15 ⑤).

02 가업상속재산의 구분

가. 개인기업

(1) 개요

가업에 해당하는 재산이 개인 사업에 해당되는 경우에는 개인 사업에 직접 사용되는 사업용 자산을 가업상속재산으로 한다. 개인 사업은 「소득세법」을 적용받게 되며, 개인 가업의 사업용 자산은 상속재산 중 가업에 직접 사용되는 토지, 건축물, 기계장치 등 사업용 자산의 가액에서 해당 자산에 담보된 채무액을 뺀 가액으로 한다.

사업용 자산에는 비유동자산으로 유형자산 및 무형자산을 대상으로 하며(서면상속증여 2020-3741, 2021.03.31.), 가업에 직접 사용되는 토지, 건축물, 기계장치 등 사업용 자산을 임차하기 위해 지급하는 임차보증금은 "가업상속 재산가액"에 포함된다(기획재정부 재산-1324, 2022.10.21.). 이러한 해석으로 개인사업과 관련된 현금이나 매출채권, 재고자산 등의 유동자산은 가업상속공제 대상에 해당하지 않는다.

> 개인기업 상속시 가업상속재산가액 = 사업용 자산가액 - 사업용 부채가액*
> * 사업용 자산에 담보된 부채

(2) 재산가액 평가방법

상속재산 및 증여재산은 상속세 및 증여세법 제60조(평가원칙)에 따라 시가에 의하여 평가한다. 시가로 평가할 때 사례가액이 확인되는 경우에는 사례가액으로 평가하고, 사례가액이 확인되지 아니하는 경우에는 세법에서 정하는 보충적평가방법에 따라 평가한다.

가업용 자산의 가액의 평가는 토지, 건축물, 기계장치 등에 대한 사례가액이 확인되는 경우에는 사례가액으로 평가하고, 사례가액이 확인되지 아니하는 경우에는 상속세 및 증여세법 제61조부터 제65조까지에서 규정한 해당 재산에 대한 보충적 평가방법으로 평가하며, 그 결과를 제66조에서 규정한 "저당권 등이 설정된 재산 평가의 특례"과 비교 평가하여여 큰 금액으로 평가한다.

나. 법인기업

(1) 개요

가업상속재산가액을 계산할 때 법인사업자에 해당되는 경우에는 상속재산 중 가업에 해당하는 법인의 주식 및 출자지분이 가업상속재산에 해당된다. 법인은 주식회사뿐만 아니라 합명회사, 합자회사, 유한회사도 여기에 포함된다. 주식회사는 회사의 지분을 주식의 형태로 상속재산이 되지만 합명회사, 합자회사, 유한회사 등의 지분은 출자지분으로 이루어진다. 이에 따라 상속재산은 당해 법인이 보유하고 있는 토지와 건축물, 기계장치 등과 같은 자산을 대상으로 공제하는 것이 아니라 주식 및 출자지분의 형태로 상속되므로 가업상속재산은 주식 및 출자지분이 되는 것이다.

(2) 재산가액 평가방법

법인기업의 경우에는 해당 법인의 주식가액으로 평가하여야 한다. 주식가액의 평가는 상장법인인 경우와 비상장법인인 경우로 구분하여 평가하여야 한다.

(가) 상장법인의 주식

상장주식은 평가기준일(평가기준일이 공휴일 등으로 매매가 없는 날인 경우에는 그 전일을 기준으로 한다) 이전·이후 각 2개월 동안 공표된 매일의 「자본시장과 금융투자업에 관한 법률」에 따라 거래소 최종 시세가액의 평균액을 시가로 본다고 규정하고 있다. 따라서, 상장주식은 평가기준일 현재 개별적인 사례가액을 시가로 적용하지 않는다.

(나) 비상장법인의 주식

비상장주식은 상속세 및 증여세법 제60조(평가원칙)에 따라 시가에 의하여 평가하고, 제2항에서 규정한 사례가액이 있는 경우에는 사례가액으로 평가하며, 사례가액이 확인되지 아니하는 경우에는 제3항에서 규정한 보충적평가방법에 따라 결정한다. 비상장주식에 대한 보충적평가방법은 사업개시전 법인이나 사업개시후 3년 미만인 법인의 경우에는 과거의 수익가치를 반영하는 것이 불합리하므로 이러한 경우에는 예외적으로 순자산가치로 평가하며, 그 밖의 비상장주식은 다음과 같은 보충적 평가방법에 따라 평가한다.

① 일반적인 법인(원칙)

$$1주당\ 가중평균액 = \frac{1주당\ 순손익가치 \times 3 + 1주당\ 순자산가치 \times 2}{5}$$

② 부동산과다보유법인

$$1주당\ 가중평균액 = \frac{1주당\ 순손익가치 \times 2 + 1주당\ 순자산가치 \times 3}{5}$$

③ 1주당 평가액 = Max[1주당 가중평균액, 1주당 순자산가치의 80%]

다. 가업상속재산가액의 적용

주식가액은 해당 법인의 1주당 가액에 보유주식수를 곱하여 계산한다. 해당 법인주식의 1주당 가액 속에는 가업에 해당하는 법인이 보유하고 있는 자산 중에 임대 목적으로 보유하고 있는 자산등 가업과 관련이 없는 사업무관자산이 포함되어 있을 수가 있다. 사업무관자산에 대해서는 가업상속공제를 배제하고 있어 법인기업의 경우에는 상속재산 중 가업에 해당하는 법인의 주식등의 가액 중 상속개시일 현재 사업무관자산을 제외한 자산가액이 차지하는 비율을 곱하여 계산한 금액에 해당하는 금액을 계산한다(상증령 §15 ⑤).

> 가업용 자산가액 = 주식평가액×(1-사업무관자산 비율)

라. 사업무관자산의 범위

(1) 개요

가업상속재산가액을 산정할 때 개인사업자의 경우에는 상속재산 중 가업에 직접 사용되는 건물 등의 사업용 자산의 가액에서 해당 자산에 담보된 채무액을 뺀 가액으로 하고, 법인사업자의 경우에 해당 법인의 주식등의 가액 중 상속개시일 현재 사업무관자산을 제외한 자산가액의 비율을 곱하여 계산한 금액을 적용한다.

가업승계에 대한 지원의 확대 속에 모기업과 출자 및 관계사로 구성된 일정 규모가 되는 기업의 경우 자회사나 출자주식, 해외법인, 자사주, 모두 사업무관자산으로 분류되어 사실상 가업승계 공제 혜택은 사실상 의미를 잃게 된다.

이런 경우에 사업무관자산인 해당 주식을 합병을 통해 흡수하거나 사전에 승계자의 별도법인으로 이전시키는 등 '전략적 가업승계'를 검토해야 한다. 가업상속을 전략적으로 진행하려면 사업무관자산에 대해 분석이 필요하며 그 내용은 다음과 같다.

(2) 사업무관자산의 범위

사업무관자산은 제2절 가업승계에 대한 증여세 과세특례에서 자세히 설명하였으니 이를 참고하기 바란다.

① 「법인세법」 제55조의2에 해당하는 자산

법인이 보유한 주택, 비사업용 토지 및 주택을 취득하기 위한 권리 등 다음에 해당하는 "토지등 양도소득에 대한 과세특례 적용대상 자산"은 사업무관자산에 해당한다(법법 §55 ② 1호).

㉠ 주택과 그 부수토지

지정지역에 있는 부동산으로서 주택과 이에 부수되는 토지를 포함한다.

㉡ 비사업용 토지

지정지역에 있는 부동산으로서 비사업용 토지를 말한다.

㉢ 주택을 취득하기 위한 권리

그 밖에 부동산가격이 급등하거나 급등할 우려가 있어 부동산가격의 안정을 위하여 필요한 경우에 대통령령으로 정하는 주택을 취득하기 위한 권리

② 업무와 관련이 없는 자산 및 타인에게 임대하고 있는 부동산

「법인세법 시행령」 제49조에 따른 업무와 관련이 없는 자산 및 타인에게 임대하고 있는 부동산(지상권 및 부동산임차권 등 부동산에 관한 권리를 포함한다)은 사업무관자산에 해당한다.

③ 「법인세법 시행령」 제61조 제1항 제2호에 해당하는 대여금

대여금은 금전소비대차계약 등에 의하여 타인에게 대여한 금액을 말한다. 이 경우에 「법인세법」 제19조의2 제2항 제2호 및 같은 영 제28조 제1항 제4호 나목에 따른 특수관계인에게 해당 법인의 업무와 관련 없이 지급한 가지급금은 「상속세 및 증여세법 시행령」 제15조 제5항 제2호에 따른 사업무관자산에 해당하는 것이다(서면법령해석 재산 2020-2768, 2020.10.15.).

④ 과다보유현금

상속개시일 직전 5개 사업연도 말 평균 현금(요구불예금 및 취득일부터 만기가 3개월 이내인 금융상품을 포함한다)보유액의 100분의 150을 초과하는 것을 말한다

⑤ 법인의 영업활동과 직접 관련이 없이 보유하고 있는 주식등, 채권 및 금융상품

법인의 영업활동과 직접 관련이 없는 주식등, 채권 및 금융상품 등은 사업무관자산에 해당한다. 이러한 규정으로 회사가 여유자금을 투자활동이나 재무활동에 활용하는 경우에는 사업무관자산으로 분류될 수 있다.

마. 둘 이상의 가업을 상속하는 경우 공제액 계산방법

가업상속의 공제한도를 적용할 때 피상속인이 둘 이상의 독립된 가업을 영위한 경우에는 해당 기업 중 계속하여 경영한 기간이 긴 기업의 계속 경영기간에 대한 공제한도를 적용하며, 상속세 과세가액에서 피상속인이 계속하여 경영한 기간이 긴 기업의 가업상속 재산가액부터 순차적으로 공제한다(상증칙 §5).

(사례) 가업영위기간이 다른 2개 이상의 가업을 상속받은 경우 가업상속공제액 계산방법(기획재정부 재산-255, 2014.03.07.)

◎ 질의내용

상속인 1인이 피상속인의 가업 영위기간이 다른 2개 이상의 가업을 상속받는 경우 가업 영위기간별 가업상속공제액 계산방법

◎ 회신

「상속세및증여세법」제18조 제2항 제1호에 따라 가업상속 공제 대상이 되는 2개 이상의 기업을 상속인 1인이 전부 상속받은 경우 가업상속공제는

같은 법 제18조 제3항 및 같은 법 시행령 제15조 제11항에 따라 상속세과세표준신고시 가업상속재산명세서 및 가업상속사실을 입증할 수 있는 서류를 제출한 기업에 대하여 적용하는 것입니다.

가업상속공제 대상이 되는 2개 이상의 기업을 상속인 1인이 전부 상속받은 경우 가업상속공제금액은 피상속인이 계속하여 경영한 기간이 가장 긴 기업을 기준으로 적용한 같은 법 제18조 제2항 제1호 가목의 금액을 공제한도로 하여, 피상속인이 계속하여 경영한 기간이 긴 기업부터 순차적으로 공제하되, 각 기업별 공제금액은 같은 법 제18조 제2항 제1호 가목에 따른 해당 기업의 경영기간별 공제 한도내에서 공제하는 것입니다.

◎ 공제방법

2개 이상 가업의 가업상속공제 한도액을 계산할 때는 장수기업 우대 취지 및 계산의 간편성 등을 고려하여 영위기간이 가장 긴 가업의 공제한도 내에서 가업 영위기간이 긴 가업부터 각각의 공제한도내에서 순차적으로 공제하는 것입니다.

(사례 1)

〈가업상속공제액의 계산〉

단위 : 억원

구분	경영기간	자산총액	가업상속재산가액	공제한도
합계		1,600	665	
A기업	10년~20년	600	260	300
B기업	20년~30년	1,000	405	400

위의 사례에서 현행 기준에 따라 계산하면 B기업은 20년 이상 30년 미만에 해당하므로 가업상속공제의 한도는 400억원이므로 400억원까지 공제하고, 그 초과분뿐만아니라 A기업은 그 범위를 초과하였으므로 공제대상에 해당되지 않는다.

(사례 2)

〈가업상속공제액의 계산〉   단위 : 억원

구분	경영기간	자산총액	가업상속 재산가액	공제한도
합계		1,600	665	
A기업	20년~30년	600	260	400
B기업	10년~20년	1,000	405	300

위의 예규의 사례에서 A기업과 B기업의 경영기간이 반대의 경우라면, A기업은 한도액 400억원 한도 내에서 260억원을 공제하고, B기업은 300억원 한도 내에서 A기업이 260억원을 공제하였으므로 40억원의 가업상속공제가 가능하다.

바. 가업승계에 대한 증여세 과세특례 적용주식

(1) 개요

상속세 과세가액은 상속재산의 가액에서 증여자가 사망한 경우에는 증여자는 피상속인이 되어 피상속인이 상속개시일 전 10년 이내에 상속인에게 증여한 재산가액과 상속인이 아닌 자에게 5년 이내에 증여한 재산가액을 가산하여 계산한다.

반면에, 가업승계에 대한 증여세 과세특례를 적용받은 주식에 대해서는 증여받은 시기와 관계없이 상속재산의 가액에 가산하여 과세하여야 한다. 이러한 특례 적용 주식도 증여자가 사망한 상속개시일 현재 가업상속공제의 요건을 충족한 경우에는 가업상속공제가 가능하다.

(2) 가업상속공제 요건

가업승계에 대한 증여세 과세특례는 증여자가 사망하는 경우에는 상속세 과세가액에 가산하여 상속세로 과세하되, 가업상속공제의 요건을 충족하는 경우에는 가업상속공제가 가능하도록 설계되어 있다. 가업승계 증여세 과세특례를 적용하기 위해서는 가업에 해당하는 주식을 수증자에게 증여하게 되고, 피상속인이 주식을 상속인에게 증여하였다면 상속개시일 현재는 보유하고 있는 주식은 없게 되고, 수증자는 가업승계에 대한 증여세 과세특례를 적용할 때 증여일부터 3년 이내(가업상속의 경우에는 2년 이내)에 대표이사에 취임해야 한다.

이러한 요건 때문에 상속개시 당시에 피상속인은 주식보유 요건과 대표이사 재직의 요건은 충족할 수 없게 된다. 피상속인과 그의 특수관계인의 주식등을 합하여 해당 기업의 발행주식총수등의 100분의 40[거래소에 상장되어 있는 법인이면 100분의 20] 이상을 10년 이상 계속하여 보유하는 요건은 상속인이 증여받은 주식 등을 상속개시일 현재까지 피상속인이 보유한 것으로 보아 적용하고, 대표이사 재직요건은 적용되지 아니한다(조특령 §27의6 ⑨).

사. 다른 상속재산으로 납부 가능한 중견기업 상속인 배제

가업에 대한 조세지원은 가업을 상속받을 때 주식 등을 상속재산을 처분하여 상속세를 납부하게 되면 기업의 계속 경영이 어렵게 된다. 이러한 경우에 대한 상속세의 납부 지원으로 가업상속공제 또는 연부연납 등을 통해 지원하고 있다. 이러한 취지에 따라 상속인이 가업상속재산 이외에 다른 재산이 많이 있어 납부 능력이 있는 경우까지 지원하는 것은 바람직하지 않다고 판단하고 있다.

가업이 중견기업에 해당하는 경우로서, 가업을 상속받거나 받을 상속인의 가업상속재산 외의 상속재산의 가액이 해당 상속인이 가업상속공제를 받지 아니하였을 경우에 상속세로 납부할 금액의 2배를 초과하는 경우에는 가업상속공제를 적용하지 아니한다(상증령 §15 ⑦).

> 중견기업 가업상속공제 배제기준 : ①>②
> ① 가업상속인의 가업상속재산 외의 상속재산가액
> = 가업상속인의 [상속재산가액(사전증여재산가액 포함)-채무액-가업상속재산가액]
> ② 가업상속공제 미적용시 가업상속인이 납부할 상속세×200%

이러한 상속세 납부 능력 요건 외 가업상속공제 요건을 충족하는 경우에는 특례 연부연납 기간동안 연부연납을 통해 납부할 수도 있다.

IV. 가업상속에 대한 사후관리

01 개요

가업상속공제는 상속인이 과도한 상속세 부담으로 인하여 피상속인이 생전에 영위하던 가업의 상속을 포기하는 것을 방지함으로써 경제의 근간이 되는 중소기업 등 기업의 원활한 승계를 지원하고 이를 통하여 경제발전과 고용유지의 효과를 도모하기 위하여 도입되었다. 가업상속공제 도입 취지에 따라 가업을 상속받는 경우에 최대 600억원까지 상속공제를 통해 조세지원을 하되, 상속인에게 성실한 가업을 영위하도록 사후관리 의무를 부여하고 있다.

사후관리는 가업상속공제를 받은 상속인이 상속개시일부터 5년 이내에 정당한 사유 없이 가업상속공제에 따른 의무를 이행하지 아니한 경우에는 상속개시 당시의 상속세 과세가액에 산입하여 상속세를 부과하며, 이자상당액을 그 부과하는 상속세에 가산한다.

사후관리의무는 처음에는 10년으로 하다가 2020년부터는 7년으로 완화하였고, 2023년 이후 상속분부터는 5년으로 완화하였다. 이러한 완화된 사후관리는 2023년 이전에 가업상속공제를 받고 사후관리를 받고 있는 상속인 및 새로운 개정 이후에 가업상속공제를 받는 상속인에 대해서도 적용한다.

사후관리의 대상은 ① 사업용 자산의 처분 제한, ② 가업에 계속 종사 의무, ③ 상속인의 상속받은 지분유지 의무, ④ 상속 후 근로자 고용유지 의무, ⑤ 조세포탈 및 회계부정 등의 성실의무가 있다.

가업상속공제에 대한 사후관리는 가업승계에 대한 증여세 과세특례에 대한 사후관리 와는 약간의 차이가 있으며, 이를 비교하면 다음과 같다.

구분	가업상속공제	가업승계 증여세 과세특례
가업용 자산처분	가업용자산 처분(40%) 제한	없음
가업종사 의무	있음	있음
지분 유지 의무	감소 제한 의무	감소 제한 의무
고용유지 의무	근로자수 또는 총급여액의 90%	없음
탈세 및 회계부정	5년 이내 탈세 회계 부정 금지	5년 이내 탈세 회계 부정 금지
추징에 따른 이자율	연 8.03%	연 2.9%

02 사후관리의 대상

가. 가업용 자산 유지 의무

(1) 개요

가업상속에 대한 지원을 하면서 상속인이 해당 가업용 자산을 처분하고 사업을 축소하는 것을 방지하기 위해 가업용 자산의 유지 의무를 부여하고 있다. 가업용 자산의 처분은 상속개시일부터 5년간 40% 이상을 처분하는 것을 제한하고 있다. 그동안 2019년부터 2022년까지 상속분에 대해서는 20%(5년 이내 10%)로 제한하였으나 2023년 이후 상속분부터는 자산처분비율을 40%로 완화하는 개정을 하였고, 가업용 자산의 처분비율은 다음과 같이 계산한다.

> 가업용 자산처분비율 : ②/①
> ① 상속개시일 현재 가업용자산의 가액
> ② 가업용자산 중 처분(사업무관 임대용 자산 포함)한 자산의 상속개시일 현재의 가액

이 경우에 가업상속 당시에 사업용자산으로 가업상속공제를 받았다가 사업과 무관한 임대용자산으로 사용하는 경우에는 자산의 처분으로 분류하여 가업용 자산의 처분 비율을 계산하며, 가업용 자산인 토지 위에 건물을 신축하여 그 일부를 임대하는 경우 건물 신축에 사용된 면적의 상속개시일 현재 토지의 가액에 신축건물의 연면적에서 임대면적이 차지하는 비율을 곱하여 계산한다(재산-163, 2011.03.30.).

(2) 기업 형태별 사업용 자산의 처분 구분

(가) 소득세법을 적용받는 가업

가업에 직접 사용되는 토지, 건축물, 기계장치 등 사업용 자산을 임차하기

위해 지급하는 임차보증금은 "가업상속 재산가액"에 포함된다(기획재정부 재산-1324, 2022.10.21.). 가업에 직접 사용하는 토지, 건축물, 기계장치, 임차보증금 등의 사업용 자산을 처분한 경우에 '상속개시일 현재 가업용 자산의 가액'에서 '가업용 자산 중 처분(사업에 사용하지 아니하고 임대하는 경우를 포함)한 자산의 상속개시일 현재의 가액'이 차지하는 비율로 처분비율을 계산한다. 가업용 자산의 처분은 가업용으로 적용한 토지, 건축물, 기계장치 뿐만 아니라 사업장 임차에 따른 임차보증금이 감소된 경우에도 적용된다.

(나) 법인세법을 적용받는 가업

법인세법을 적용받는 가업의 가업용 자산은 가업에 해당하는 법인의 사업에 직접 사용되는 사업용 고정자산(사업무관자산은 제외)을 말하며, 가업용 자산의 처분비율은 '상속개시일 현재 가업용 자산의 가액'에서 '가업용 자산 중 처분(사업에 사용하지 아니하고 임대하는 경우를 포함)한 자산의 상속개시일 현재의 가액'이 차지하는 비율을 말한다(서면상속증여 2016-5693, 2016.11.21.).

가업용 자산의 처분에는 유동자산과 사업무관자산은 제외하고, 사업용 고정자산의 처분과 사업용 자산으로 가업상속공제를 받은 부동산을 사업용으로 사용하지 아니하고 임대하는 경우를 포함한다.

(3) 정당한 사유

가업상속공제를 받고 사업을 영위하는 과정에 가업용 자산이 수용되거나 대체취득하는 등 다음과 같은 정당한 사유가 있는 경우에는 자산의 처분에 따른 사후관리를 적용받지 않는다. 이 경우에 대체취득의 경우에는 처분한 자산과 동일한 자산을 추가 취득하는 것을 말하며, 처분 즉시 처분자산의 양도가액 이상의 금액에 상당하는 같은 종류의 자산을 취득하여 가업에 계속 사용하는 경우를 말한다.

① 가업용 자산이 「공익사업을 위한 토지 등의 취득 및 보상에 관한 법률」, 그 밖의 법률에 따라 수용 또는 협의 매수되거나 국가 또는 지방자치단체에 양도되거나 시설의 개체(改替), 사업장 이전 등으로 처분되는 경우. 이 경우에 처분자산과 같은 종류의 자산을 대체 취득하여 가업에 계속 사용하는 경우에 한한다.
② 가업용자산을 국가 또는 지방자치단체에 증여하는 경우
③ 가업상속받은 상속인이 사망한 경우
④ 합병·분할, 통합, 개인사업의 법인전환 등 조직변경으로 인하여 자산의 소유권이 이전되는 경우. 이 경우에 조직변경 이전의 업종과 같은 업종을 영위하는 경우로서 이전된 가업용자산을 그 사업에 계속 사용하는 경우에 한한다.
⑤ 내용연수가 지난 가업용자산을 처분하는 경우
⑥ 가업의 주된 업종 변경과 관련하여 자산을 처분하는 경우로서 변경된 업종을 가업으로 영위하기 위하여 자산을 대체취득하여 가업에 계속 사용하는 경우
⑦ 가업용자산의 처분금액을 연구·인력개발비로 사용하는 경우

나. 가업 계속 종사 의무

(1) 개요

가업상속을 받은 상속인은 가업에 종사하여야 하며, 가업에 종사하고 있는지는 다음에 해당하는 경우에는 가업에 종사하지 아니하게 된 것으로 본다(상증령 §15 ⑪).

(가) 가업에 대한 종사

가업에 대한 종사는 상속인 또는 그 배우자가 상속세 과세표준 신고일까지 상속세과세표준 신고기한까지 임원으로 취임하고, 상속세 신고기한부터 2년

이내에 대표이사등으로 취임하여야 하며, 대표이사등으로 종사하지 아니하는 경우에는 가업에 종사하지 아니하게 된 것으로 본다.

(나) 주된 업종을 변경하는 경우

가업의 주된 업종을 변경하는 경우에는 가업에 종사하지 아니하는 것으로 본다. 이 경우에 업종 변경은 한국표준산업분류에 따른 대분류 내에서 업종을 변경하는 경우(별표에 따른 업종으로 변경하는 경우로 한정한다)에는 업종 변경이 가능하고, 평가심의위원회의 심의를 거쳐 업종의 변경을 승인하는 경우에도 업종의 변경이 가능하다.

(다) 해당 가업을 1년 이상 휴업 또는 폐업하는 경우

가업을 1년 이상 휴업(실적이 없는 경우를 포함한다)하거나 폐업하는 경우에는 가업에 종사하지 아니하는 것으로 본다. 이러한 규정에도 실질적으로 가업을 발전시키기 위해 일시적으로 실적이 없는 경우에는 가업에 종사하는 것으로 보아야 한다. 예를 들어, 호텔 리모델링 공사와 같이 가업의 확대·승계 발전을 위한 '영업준비'의 일환으로서 그 공사 기간 중 매출실적이 없게 된 것을 '가업을 1년 이상 휴업(실적이 없는 경우 포함)하는 경우'에 해당하지 않는다(조심 2018서804, 2018.07.24.).

(2) 정당한 사유

가업상속을 받은 상속인은 가업에 종사하여야 한다. 그렇지만 가업상속받은 상속인이 사망한 경우, 가업상속 받은 재산을 국가 또는 지방자치단체에 증여하는 경우, 상속인이 법률의 규정에 의한 병역의무의 이행, 질병의 요양, 취학상 형편 등으로 가업에 직접 종사할 수 없는 부득이한 사유가 있는 경우에는 가업 계속 종사의 사후관리 대상에서 제외된다. 다만, 상속인이 그 부득이한 사유가 종료된 후 가업에 종사하지 아니하는 경우를 제외한다(상증칙 §6).

다. 가업상속 지분 유지 의무

(1) 개요

주식등을 상속받은 상속인의 지분이 다음과 같이 감소한 경우에는 가업상속공제를 적용받을 수 없다. 이러한 지분 감소도 상속인이 상속받은 주식등을 물납(物納)하여 지분이 감소한 경우는 제외하되, 이 경우에도 상속인은 최대주주나 최대출자자에 해당하여야 한다(상증법 §18의2 ⑤ 3호, 상증령 §15 ⑫).

① 상속인이 상속받은 주식등을 처분하는 경우
② 해당 법인이 유상증자할 때 상속인의 실권 등으로 지분율이 감소한 경우
③ 상속인의 특수관계인이 주식등을 처분하거나 유상증자할 때 실권 등으로 상속인이 최대주주등에 해당되지 아니하게 되는 경우를 말한다.

(2) 정당한 사유

가업상속을 받은 상속인의 지분이 감소된 경우에도 다음과 같이 정당한 사유가 있는 경우에는 상속인의 지분이 감소한 것으로 보지 않는다(상증령 §15 ⑧ 3호).

① 합병·분할 등 조직변경에 따라 주식등을 처분하는 경우. 다만, 처분 후에도 상속인이 합병법인 또는 분할신설법인 등 조직변경에 따른 법인의 최대주주등에 해당하는 경우에 한한다.
② 해당 법인의 사업확장 등에 따라 유상증자할 때 상속인의 특수관계인 외의 자에게 주식등을 배정함에 따라 상속인의 지분율이 낮아지는 경우. 다만, 상속인이 최대주주등에 해당하는 경우에 한한다.
③ 상속인이 사망한 경우. 다만, 사망한 자의 상속인이 원래 상속인의 지위를 승계하여 가업에 종사하는 경우에 한한다.
④ 주식등을 국가 또는 지방자치단체에 증여하는 경우

⑤ 「자본시장과 금융투자업에 관한 법률」 제390조 제1항에 따른 상장규정의 상장요건을 갖추기 위하여 지분을 감소시킨 경우. 다만, 상속인이 최대주주등에 해당하는 경우에 한정한다.
⑥ 주주 또는 출자자의 주식 및 출자지분의 비율에 따라서 무상으로 균등하게 감자하는 경우
⑦ 「채무자 회생 및 파산에 관한 법률」에 따른 법원의 결정에 따라 무상으로 감자하거나 채무를 출자전환하는 경우

라. 정규직 근로자수 또는 총급여 평균의 90% 유지 의무

(1) 개요

가업상속공제를 도입할 때는 정규직 근로자 수 또는 총급여지급 기준과 같은 고용유지의무는 없었으나 조세지원에 따른 고용유지의 의무를 추가하게 되었다. 고용유지의 의무도 기업은 경제환경의 변화에 따라 자본집약적으로 대체할 수도 있어 고용인원기준, 급여총액기준 등의 변화가 있었고, 상속받은 상속인은 2023년부터는 매 사업연도마다 고용인원기준 또는 기준총액급여의 80% 유지 요건을 상속개시일부터 5년간 정규직 근로자의 전체 평균이 기준고용인원의 비율 또는 총급여액의 평균액이 기준급여 평균액의 100분의 90 이상을 유지하도록 완화하였다.

(2) 정규직 근로자 수 기준

(가) 정규직 근로자의 정의

상속개시일부터 5년간 정규직 근로자 수의 전체 평균이 상속개시일이 속하는 소득세 과세기간 또는 법인세 사업연도의 직전 2개 소득세 과세기간 또는 법인세 사업연도의 정규직근로자 수의 평균(이하 "기준 고용인원" 이라 한다)

의 100분의 90에 미달하는 경우에는 가업상속공제를 적용하지 않는다. 이 경우에 "정규직 근로자"란 「근로기준법」에 따라 계약을 체결한 근로자를 말한다. 다만, 다음의 어느 하나에 해당하는 사람은 제외한다(상증령 §15 ⑬).

① 근로계약기간이 1년 미만인 근로자(근로계약의 연속된 갱신으로 인하여 그 근로계약의 총 기간이 1년 이상인 근로자는 제외한다)
② 「근로기준법」 제2조 제1항 제9호에 따른 단시간근로자로서 1개월간의 소정근로시간이 60시간 미만인 근로자
③ 「소득세법 시행령」 제196조에 따른 근로소득원천징수부에 따라 근로소득세를 원천징수한 사실이 확인되지 않고, 다음의 어느 하나에 해당하는 금액의 납부사실도 확인되지 않는 자
   ㉠ 「국민연금법」 제3조 제1항 제11호 및 제12호에 따른 부담금 및 기여금
   ㉡ 「국민건강보험법」 제69조에 따른 직장가입자의 보험료

(나) 정규직 근로자수 평균의 정의

정규직 근로자수 평균은 해당 기간 중 매월 말일 현재의 정규직 근로자 수를 합하여 해당 기간의 월수로 나누어 계산한다(상증령 §15 ⑰).

(다) 기준 고용인원의 정의

기준 고용인원은 상속개시일이 속하는 소득세 과세기간 또는 법인세 사업연도의 직전 2개 소득세 과세기간 또는 법인세 사업연도의 정규직근로자 수의 평균을 의미한다(상증법 §18의2 ⑤ 4 가목).

(라) 분할 또는 합병한 경우 정규직 근로자 수 계산

가업에 해당하는 법인이 분할하거나 다른 법인을 합병하는 경우 정규직 근로자 수는 다음과 같이 분할 또는 합병 이후의 근무관계에 따라 계산한다(상증령 §15 ⑱).

① 분할에 따라 가업에 해당하는 법인의 정규직 근로자의 일부가 다른 법인으로 승계되어 근무하는 경우 그 정규직 근로자는 분할 후에도 가업에 해당하는 법인의 정규직 근로자로 본다.

② 합병에 따라 다른 법인의 정규직 근로자가 가업에 해당하는 법인에 승계되어 근무하는 경우 그 정규직 근로자는 상속이 개시되기 전부터 가업에 해당하는 법인의 정규직 근로자였던 것으로 본다.

(2) 총급여액 기준

(가) 총급여액의 정의

"총급여액"이란 정규직 근로자에게 지급한 다음의 소득의 합계액을 말한다. 다만, 해당 기업의 최대주주 또는 최대출자자(개인사업자의 경우에는 대표자를 말한다) 및 그와 친족관계에 있는 근로자의 총급여액은 제외하되, 상속개시 전 2개 사업연도(기준고용인원 산정기간)에 최대주주 등 및 최대주주 등과 친족관계에 있는 자만이 기준고용인원으로 있는 경우에는 총급여액 계산할 때 합산한다(상증령 §15 ⑭).

① 근로를 제공함으로써 받는 봉급·급료·보수·세비·임금·상여·수당과 이와 유사한 성질의 급여

② 법인의 주주총회·사원총회 또는 이에 준하는 의결기관의 결의에 따라 상여로 받는 소득

(나) 기준 총급여액의 정의

기준 총급여액은 상속개시일이 속하는 소득세 과세기간 또는 법인세 사업연도의 직전 2개 소득세 과세기간 또는 법인세 사업연도의 총급여액의 평균을 의미한다(상증법 §18의2 ⑤ 4호 나목).

(다) 분할 또는 합병한 경우의 총급여액 계산

가업에 해당하는 법인이 분할하거나 다른 법인을 합병하는 경우 총급여액은 다음과 같이 분할 또는 합병 이후의 근무관계에 따라 계산한다(상증령 §15 ⑱).

① 분할에 따라 가업에 해당하는 법인의 정규직 근로자의 일부가 다른 법인으로 승계되어 근무하는 경우 그 정규직 근로자는 분할 후에도 가업에 해당하는 법인의 정규직 근로자로 본다.
② 합병에 따라 다른 법인의 정규직 근로자가 가업에 해당하는 법인에 승계되어 근무하는 경우 그 정규직 근로자는 상속이 개시되기 전부터 가업에 해당하는 법인의 정규직 근로자였던 것으로 본다.

마. 상속인의 회계부정 또는 조세포탈에 따른 가업상속 배제

상속인이 가업의 경영과 관련하여 상속개시일부터 5년 이내의 기간 중에 「조세범 처벌법」제3조 제1항(사기나 그 밖의 부정한 행위로써 조세를 포탈하거나 조세의 환급·공제를 경우) 또는 「주식회사 등의 외부감사에 관한 법률」제39조 제1항(회계처리기준을 위반하여 거짓으로 재무제표를 작성·공시하거나 감사인 또는 그에 소속된 공인회계사가 감사보고서에 기재하여야 할 사항을 기재하지 아니하거나 거짓으로 기재한 경우)에 따라 조세포탈 또는 회계부정 행위로 징역형 또는 벌금형을 선고받은 경우에는 가업상속이 배제된다(상증법 §18의2 ⑧).

이에 따라 사후관리 기간 중에 상속인에 대한 형이 확정된 경우에는 가업상속공제 금액을 상속개시 당시의 상속세 과세가액에 산입하여 상속세를 계산하고, 이자상당액을 가산하여 상속세를 부과한다.

바. 기회발전특구로 이전하는 기업에 대한 가업상속지원

(1) 의의

기회발전특구는 "기회와 발전이 가득한 특별한 지구"라는 의미로, 주로 경제적으로 뒤처진 지역이나 산업 구조의 전환을 필요로 하는 지역의 균형발전을 위해 상속인이 가업 상속받은 기업의 사업장 전부를 기회발전특구로 이전하거나 사업장 전부가 기회발전특구에 소재한 기업을 가업상속 받은 경우에는 상속세과세표준 신고기한부터 2년 이내에 대표이사등으로 취임하지 않아도 되도록 하는 등의 지원을 하고 있다.

(2) 기회발전특구로 이전등을 하는 기업

가업상속받은 기업이 다음의 요건을 모두 갖춘 경우에는 사후관리기준 요건을 완화하여 적용한다. 이 경우 둘 이상의 독립된 기업을 가업상속받은 경우에는 개별 기업별로 적용 여부를 판단한다(상증령 §15 ㉕).

① 다음의 어느 하나에 해당하는 경우
  ⓐ 본점 또는 주사무소를 조세특례제한법 제99조의4 제1항 제1호 가목 1)부터 5)까지 외의 부분에 따른 기회발전특구로 이전한 경우
  ⓑ 본사가 기회발전특구에 소재하는 경우
② 기회발전특구에 소재하는 본사 및 그 밖의 사업장에서 해당 기업의 업무에 종사하는 상시 근무인원(조세특례제한법 시행령 제60조의2 제7항에 따른 상시 근무인원을 말한다)의 연평균 인원(매월 말 현재의 인원을 합하고 이를 해당 개월 수로 나누어 계산한 인원을 말한다)이 해당 기업의 업무에 종사하는 전체 상시 근무인원의 연평균 인원의 100분의 50 이상인 경우

(3) 사후관리 완화내용

가업상속을 받은 기업으로서 기회발전특구로 이전하는 기업에 대해서는 다음과 같은 사후관리의 예외를 적용한다.

① 사후관리 요건에서 상속인이 상속세과세표준 신고기한부터 2년 이내에 대표이사등으로 취임하는 요건과 상속인(상속인의 배우자가 가업을 영위하는 경우에는 상속인의 배우자)이 대표이사등으로 종사해야 하는 요건을 적용하지 않는다.
② 가업의 주된 업종을 변경하는 경우에도 불구하고 한국표준산업분류에 따른 구분에 관계 없이 별표에 따른 업종으로 변경할 수 있다. 이 경우 둘 이상의 독립된 기업을 가업상속받은 경우에는 개별 기업별로 적용 여부를 판단한다.

(4) 기회발전특구의 범위

조세특례제한법 제99조의4 제1항 제1호 가목 1)부터 5)까지 외의 부분에 따른 기회발전특구지역을 말한다. 지방자치분권 및 지역균형발전에 관한 특별법 제2조 제13호에 따른 기회발전특구(개인 또는 법인의 대규모 투자를 유치하기 위하여 관계 중앙행정기관과 지방자치단체의 지원이 필요한 곳으로 같은법 제23조에 따라 지정·고시되는 지역을 말한다)에 소재하거나 지방자치법 제3조 제3항 및 제4항에 따른 읍·면 또는 인구 규모 등을 고려하여 대통령령으로 정하는 동에 소재해야 한다. 다만, 다음의 어느 하나에 해당하는 지역은 제외한다.

① 지방자치분권 및 지역균형발전에 관한 특별법 제2조 제12호에 따른 인구감소지역, 접경지역 지원 특별법 제2조 제1호에 따른 접경지역이 아닌 수도권과밀억제권역 안의 기회발전특구
② 수도권지역. 다만, 접경지역 지원 특별법 제2조에 따른 접경지역 중 부동산가격동향 등을 고려하여 대통령령으로 정하는 지역은 제외한다.

③ 국토의 계획 및 이용에 관한 법률 제6조에 따른 도시지역. 다만, 지방자치분권 및 지역균형발전에 관한 특별법 제2조 제12호에 따른 인구감소지역 중 부동산가격동향 등을 고려하여 대통령령으로 정하는 지역은 제외한다.
④ 주택법 제63조의2에 따른 조정대상지역
⑤ 부동산 거래신고 등에 관한 법률 제10조에 따른 허가구역
⑥ 그 밖에 관광단지 등 부동산가격안정이 필요하다고 인정되어 대통령령으로 정하는 지역

가업상속공제 사후요건 검토표

검토항목	검토내용	적격 여부
1. 사후관리기간 경과 여부 (사후관리 기간 : 5년)		
㉮ 상속개시일	· ·	경과 □ 미경과 □
㉯ 정당한 사유로 인한 미종사 기간 (병역의무 이행, 질병의 요양, 취학상 형편 등 정당한 사유로 가업 미종사시 해당 기간만큼 사후관리 기간 연장)	~ ·	
㉰ 사후관리기간 종료예정일	·	
2. 가업용 자산기준 이상 처분(임대 포함) 여부		
㉮ 상속개시일 현재 가업용 자산가액	원	
㉯ 가업용자산 중 처분자산가액	원	적 □ 부 □
㉰ 가업용자산의 처분비율(40% 이상 처분 금지)	%	
㉱ 정당한 사유 유무		
3. 가업 종사 여부		
㉮ 상속세 신고기한부터 2년내 대표이사 취임 여부		
㉯ 가업의 주된 업종 변경 여부 (중분류 내 업종변경 허용 등 상증령 §15)		적 □ 부 □
㉰ 가업을 1년 이상 휴업(무실적 포함) 또는 폐업 여부		
㉱ 정당한 사유 유무(상속인 사망 등)		
4. 상속인 지분 감소 여부		
㉮ 가업상속 후 상속인 지분	%	
㉯ 사후관리 기간 중 상속인 지분	%	적 □ 부 □
㉰ 상속인의 지분 감소 여부		
㉱ 정당한 사유 유무 (상증령 §15⑧3 해당하는 지분감소의 경우 사후의무 위반 아님)		
5. 고용요건 충족 여부(근로자 수 기준과 총급여액 기준 중 선택 가능)		
㉮ 상속개시 직전 2개 사업연도 말 정규직 근로자 수(총급여액) 평균	명 (원)	
㉯ 상속개시된 사업연도 말부터 5년간 각 사업연도 말 정규직 근로자 수(총급여액)의 전체 평균	명 (원)	적 □ 부 □
㉰ 5년간 정규직 근로자 수(총급여액) 비율	% %	
6. 조세포탈 또는 회계 부정행위로 징역형 또는 「주식회사 등의 외부감사에 관한 법률」 제39조 1항에 따른 죄에 해당하지 않을 것		적 □ 부 □

☞ 국세청 2023년 발간 "가업승계 지원제도 안내" P.49.

사. 사후관리 위반에 대한 상속세 및 이자상당액 부과

(1) 개요

가업상속공제를 받은 상속인이 상속개시일부터 5년 이내에 정당한 사유 없이 사후관리요건을 준수하지 않고 이를 위반하는 경우에는 가업상속공제를 받은 금액을 상속세 과세가액에 가산하여 계산한 상속세와 공제받은 금액에 해당일까지의 기간을 고려하여 계산한 이자상당액을 가산하여 상속세를 부과한다.

(2) 상속세 과세가액에 가산할 금액

(가) 가업용 자산의 40% 이상 처분한 경우

$$가업상속공제금액 \times 가업용자산 처분비율$$

가업용자산의 처분비율은 가업용자산 중 처분(사업에 사용하지 아니하고 임대하는 경우를 포함한다)한 자산의 상속개시일 현재의 가액을 상속개시일 현재 가업용자산의 가액으로 나누어 계산하며, 가업용자산 처분비율이 40% 이상이 되어 상속세를 부과한 후 재차 자산을 처분하여 상속세를 부과하는 경우에는 종전에 처분한 자산의 가액을 제외하고 계산한다.

(나) 그밖의 사후관리 요건의 미준수

가업을 상속받은 상속인이 가업에 종사하지 않거나 지분이 감소하는 경우, 정규직 근로자 수나 총급여액이 기준고용인원 또는 기준총급여액에 미달하게 된 경우에는 전액이 추징된다. 그동안에는 기간별 추징률을 적용하였으나 5년 이내에 사후관리규정을 위반하는 경우에는 공제받은 금액 전액을 상속세 과세가액에 가산하여 부과할 상속세를 계산한다.

적용연도 사후관리기간	2020.02.10. 이전 상속분	2020.02.11.~ 2022.12.31. 상속분	2023.01.01. 이후 상속분
5년 미만	100%	100%	100%
5년 이상 7년 미만		80%	해당 없음
7년 이상 8년 미만	90%	해당 없음	
8년 이상 9년 미만	80%		
9년 이상 10년 미만	70%		

(3) 이자상당액의 계산

가업상속공제를 받은 상속인이 상속개시일부터 5년 이내에 정당한 사유 없이 사후관리요건을 준수하지 않고 이를 위반하는 경우에는 가업상속으로 공제받은 금액(가업용자산에 대해 처분비율을 계산한 금액)을 상속세 과세가 액에 산입하여 상속세를 부과한다. 이 경우에 상속세에 가산하는 이자상당액 은 다음과 같이 계산한다.

$$\text{이자상당액} = \text{가업상속공제금액에 대한 상속세} \times \text{적용이자율} \times \frac{\text{상속세 신고기한의 다음날부터 위반사유 발생일까지 기간}}{365}$$

아. 사후관리 위반에 대한 상속세 및 이자상당액 부과

상속재산이나 증여재산을 양도할 때 양도차익은 상속개시일 또는 증여일 현재의 시가를 취득가액으로 한다. 반면에, 가업상속공제가 적용된 자산의 양도차익을 계산할 때에는 피상속인의 취득가액을 적용하는 이월과세를 한다.

가업상속공제가 이루어진 재산에 대해 상속인이 사후관리의무 위반 또는 회계부정이나 조세포탈을 원인으로 벌금형 또는 징역형을 선고받아 상속세가 추징되기 전에 양도한 경우에는 피상속인의 취득가액을 적용하여 양도소득세를 납부한다. 이와 같이 이월과세가 적용되어 납부하였거나 납부할 양도소득세가 있는 경우에는 사후관리 위반으로 상속세가 추징되는 경우에는 이월과세를 통해 과다하게 납부한 양도소득세는 상속세 부과세액에서 공제해야 한다.

이에 따라 공제하는 양도소득세 상당액은 가업상속 재산에 대해서는 이월과세를 적용하여 계산한 양도소득세액에서 상속개시일 현재의 시가를 취득가액으로 하여 계산한 양도소득세액을 뺀 금액을 공제하게 된다(상증법 §18의2 ⑩ 상증령 §15 (21)).

> 상속세 추징세액에서 공제하는 양도소득세 상당액(①-②)×기간별 추징율
> ① 피상속인의 취득가액을 적용하여 이월과세된 양도소득세 상당액
> ② 상속개시일 현재의 시가를 적용하여 계산한 양도소득세 상당액

영농상속공제

I. 농업·어업 등에 대한 조세지원

01 개요

가. 농업·어업 등의 현황

정부에서는 농어업경영체 육성 및 지원에 관한 법률을 통해 농업법인과 어업법인을 지원하고, 농어업경영체를 육성하고 농어업경영체의 소득을 안정시키기 위한 직접 지불제를 시행하여 국민에게 안전한 농수산물과 식품을 안정적으로 공급하고, 나아가 농어촌사회의 안정과 국가 발전에 이바지하는 것을 목적으로 하고 있다.

이 법률에서는 농업법인과 어업법인은 영농조합법인과 영어조합법인을, 농업회사법인과 어업회사법인으로 구분하고 있다. 영농조합법인은 협업적 농업경영을 통하여 생산성을 높이고 농산물의 출하·유통·가공·수출 및 농어촌 관광휴양사업 등을 공동으로 하려는 농업인 또는 농업생산자단체가 설립할 수 있고, 영어조합법인은 협업적 수산업경영을 통하여 생산성을 높이고 수산물의 출하·유통·가공·수출 및 농어촌 관광휴양사업 등을 공동으로 하려는 어업인 또는 어업생산자단체가 설립할 수 있으며, 영농조합법인이나 영어조합법인은 합명회사, 합자회사, 유한회사, 주식회사로 조직변경을 할 수 있다.

또한, 농업의 경영이나 농산물의 유통·가공·판매를 기업적으로 하려는 자나 농업인의 농작업을 대행하거나 농어촌 관광휴양사업을 하려는 자가 농업회사법인을 설립할 수 있고, 수산업의 경영이나 수산물의 유통·가공·판매를 기업적으로 하려는 자나 농어촌 관광휴양사업을 하려는 자는 어업회사법인(漁業會社法人)을 설립할 수 있다.

이러한 법률에 따라 농업과 어업 등의 산업에 대해 지원하고 있으며, 통계청에서 발표한 농업법인의 현황은 다음과 같다.

농업법인 현황

(단위 : 개, %)

연도별 구분	2018년		2019년		2020년		2021년	
	법인수	비율	법인수	비율	법인수	비율	법인수	비율
영농조합법인	10,163	46.7	10,230	43.9	10,136	41.4	11,337	44.2
농업회사법인	11,617	53.3	13,085	56.1	14,363	58.6	14,268	55.8
합 계	21,780	100	23,315	100	24,499	100	25,605	100

* 통계청, 2023년 농업법인조사

나. 농업·어업 등에 대한 조세지원제도

농업법인과 관련하여 영농조합법인이나 농업회사법인의 소득에 대해서는 식량작물재배업소득의 전액과 식량작물재배업소득 외의 소득 중 일정한 범위 내에서는 법인세를 면제하고, 어업법인의 경우에는 일정한 범위 내의 소득에 대해서는 법인세를 면제한다.[1] 개인의 경우에는 작물재배업 중 곡물 및 기타 식량작물 재배업은 소득세가 과세되지 아니한다.[2]

농업소득이나 어업소득과 관련된 배당소득에 대해서는 법인세가 면제되는 금액에 대해서는 전액 소득세 과세를 면제하고 법인세가 과세되는 소득에

---

1) 조특법 제66조~제69조.
2) 소득세법 제19조 제1항 제1호.

대한 배당소득은 5% 원천징수로서 분리과세하고 있고, 농작물재배업·축산업 및 임업에 직접 사용되는 부동산을 영농조합법인 등에 현물출자함에 따라 발생하는 소득에 대해서는 양도소득세의 전액을 감면하고 그 대신 이월과세를 적용받을 수 있도록 하고 있으며, 양도소득에 대한 감면 및 이월과세는 납세자의 신청에 의하도록 하고 있다.

간접세에 대한 지원으로 농업경영 및 농작업 대행용역에 대하여 부가가치세를 면제하고[3], 농어업에 사용하기 위한 기자재에 대해서는 부가가치세를 환급하며[4], 농업에 사용하는 비료나 농약, 농기계 등의 구입에 대해서는 부가가치세 영세율을 적용하기도 하면서 농어업에 대한 전폭적인 지원을 하고 있다.

또한 지방세법에서도 농업법인이 영농에 사용하기 위하여 법인설립 초기에 부동산을 구입하는 경우에는 취득세를 면제하기도 하고, 농업법인의 설립등기와 관련된 등록면허세도 면제하고 있다.[5] 이와 같은 농어민에 대한 세제지원으로 농사에 필요한 트랙터나 경운기 등 농사용 기계와 비료, 사료 등은 모두 부가가치세를 내지 않고 있으며, 농기계에 들어가는 연료는 면세유를 쓰도록 하는 등 다방면에서 지원하고 있다.

다. 가업승계에 대한 조세지원

자경농민 등의 피상속인의 영농자녀에 대한 가업승계를 원활하게 지원하기 위하여 일반인보다 추가공제의 혜택을 부여함으로써 농민의 경제활동을 지원하는 한편, 영농의 물적 기반이 되는 농지를 보존하기 위하여 영농상속공제를 두고 있고, 후계농업인의 원활한 농업승계를 지원하기 위하여 영농·양축·영어 및 영림 등과 같은 영농 업종에 대해 조세특례제한법 제71조에 따라 영농자

---

[3] 조특법 제106조 제1항 제3호.
[4] 조특법 제105조의2.
[5] 지방세특례제한법 제11조 제1항 및 제2항.

녀가 일정한 면적의 범위 내에서 5년간 1억원 한도로 증여받은 농지에 대해서 증여세를 감면받을 수 있도록 지원하고 있다.

02 영농상속에 대한 조세지원

가. 개요

상속인과 그 가족이 상속개시 후 안정적인 생활을 영위할 수 있도록 지원하기 위해 상속인의 인적상황과 상속재산을 고려하여 기초공제, 배우자공제, 자녀공제, 가업상속공제, 영농상속공제 등의 상속공제를 규정하고 있다.

상속공제 중에 영농상속공제는 피상속인이 생전에 영농(양축·영어 및 영림을 포함한다)에 종사한 경우에 상속재산 중 일정한 요건에 해당하는 영농상속재산을 영농에 종사하는 상속인에게 승계하도록 함으로써 상속인이 계속 영농에 종사할 수 있도록 영농상속공제를 통해 지원하고 있다.

영농상속에 대한 지원은 영농의 계속을 전제로 일반인보다 추가공제의 혜택을 부여함으로써 농민의 경제활동을 지원하는 한편, 영농의 물적 기반이 되는 농지를 보존하고자 하려는 데에 그 입법취지가 있다. 영농상속공제는 처음에는 농지·초지·산림지 등의 상속공제와 주택상속공제를 합하여 1억원 한도로 공제하였다. 이러한 물적 공제는 1997년부터는 1억원 한도의 가업상속공제제도가 신설됨에 따라 2억원 한도로 공제금액이 확대되었다가 점차 확대하여 2023년부터는 30억원까지 확대되었다.

나. 영농상속에 대한 지원현황

영농상속공제는 2007년까지는 가업상속공제와 함께 농민의 원활한 영농승계를 지원하기 위해 각각 공제받을 수 있던 것을 2008년부터는 영농상속공제 대상 업종은 가업상속공제의 대상에서 제외하여 중복공제가 되지 않도록 하였다.

영농상속공제 도입 초기에는 2억원을 한도로 적용하다가 2012년부터는 5억원을 한도로 하고, 지속적으로 확대하여 2023년부터는 30억원을 한도로 공제하도록 하였고, 피상속인의 요건에서 상속개시일 2년 전부터 계속하여 직접 영농(농업, 임업, 어업)에 종사하던 것을 8년 전부터 종사할 것을 강화하고, 피상속인 또는 상속인이 탈세·회계 부정으로 징역형·벌금형을 받은 경우 영농상속공제 배제하도록 그 요건을 강화하였다.

그동안 영농상속공제는 가업상속공제와는 차별적으로 지원하여 적용을 신청하는 경우가 많지는 않았으나 최근에 지원금액을 확대하고 있어 다음의 영농상속공제 결정현황과 같이 증가하고 있다.

[영농상속공제 결정현황]

(단위 : 백만원)

구분 연도별	과세		과세미달		합계	
	건수	공제금액	건수	공제금액	건수	공제금액
2019년	186	98,057	101	61,277	287	159,344
2020년	233	106,832	178	84,683	411	191,515
2021년	305	164,286	178	118,544	483	282,830
2022년	334	186,041	167	91,685	501	277,726
2023년	451	250,706	240	150,997	691	401,703

* [2024년 국세통계연도]

다. 영농상속공제액의 범위

영농상속공제는 영농, 양축(養畜), 영어(營漁) 및 영림(營林)을 포함]을 하던 거주자의 사망으로 상속이 개시되는 경우에 상속에 해당하는 경우 30억원 한도로 영농상속 재산가액을 상속세 과세가액에서 공제한다(상증법 §18의3 ①).

> 영농상속공제액 = min(영농상속재산가액, 30억원)

영농상속공제액 및 피상속인 영농종사기간 개정연혁

적용기간	피상속인 영농종사기간	영농상속공제액
2016년 ~ 2021년 상속분	2년	Min (① 영농상속재산가액, ② 15억원)
2022년 이후 상속분	2년	Min (① 영농상속재산가액, ② 20억원)
2023년 이후 상속분	8년	Min (① 영농상속재산가액, ② 30억원)

II. 영농상속공제의 적용요건

01 개요

영농상속공제를 적용하기 위해서는 다음의 요건을 충족해야 한다.

첫째, 영농의 요건
① 농업, 임업 및 어업을 주된 업종으로 영위하는 업종(부동산비율이 50% 이상인 종자 및 묘목생산업(01123)은 가업상속공제 대상)

둘째, 피상속인의 요건
① 상속개시일 8년전부터 계속하여 직접 영농에 종사
② 농지등으로부터 직선거리 30킬로미터 이내 거주

셋째, 상속인의 요건
① 상속개시일 현재 18세 이상일 것
② 상속개시일 2년 전부터 계속하여 직접 영농에 종사
② 농지등으로부터 직선거리 30킬로미터 이내 거주

넷째, 피상속인 및 상속인 조세포탈 또는 회계부정 행위범의 적용배제

02 영농의 요건

영농은 한국표준산업분류에 따른 농업, 임업 및 어업을 주된 업종으로 영위하는 경우에 적용한다. 이 경우에 한국표준산업분류에서 농업의 작물재배업(011) 중 종자 및 묘목생산업(01123)을 영위하는 기업으로서 가업용 자산 중 토지 및 건물과 같은 자산가액이 가업용 자산의 가액의 비율이 100분의 50 이상인 경우에 적용한다.

한국표준산업분류에서 농업의 작물재배업(011) 중 종자 및 묘목생산업으로서 부동산의 가액 비율이 50% 이상인 경우에는 영농상속공제, 50% 미만인 경우에는 가업상속공제의 적용 대상에 해당한다.

✔ key point

★ 부동산 비율에 따른 상속공제방법의 차이점

한국표준산업분류에 따른 업종 분류에서 농업의 작물재배업(011) 중 종자 및 묘목생산업(01123)은 원칙적으로 영농업종에 해당한다. 이러한 업종을 영위하는 기업도 가업용 자산 중 토지 및 건물과 같은 자산가액이 가업용 자산의 가액의 비율이 100분의 50 미만인 경우에는 가업상속공제를 통해 지원한다.

토지와 건물의 가액이 자산총액에서 차지하는 비율이 50% 이상인 경우에는 한도액 30억원으로 제한하는 영농상속공제를 하고, 토지와 건물의 가액

비율이 50% 미만인 경우에는 최대 600억원으로 제한하는 가업상속공제를 적용한다. 토지와 건물의 가액이 자산가액의 비율에 따라 구분하는 이유는 피상속인의 사망에 따른 상속세 지원을 할 때 피상속인 단계에서 발생한 자본이득에 대해 과세할 수 없게 되는 것을 방지하기 위한 것으로서, 그 구분은 부동산의 가액이 자산가액 중에 차지하는 비율 50%를 기준으로 판단하고 있다.

이에 따라 영농상속공제와 가업상속공제는 서로 중복공제를 할 수 없으므로 종자 및 묘목생산업으로서 부동산의 가액 비율이 50% 미만인 경우에는 영농상속공제가 해당하지 않는다. 이러한 점을 고려하면 부동산의 비율과 공제금액의 범위는 밀접한 관계가 있다

03 피상속인의 요건

가. 의의

영농상속공제를 적용할 때 피상속인은 개인과 법인을 구분하여 지원한다. 이에 따라 소득세법이 적용되는 개인영농과 법인세법이 적용되는 법인영농으로 구분하여 그 요건을 규정하고 있다.

나. 소득세법을 적용받는 영농(개인영농)

① 상속개시일 8년 전부터 계속하여 직접 영농에 종사하여야 한다.
상속개시일 8년 전부터 직접 영농에 종사한 경우로서 상속개시일부터 소급하여 8년에 해당하는 날부터 상속개시일까지의 기간 중 질병의 요양으로 직접 영농에 종사하지 못한 기간 및 공익사업을 위한 토지 등의 취득 및 보상에 관한 법률이나 그 밖의 법률에 따른 협의매수 또는 수용으로 인하여 직접 영농에 종사하지 못한 기간(1년 이내의 기간에 한한다)은 직접 영농에 종사한 기간으로 본다. 영농 종사의 요건을 2022년 이전

상속분은 피상속인이 상속개시일 2년 전부터 영농에 종사하는 것으로 하였으나 2023년부터는 영농종사 요건을 8년으로 하였다.

적용시기	개정내용
2019.2.12. 이후 결정 또는 경정	질병의 요양으로 직접 영농에 종사하지 못한 기간도 포함
2020.2.11. 이후 상속분부터	공익사업을 위한 토지 등의 취득 및 보상에 관한 법률이나 그 밖의 법률에 따른 협의매수 또는 수용으로 인하여 직접 영농에 종사하지 못한 기간(1년 이내의 기간에 한함)도 포함

② 농지·초지·산림지(농지등)가 소재하는 시(특별자치시와 제주특별자치도의 설치 및 국제자유도시 조성을 위한 특별법 제10조 제2항에 따른 행정시를 포함한다)·군·구(자치구를 말한다), 그와 연접한 시·군·구 또는 해당 농지등으로부터 직선거리 30킬로미터 이내(산림지의 경우에는 통상적으로 직접 경영할 수 있는 지역을 포함한다)에 거주하거나 어선의 선적지 또는 어장에 가장 가까운 연안의 시·군·구, 그와 연접한 시·군·구 또는 해당 선적지나 연안으로부터 직선거리 30킬로미터 이내에 거주하여야 한다.

피상속인 및 상속인 통작거리 개정연혁

2012.2.1. 이전	2012.2.2. ~ 2015.2.2.	2015.2.3. 이후
통작거리 규정 없었음	20km	30km

다. 법인세법을 적용받는 영농(영농법인)

(1) 요건

① 상속개시일 8년전부터 계속하여 해당 기업을 경영하여야 한다.
 이 경우에 상속개시일 8년 전부터 해당 기업을 경영한 경우로서 상속개시일부터 소급하여 8년 전에 해당하는 날부터 상속개시일까지의 기간

중 질병의 요양으로 경영하지 못한 기간은 해당 기업을 경영한 기간으로 본다. 피상속인의 영농 종사의 요건으로 2022.12.31. 이전 상속분은 피상속인이 상속개시일 2년 전부터 해당 기업을 경영하면 되었다.

② 법인의 최대주주등으로서 본인과 그 특수관계인의 주식등을 합하여 해당 법인의 발행주식총수등의 100분의 50 이상을 계속하여 보유하여야 한다.

법인영농의 경우에는 영농상속이 이루어진 후에 영농상속 당시의 최대주주등에 해당하는 다른 사람의 사망으로 상속이 개시되는 경우에는 영농상속공제를 적용하지 아니한다. 이 경우에도 아래의 표와 같이 가업상속공제와 같이 최대주주 중 1인만 영농상속공제를 적용받을 수 있다. 영농상속공제를 받은 상속인이 사망한 경우에는 그의 상속인이 영농상속인에 해당하는 등 일정한 요건을 갖추면 또 다시 영농상속공제를 적용받을 수는 있다(상증령 §16 ②).

사례

주주	관계	지분율	영농상속	추가 적용 여부
갑	부	40%		불가
을	삼촌	30%	적용	가능
병	아들	20%		불가
정	딸	10%		불가
합계		100%		

(2) 영농법인 적용 사례

(가) 법인전환 전 개인영농 영위기간

영농상속공제를 적용할 때 「소득세법」을 적용받는 개인영농을 「법인세법」을 적용받는 영농으로 법인전환하여 피상속인이 법인 설립일 이후 계속하여 그 법인의 최대주주 등에 해당하는 경우에는 개인영농으로서 영농을 영위한 기간을 포함하여 계산한다(법규재산 2022-922, 2022.12.06.).

(나) 영농조합법인으로부터 수령한 총급여액이 3,700만원 이상인 경우 영농상속공제 적용 배제

피상속인 또는 상속인이 작물재배업을 영위하는 영농조합법인으로부터 지급받은「소득세법」제20조 제2항에 따른 근로소득금액이 3,700만원 이상인 과세기간이 있는 경우, 해당 과세기간은「상속세 및 증여세법 시행령」제16조 제4항 단서조항에 따라 피상속인 또는 상속인이 영농에 종사하지 아니한 것으로 본다(법규재산 2023-632, 2023.09.25.). 이러한 해석은 농업·임업 및 어업에서 발생하는 소득, 부동산임대업에서 발생하는 소득과 농가부업소득은 제외하는 단서규정의 괄호 규정에 대한 오해인 것으로 판단된다.

04 상속인의 요건

가. 의의

영농상속은 상속인이 개인영농과 법인영농의 구분에 따른 요건을 충족하는 경우 또는 기획재정부령으로 정하는 영농·영어 및 임업후계자인 경우에 적용한다(상증령 §16 ③).

나. 소득세법을 적용받는 영농(개인영농)

(1) 적용요건

개인 영농의 경우에 영농에 종사하는 상속인은 다음 요건을 모두 충족하여야 한다.

① 상속개시일 현재 18세 이상일 것

② 상속개시일 2년 전부터 계속하여 직접 영농에 종사[상속개시일 2년 전부터 직접 영농에 종사한 경우로서 상속개시일부터 소급하여 2년 전에 해당하는 날부터 상속개시일까지의 기간 중 제15조 제8항 제2호 다목에 따른 사유로 직접 영농에 종사하지 못한 기간 및 수용등으로 인하여 직접 영농에 종사하지 못한 기간(1년 이내의 기간으로 한정한다)은 직접 영농에 종사한 기간으로 본다].
상기에서 상속세및증여세법 시행령 제15조 제8항 제2호 다목에 따른 사유란 상속인이 법률의 규정에 의한 병역의무의 이행, 질병의 요양, 취학상 형편 등으로 가업 또는 영농에 직접 종사할 수 없는 사유가 있는 경우를 말한다. 이러한 부득이한 사유가 있더라도 그 사유가 종료된 후 가업 또는 영농에 종사하지 아니하거나 가업상속 또는 영농상속 받은 재산을 처분하는 경우는 제외한다.

③ 상속인은 다음의 어느 한 지역에 거주하는 사람이어야 한다. 상속개시일 2년 전부터 다음 지역에 거주해야 한다.
   ⓐ 농지·초지·산림지(이하 "농지등"이라 한다)가 소재하는 시(특별자치시와 제주특별자치도의 설치 및 국제자유도시 조성을 위한 특별법 제10조 제2항에 따른 행정시를 포함한다)·군·구(자치구를 말한다), 그와 연접한 시·군·구 또는 해당 농지등으로부터 직선거리 30킬로미터 이내에 거주하는 사람. 이 경우 산림지의 경우에는 통상적으로 직접 경영할 수 있는 지역을 포함한다.
   ⓑ 어선의 선적지 또는 어장에 가장 가까운 연안의 시·군·구, 그와 연접한 시·군·구 또는 해당 선적지나 연안으로부터 직선거리 30킬로미터 이내에 거주하는 사람

(2) 구체적인 적용사례

(가) 배우자도 가업상속공제 가능

부부가 함께 농사를 짓던 농지를 배우자가 영농상속공제 요건을 충족하는 재산을 배우자가 상속받은 경우 영농상속공제와 함께 배우자상속공제도 적용할 수 있다(법규재산 2022-49, 2022.01.27., 법령해석재산 2017-1892, 2018.05.30.).

(나) 피상속인이 65세 이전 사망한 경우 상속인의 요건

상속인이 상속개시일 현재 18세 이상으로서 상속개시일 2년 전부터 계속하여 해당 기업에 종사하여야 한다. 다만, 피상속인이 65세 이전에 사망하거나 천재지변 및 인재 등 부득이한 사유로 사망한 경우에는 그렇지 않다(상속증여 2018-1742, 2019.02.25.).

다. 법인세법을 적용받는 영농(영농법인)

(1) 적용요건

법인세법을 적용받는 영농을 상속받은 상속인은 다음 요건을 모두 충족해야 한다.

① 상속개시일 현재 18세 이상이어야 한다
② 상속개시일 2년 전부터 계속하여 해당 기업에 종사하여야 한다.

이 경우에 상속개시일 2년 전부터 해당 기업에 종사한 경우로서 상속개시일부터 소급하여 2년에 해당하는 날부터 상속개시일까지의 기간 중 제15조 제8항 제2호 다목(상속인이 법률에 따른 병역의무의 이행, 질병의 요양 등 기획재정부령으로 정하는 부득이한 사유에 해당하는 경우)에 따른 사유로 해당 기업에 종사하지 못한 기간은 해당 기업에 종사한 기간으로 본다. 이 경우에도 피상속인이 65세 이전에 사망하거나 천재지변 및 인재 등 부득이한 사유로 사망한 경우에는 상속개시일 2년 전부터 해당 기업에 종사해야 하는 조건은 적용하지 않는다.

③ 상속세과세표준 신고기한까지 임원으로 취임하고, 상속세 신고기한부터 2년 이내에 대표이사등으로 취임하여야 한다.

(2) 구체적 사례

(가) 동일한 법인의 최대주주등 중 1인만 가능

법인세법을 적용받는 영농상속에 해당하는 경우로서 영농상속이 이루어진 후에 영농상속 당시 최대주주등에 해당하는 사람의 사망으로 상속이 개시되는 경우는 영농상속공제를 적용받을 수 없다. 1개의 영농법인에서는 최대주주들 중 1인만 영농상속공제를 적용받을 수 있다. 이러한 요건도 영농상속공제를 받은 상속인이 영농상속 이후 사망한 경우에는 그의 상속인이 영농상속인에 해당하는 등 일정한 요건을 갖출 때는 영농상속공제를 적용받을 수는 있다(상증령 §16 ②).

라. 영농·영어 및 임업후계자

상속인은 상속개시일 현재 18세 이상이고 다음의 어느 하나에 해당하는 영농·영어 및 임업후계자에 해당되는 경우 개인영농 및 영농법인 상속에 대하여 모두 영농상속공제가 적용된다(상증칙 §7 ①).

① 후계농어업인 및 청년농어업인 육성·지원에 관한 법률」 제8조에 따른 후계농업경영인, 청년창업형 후계농업경영인, 후계어업경영인 및 청년창업형후계어업경영인
② 임업및산촌진흥촉진에관한법률 제2조 제4호의 규정에 의한 임업후계자

③ 초·중등교육법및고등교육법에 의한 농업 또는 수산계열의 학교에 재학 중이거나 졸업한 자

05 직접 영농에 종사에 대한 판단기준

가. 영농에 종사한 것으로 보는 경우

영농상속공제 규정을 적용함에 있어 피상속인 및 상속인이 "영농에 종사"하는 것이라 함은 피상속인 및 상속인이 다음의 어느 하나에 해당하는 경우를 말한다.

① 영농 : 소유 농지 등 자산을 이용하여 농작물의 경작 또는 다년생식물의 재배에 상시 종사하거나 농작업의 2분의 1 이상을 자기의 노동력으로 수행하는 경우
② 양축 : 소유 초지 등 자산을 이용하여 축산법 제2조 제1호에 따른 가축의 사육에 상시 종사하거나 축산작업의 2분의 1 이상을 자기의 노동력으로 수행하는 경우
③ 영어 : 소유 어선 및 어업권 등 자산을 이용하여 내수면어업법 또는 수산업법에 따른 허가를 받아 어업에 상시 종사하거나 어업작업의 2분의 1 이상을 자기의 노동력으로 수행하는 경우
④ 영림 : 소유 산림지 등 자산을 이용하여 산림자원의 조성 및 관리에 관한 법률 제13조에 따른 산림경영계획 인가 또는 같은 법 제28조에 따른 특수산림사업지구 사업에 따라 산림조성에 상시 종사하거나 산림조성작업의 2분의 1 이상을 자기의 노동력으로 수행하는 경우

나. 영농상속공제 배제기준

　영농상속공제를 적용할 때, 해당 피상속인 또는 상속인의 소득세법 제19조 제2항에 따른 사업소득금액(사업소득금액이 음수인 경우에는 해당 금액을 0으로 본다)과 같은 법 제20조 제2항에 따른 총급여액의 합계액이 3천700만 원 이상인 과세기간이 있는 경우 해당 과세기간에는 피상속인 또는 상속인이 영농에 종사하지 아니한 것으로 본다.

　이 경우 농업·임업 및 어업에서 발생하는 소득, 소득세법 제45조 제2항에 따른 부동산임대업에서 발생하는 소득과 같은 법 시행령 제9조에 따른 농가부업소득은 제외하고 계산한다.

06 조세포탈 또는 회계부정 행위에 대한 영농상속공제 배제

가. 영농상속공제 적용배제 또는 상속세 추징대상

　피상속인 또는 상속인이 영농과 관련하여 조세포탈 또는 회계부정 행위로 징역형 또는 "대통령령으로 정하는 벌금형"을 선고받고 그 형이 확정된 경우에는 다음의 구분에 따라 영농상속공제를 배제하거나 또는 이자상당액까지 포함하여 상속세가 추징된다(상증법 §18의3 ⑥). 이 규정은 영농상속공제 관련 영농인의 성실경영책임을 강화하고자 도입되었다.

① 상속세및증여세법 제76조에 따른 과세표준과 세율의 결정이 있기 전에 피상속인 또는 상속인에 대한 형이 확정된 경우에는 영농상속공제를 공제를 적용하지 아니한다.
② 영농상속공제를 받은 후에 상속인에 대한 형이 확정된 경우에는 영농상속공제 금액을 상속개시 당시의 상속세 과세가액에 산입하여 상속세를

부과한다. 이 경우 대통령령으로 정하는 바에 따라 계산한 이자상당액을 그 부과하는 상속세에 가산한다.

탈세·회계부정 행위에 따른 가업상속공제 효과

탈세·회계부정 행위 시기	형 확정시기	효과
공제 전 행위	가업상속공제 전	공제 배제
	가업상속공제 후	추징
사후관리기간 중 행위	사후관리 기간 중	추징
	사후관리 기간 이후	추징

☞ 범죄행위 시기 : 상속개시 8년 전부터 사후관리기간까지

나. 조세포탈 또는 회계부정 행위의 범위

조세포탈 또는 회계부정 행위란 아래와 같이 조세범 처벌법 제3조 제1항 또는 주식회사 등의 외부감사에 관한 법률 제39조 제1항에 따른 죄를 범하는 것을 말하며, 상속개시일 전 8년 이내 또는 상속개시일부터 5년 이내의 기간 중의 행위로 한정한다(상증령 §15 ⑲).

(1) 조세포탈 행위의 범위

조세포탈 행위란 조세범 처벌법 제3조 제1항에 따른 죄를 범하는 것을 말한다. 즉, 사기나 그 밖의 부정한 행위로써 조세를 포탈하거나 조세의 환급·공제를 받은 자는 2년 이하의 징역 또는 포탈세액, 환급·공제받은 세액 즉, 포탈세액등의 2배 이하에 상당하는 벌금에 처한다. 다만, 다음의 어느 하나에 해당하는 경우에는 3년 이하의 징역 또는 포탈세액등의 3배 이하에 상당하는 벌금에 처한다.

① 포탈세액등이 3억원 이상이고, 그 포탈세액등이 신고·납부하여야 할 세액(납세의무자의 신고에 따라 정부가 부과·징수하는 조세의 경우에는

결정·고지하여야 할 세액을 말한다)의 100분의 30 이상인 경우
② 포탈세액등이 5억원 이상인 경우

(2) 회계부정 행위의 범위

회계부정 행위란 주식회사 등의 외부감사에 관한 법률 제39조 제1항에 따른 죄를 범하여 받은 벌금형(재무제표상 변경된 금액이 자산총액의 100분의 5 이상인 경우로 한정한다)을 받은 경우를 말한다. 주식회사 등의 외부감사에 관한 법률 제39조 제1항에 따른 죄란 상법 제401조의 2 제1항 및 제635조 제1항에 규정된 자나 그 밖에 회사의 회계업무를 담당하는 자가 제5조에 따른 회계처리기준을 위반하여 거짓으로 재무제표를 작성·공시하거나 감사인 또는 그에 소속된 공인회계사가 감사보고서에 기재하여야 할 사항을 기재하지 아니하거나 거짓으로 기재한 경우에는 10년 이하의 징역 또는 그 위반행위로 얻은 이익 또는 회피한 손실액의 2배 이상 5배 이하의 벌금에 처해진 것을 말한다.

다. 이자상당액의 계산

상속세및증여세법 제18조의3의 영농상속 공제를 받은 후에 상속인에 대한 조세포탈 또는 회계부정 행위에 대한 형이 확정되어 영농상속공제 받은 금액을 상속개시 당시의 상속세 과세가액에 산입하여 상속세를 부과할 때 다음과 같이 계산한 이자상당액을 그 부과하는 상속세에 가산한다(상증령 §15 ⑯).

$$\text{이자상당액} = \text{상속세} \times \text{국세환급가산금 이자율} \times \frac{\text{상속세 신고기한의 다음날부터 추징사유가 발생한 날까지의 시간}}{365}$$

Ⅲ. 영농상속재산가액의 계산

01 영농상속재산

가. 의의

영농상속공제를 적용하는 "영농상속 재산가액"은 소득세법을 적용받는 개인이 영위하는 개인 영농과 법인이 영위하는 법인 영농에 대한 요건을 구분하고 있다. 개인 영농과 법인 영농에서 규정한 영농상속공제의 요건을 갖춘 상속인이 받거나 받을 상속재산의 가액을 대상으로 공제한다(상증령 §16 ⑤). 이에 따라 영농상속 재산가액은 영농상속공제의 요건에 해당하는 다음의 재산에 대해 상속세 및 증여세법 제60조 제1항에 따라 평가한 가액을 적용한다.

나. 소득세법을 적용받는 개인 영농재산

개인 영농은 피상속인이 상속개시일 2년 전부터 영농에 사용한 다음의 자산을 대상으로 한다(상증령 §16 ⑤ 1호).

① 농지법 제2조 제1호 가목에 따른 농지

전·답, 과수원, 그 밖에 법적 지목(地目)을 불문하고 실제로 농작물 경작지 또는 다년생식물 재배지로 이용되는 토지를 말한다. 다만, 「초지법」에 따라 조성된 초지 등 대통령령으로 정하는 토지는 제외하고, 도시계획법상 주거지역에 편입된 농지인 경우에도 농지법 제2조 제1호 가목에 따른 농지에 해당하면 영농상속공제 대상 농지에 해당한다(재산상속 46014-1741, 1999.9.28.).

「초지법」에 따라 조성된 초지 등 대통령령으로 정하는 토지
① 「공간정보의 구축 및 관리 등에 관한 법률」에 따른 지목이 전·답, 과수원이 아닌 토지(지목이 임야인 토지는 제외한다)로서 농작물 경작지 또는 다년생식물 재배지로 계속하여 이용되는 기간이 3년 미만인 토지

② 「공간정보의 구축 및 관리 등에 관한 법률」에 따른 지목이 임야인 토지로서 「산지관리법」에 따른 산지전용허가(다른 법률에 따라 산지전용허가가 의제되는 인가·허가·승인 등을 포함한다)를 거치지 아니하고 농작물의 경작 또는 다년생식물의 재배에 이용되는 토지

③ 「초지법」에 따라 조성된 초지

② 초지법 제5조에 따라 초지조성허가를 받은 초지

③ 산지관리법 제4조 제1항 제1호에 따른 보전산지 중 산림자원의 조성 및 관리에 관한 법률 제13조에 따른 산림경영계획 인가 또는 같은 법 제28조에 따른 특수산림사업지구 사업(법률 제4206호 산림법중개정법률의 시행 전에 종전의 산림법에 따른 지정개발지역으로서 같은 법 부칙 제2조에 따른 지정개발지역에서의 지정개발사업을 포함한다)에 따라 새로이 조림한 기간이 5년 이상인 산림지(보안림·채종림 및 산림유전자원보호림의 산림지를 포함한다)

④ 어선법 제2조 제1호에 따른 어선

⑤ 내수면어업법 제7조, 수산업법 제7조에 따른 어업권(수산업법 제7조 제1항 제2호에 따른 마을어업의 면허는 제외한다) 및 양식산업발전법 제10조에 따른 양식업권(양식산업발전법 제10조 제1항 제5호에 따른 협동양식업의 면허는 제외한다)

⑥ 농업·임업·축산업 또는 어업용으로 설치하는 창고·저장고·작업장·퇴비사·축사·양어장 및 이와 유사한 용도의 건축물로서 부동산등기법에 따라 등기한 건축물과 이에 딸린 토지(해당 건축물의 실제 건축면적을 건축법 제55조에 따른 건폐율로 나눈 면적의 범위로 한정한다).

⑦ 소금산업진흥법 제2조 제3호에 따른 염전

다. 법인세법을 적용받는 영농(영농법인) 재산

피상속인이 영농법인을 영위한 경우에는 상속재산 중 그 법인의 주식등이 이에 해당한다. 주식 등은 해당 주식등의 가액에 그 법인의 총자산가액 중 상속개시일 현재 다음과 같은 사업무관자산을 제외한 자산가액이 그 법인의 총자산가액에서 차지하는 비율을 곱하여 계산한 금액에 해당하는 것을 말한다(상증령 §15 ⑤). 여기에서 사업무관자산은 가업상속공제의 요건과 동일하다.

① 법인세법 제55조의2(토지등 양도소득에 대한 과세특례)에 해당하는 자산
② 법인세법 시행령 제49조(업무와 관련이 없는 자산의 범위 등)에 해당하는 자산 및 타인에게 임대하고 있는 부동산(지상권 및 부동산임차권 등 부동산에 관한 권리를 포함한다)
③ 법인세법 시행령 제61조 제1항 제2호에 해당하는 자산(대여금)
④ 과다보유현금[상속개시일 직전 5개 사업연도 말 평균 현금(요구불예금 및 취득일부터 만기가 3개월 이내인 금융상품을 포함한다)보유액의 100분의 150을 초과하는 것을 말한다]
⑤ 법인의 영업활동과 직접 관련이 없이 보유하고 있는 주식, 채권 및 금융상품(④에 해당하는 것은 제외한다)

라. 영농상속재산에 대한 사례별 적용 방법

(1) 수용이 진행 중인 농지

상속개시전에 택지개발예정지구 지정 및 개발계획이 승인고시되었으나, 수용보상계약이 체결되지 아니한 농지도 상속개시일 현재 「택지개발촉진법」에 따른 택지개발예정지구로 지정된 지역의 농지를 포함한 영농상속재산의 전부를 상속인 중 영농에 종사하는 상속인이 상속받는 경우에는 영농상속공제를 적용받을 수 있다(법규-4080, 2008.09.29.). 또한, 피상속인의 상속개

시 전 국가의 토지수용이 진행 중인 농지를 영농 상속인이 상속받은 후 국가에 수용되는 경우 해당 농지는 사후관리대상에서 제외된다(상속증여 2020-1683, 2020.11.30.).

(2) 상속개시 전 8년 이내에 취득한 농지 및 임대용 농지

피상속인이 상속개시 전 8년 이내에 취득한 농지에 해당하거나 또는 상속개시일 8년 전부터 타인에게 임대한 농지는 영농상속공제의 적용대상이 되지 않는다.

(3) 영농인과 비영농인의 공동상속재산

영농에 종사하는 상속인이 공동으로 영농상속재산을 상속받는 경우에도 영농상속공제가 가능하며, 영농상속 요건을 갖춘 영농인과 비영농인이 농지를 공동으로 상속받은 경우에도 상속농지 중 영농인이 상속받은 지분비율 가액은 영농상속재산가액으로 본다(상속증여 2019-1116, 2020.04.13.).

(4) 상속개시지 외에 있는 농지 또는 영농에 사용되지 않는 농지

상속개시일 현재 피상속인의 주소지와 동일한 시·군·구(연접한 시·군·구 포함)에 소재하지 아니한 농지는 적용대상이 아니며 이를 제외한 농지를 대상으로 영농상속공제 적용대상 여부를 판단하며(서면4팀-1268, 2005.7.21.), 피상속인이 상속개시일 8년 전(2022.12.31. 이전 상속분은 2년전)부터 영농에 사용한 농지에 해당하지 아니하고 상속개시일 현재 사실상의 현황이 농지가 아닌 경우에는 이를 제외한다(상속증여-389, 2014.10.6.).

(5) 영농상속재산 중 일부를 영농종사 상속인이 상속받는 경우

영농상속공제는 한국표준산업분류에 따른 농업, 임업 및 어업을 주된 업종으로 영위하는 영농상속재산을 영농상속공제의 요건을 모두 갖춘 경우에 적용받을 수 있으며, 영농상속재산 중 농지의 일부만 상속받은 경우에도 적용받을 수 있다(상속증여-531, 2016.05.18.).

(6) 영농상속공제 적용 가능 전업 비율

영농상속공제는 피상속인이 상속개시일 2년 전부터 계속하여 농작물의 경작 또는 다년성 식물의 재배에 상시 종사하거나 농작업의 2분의1 이상을 자기의 노동력에 의하여 경작 또는 재배한 상속농지에 대하여 적용한다(상속증여 2015-75, 2015.03.24.).

(7) 영농상속공제를 받은 재산의 재상속에 따른 영농상속공제 적용기준

영농상속공제 받은 재산을 다시 상속받은 경우에 피상속인이 상속개시일 2년전부터 영농에 사용하지 아니한 자산은 영농상속공제의 적용대상에 해당하지 아니한다.

(8) 주거지역 내의 영농상속공제

영농상속재산인 「농지법」제2조 제1호 가목에 따른 농지라 함은 피상속인이 상속개시일 2년 전부터 영농에 사용한 전·답, 과수원, 그 밖에 법적 지목(地目)을 불문하고 실제로 농작물 경작지 또는 다년생 식물 재배지로 이용되는 토지를 말하는 것으로 주거지역내의 농지가 영농상속재산에 해당하는 농지인지 여부는 토지의 실질 사용현황 등 구체적인 사실을 확인하여 판단할 사항이다(재산-257, 2012.07.13.).

02 영농상속재산가액

가. 개요

상속세의 과세대상이 되는 재산은 국내외에 소재하는 모든 재산이 과세대상이다. 상속세 과세대상 재산을 평가하여 계산한 상속세 과세가액에서 공제되는 영농상속재산가액은 영농에 해당하는 개인사업과 법인사업을 구분하여 규정하고 있다(상증법 시행령 제15조 제5항).

나. 영농상속재산의 구분

(1) 개인영농

(가) 의의

피상속인이 개인으로서 「소득세법」을 적용받는 영농에 해당하는 경우에는 상속개시일 2년 전부터 영농에 사용한 자산의 가액을 적용한다. 이에 따라 상속개시일 현재 상속세 및 증여세법 제60조부터 제66조에 따라 평가한 가액을 적용한다.

개인 영농은 「소득세법」을 적용받게 되며, 영농 사업용 자산은 상속재산 중 연농에 직접 사용되는 농지 등으로서 해당 자산에 담보된 채무액을 뺀 가액으로 한다.

(나) 재산가액 평가방법

상속재산 및 증여재산은 상속세 및 증여세법 제60조(평가원칙)에 따라 시가에 의하여 평가한다. 시가로 평가할 때 사례가액이 확인되는 경우에는 사례가액으로 평가하고, 사례가액이 확인되지 아니하는 경우에는 세법에서 정하는 보충적평가방법에 따라 평가한다.

영농에 사용되는 농지 등의 가액 평가는 토지, 건축물, 기계장치 등에 대한 사례가액이 확인되는 경우에는 사례가액으로 평가하고, 사례가액이 확인되지 아니하는 경우에는 상속세 및 증여세법 제61조부터 제65조까지에서 규정한 해당 재산에 대한 보충적 평가방법으로 평가하며, 그 결과를 제66조에서 규정한 "저당권 등이 설정된 재산 평가의 특례"와 비교 평가하여 큰 금액으로 평가한다.

(2) 영농법인

(가) 개요

영농상속재산가액을 계산할 때 법인사업자는 영농조합법인, 농업회사법인으로 구분되어 상속재산 중 영농에 해당하는 출자지분이 이에 해당된다. 이에 따라 상속재산은 당해 법인이 보유하고 있는 토지와 건축물 등과 같은 자산을 대상으로 공제하는 것이 아니라 출자지분의 형태로 상속되므로 영농상속재산은 출자지분이 되는 것이다.

(나) 재산가액 평가방법

비상장회사는 상속세 및 증여세법 제60조(평가원칙)에 따라 시가에 의하여 평가하고, 제2항에서 규정한 사례가액이 있는 경우에는 사례가액으로 평가하며, 사례가액이 확인되지 아니하는 경우에는 제3항에서 규정한 보충적평가방법에 따라 결정한다. 비상장법인의 출자지분에 대한 보충적평가방법은 사업개시전 법인이나 사업개시후 3년 미만인 법인의 경우에는 과거의 수익가치를 반영하는 것이 불합리하므로 이러한 경우에는 예외적으로 순자산가치로 평가하며, 그밖의 비상장주식은 다음과 같은 보충적 평가방법에 따라 평가한다.

① 일반적인 법인(원칙)

$$1주당\ 가중평균액 = \frac{1주당\ 순손익가치 \times 3 + 1주당\ 순자산가치 \times 2}{5}$$

② 부동산과다보유법인

$$1주당\ 가중평균액 = \frac{1주당\ 순손익가치 \times 2 + 1주당\ 순자산가치 \times 3}{5}$$

③ 1주당 평가액 = Max[1주당 가중평균액, 1주당 순자산가치의 80%]

다. 영농상속재산가액의 적용

(1) 평가기준

주식 및 출자지분의 가액은 해당 법인의 1주당 가액에 보유주식수를 곱하여 계산한다. 해당 법인주식의 1주당 가액 속에는 가업에 해당하는 법인이 보유하고 있는 자산 중에 임대 목적으로 보유하고 있는 자산등 영농과 관련이 없는 사업무관자산이 포함되어 있을 수가 있다. 사업무관자산에 대해서는 가업상속공제를 배제하고 있어 법인기업의 경우에는 상속재산 중 영농에 해당하는 법인의 주식등의 가액 중 상속개시일 현재 사업무관자산을 제외한 자산가액이 차지하는 비율을 곱하여 계산한 금액에 해당하는 금액을 계산한다(상증령 §15 ⑤).

> 영농상속재산가액 = 주식평가액 × (1 - 사업무관자산 비율)

(가) 사망 등 조합원 자격요건을 충족하지 못할 경우

정관의 규정에 의하여 조합원이 사망하여 조합원의 자격을 충족하지 못할 경우 당해 조합원은 탈퇴 처리하며 조합원이 납입한 출자지분 금액을 반환하도록 규정하고 있는 경우와 같이 조합의 정관에 따라 반환받았거나 받기로 한 금액이 정하여진 경우에는 그 금액을 상속재산가액으로 할 수 있다(재산-124, 2009.09.03.).

Ⅳ. 영농상속공제 신청

영농상속공제를 받으려는 사람은 다음과 같이 영농상속사실을 증명할 수 있는 서류를 상속세 과세표준 및 세액신고서와 함께 납세지 관할세무서장에게 제출하여야 한다(상증법 §18의3 ②, 상증칙 §7 ②).

① 영농상속재산명세서
② 상속세및증여세법 시행령 제16조 제2항 제2호 나목에 따른 최대주주등에 해당하는 자임을 입증하는 서류
③ 농업소득세과세사실증명서 또는 영농사실증명서류
④ 어선의 선적증서사본
⑤ 어업권 면허증서사본
⑥ 영농상속인의 농업 또는 수산계열 학교의 재학증명서 또는 졸업증명서
⑦ 임업 및 산촌진흥촉진에 관한 법률에 의한 임업후계자임을 증명하는 서류

가. 이자상당액의 계산

상속세및증여세법 제18조의3의 영농상속 공제를 받은 후에 상속인에 대한 조세포탈 또는 회계부정 행위에 대한 형이 확정되어 영농상속공제 받은 금액을 상속개시 당시의 상속세 과세가액에 산입하여 상속세를 부과할 때 다음과 같이 계산한 이자상당액을 그 부과하는 상속세에 가산한다(상증령 §15 ⑳).

$$\text{이자상당액} = \text{상속세} \times \text{국세환급가산금 이자율} \times \frac{\text{상속세 신고기한의 다음날부터 추징사유가 발생한 날까지의 시간}}{365}$$

V. 영농상속에 대한 사후관리

01 5년간 영농상속재산의 처분제한 및 영농종사의무

가. 영농상속공제 부인액 계산

영농상속공제를 받은 상속인이 상속개시일부터 5년 이내에 정당한 사유 없이 다음의 어느 하나에 해당하면 영농상속공제를 받은 금액을 상속개시 당시의 상속세 과세가액에 산입하여 상속세를 부과한다. 이 경우에 상속세에 대한 이자상당액을 가산하여 상속세를 부과한다(상증법 §18의3 ④).
① 영농상속공제 대상인 영농상속재산을 처분한 경우
② 해당 상속인이 영농에 종사하지 아니하게 된 경우

이 경우에 영농상속재산의 일부를 처분한 경우(상속개시일 현재 상속세및증여세법에 의하여 평가한 가액을 기준)에 상속세 과세가액에 산입되는 금액은 다음과 같이 계산한다(상증통 18…3 ② : 서면-2020-법규재산-4153, 2022.06.22.).

$$\text{영농상속공제금액} \times \frac{\text{영농상속받은 재산 중 처분한 재산가액}}{\text{영농상속받은 재산가액}}$$

나. 이자상당액의 계산

사후관리기간(5년) 이내에 영농상속재산을 처분하거나 영농에 종사하지 아니한 경우에는 상속개시 당시의 상속세 과세가액에 산입하여 상속세를 산출하고 이에 대해 이자상당액을 가산하여 상속세를 부과한다(상증령 §16 ⑧).

$$\text{이자상당액} = \text{상속세} \times \text{국세환급가산금 이자율} \times \frac{\text{상속세 신고기한의 다음날부터 추징사유가 발생한 날까지의 시간}}{365}$$

02 정당한 사유

영농상속공제를 받은 상속인이 상속개시일부터 5년 이내에 정당한 사유 없이 영농상속재산을 처분하거나 영농에 종사하지 아니하게 된 경우에는 영농상속공제를 받는 것에 대하여 상속세를 부과하는 것을 원칙으로 한다. 그러나 다음과 같이 정당한 사유가 있는 경우에는 부과하지 아니한다(상증령 §16 ⑥). 영농상속의 사후관리기간(5년)의 계산에 있어 정당한 사유로 직접 영농에 종사하지 못하게 된 기간은 제외한다(상증통18의3-16…1).

① 영농상속받은 상속인이 사망한 경우
② 영농상속받은 상속인이 해외이주법에 의하여 해외이주하는 경우
③ 영농상속재산이 공익사업을 위한 토지 등의 취득 및 보상에 관한 법률 그 밖의 법률에 따라 수용되거나 협의 매수된 경우
④ 영농 상속받은 재산을 국가 또는 지방자치단체에 양도하거나 증여하는 경우
⑤ 영농상 필요에 따라 농지를 교환·분합 또는 대토하는 경우
⑥ 다음과 같은 사유로 상속인의 지분이 감소한 경우. 다만, 지분 감소 후에도 상속인이 최대주주등에 해당하는 경우로 한정한다.
  ㉠ 상속인이 상속받은 주식 등을 물납한 경우
  ㉡ 합병·분할 등 조직변경에 따라 주식등을 처분하는 경우. 다만, 처분 후에도 상속이이 합병법인 또는 분할신설법인 등 조직변경에 따른 법인의 최대주주등에 해당하는 경우에 한한다.
  ㉢ 해당 법인의 사업확장 등에 따라 유상증자할 때 상속인의 특수관계인 외의 자에게 주식등을 배정함에 따라 상속인의 지분율이 낮아지는 경우. 다만, 상속인이 최대주주등에 해당하는 경우에 한한다.
  ㉣ 상속인이 사망한 경우. 다만, 사망한 자의 상속인이 원래 상속인의 지위를 승계하여 가업에 종사하는 경우에 한한다.

ⓜ 주식등을 국가 또는 지방자치단체에 증여하는 경우

ⓗ 자본시장과 금융투자업에 관한 법률」제390조에 따른 상장규정을 충족하기 위해 지분이 감소되는 경우

⑦ ①부터 ⑥까지와 비슷한 경우로서 상속인이 법률의 규정에 의한 병역의무의 이행, 질병의 요양, 취학상 형편 등으로 농업·축산업·임업 및 어업에 직접 종사할 수 없는 사유가 있는 경우를 말한다. 다만, 영농상속받은 재산을 처분하거나 그 부득이한 사유가 종료된 후 영농에 종사하지 아니하는 경우에는 정당한 사유에서 제외되므로 상속세를 부과한다(상증칙 §6).

VI. 영농상속공제 적용 특칙

01 영농상속공제와 가업상속공제의 중복적용 배제

종전에는 영농상속공제를 받은 자가 가업상속공제 요건을 충족한 경우에는 가업상속공제 및 영농상속공제를 각각 적용받을 수 있었다(재재산 46014-90, 2001.3.29.). 그러던 것이 2008년 이후 상속분부터는 영농상속공제 대상 업종은 가업상속공제 대상 업종에서 제외하고 있어 중복하여 적용되지 않는다(상증령 §15 ①). 이에 따라 2016년 이후 상속분부터 동일한 상속재산에 대해서는 가업상속공제와 영농상속공제를 동시에 적용할 수 없도록 하였다(상증법 §18의 4).

02 영농상속공제와 배우자 상속공제의 중복적용 가능

배우자가 영농상속공제 요건을 충족하는 재산을 상속받은 경우 영농상속공제와 함께 배우자상속공제도 적용할 수 있다(법령해석과-1441, 2018.5.29.).

VII. 영농에 대한 조세지원과 절세전략

01 영농업종에 대한 차별적 가업승계 지원

가업상속공제와 가업승계에 따른 증여세 과세특례제도가 적용되는 가업은 상속세및증여세법에서 규정한 별표에 해당하는 업종에 대해 지원하되, 영농상속공제가 적용되는 영농(양축(養畜), 영어(營漁) 및 영림(營林)을 포함한다)을 주된 사업으로 영위하는 기업은 제외하고 있다. 또한, 조특법 제30조의6에서 규정한 가업의 승계에 따른 증여세 과세특례에 적용되는 가업도 가업상속공제가 적용되는 가업을 적용하도록 하고 있어서 영농상속공제가 적용되는 업종은 적용이 배제된다.

이에 따라 가업승계에 따른 증여세 과세특례와 가업상속공제의 적용대상 기업에는 작물재배업, 축산업, 어업 등의 업종을 영위하는 중소기업은 적용대상에 해당되지 아니한다.

02 피상속인·증여자 단계에서 발생한 평가차익에 대한 과세문제

가. 상속에 따른 피상속인 단계의 평가차익

가업상속공제가 적용된 자산의 평가차익을 계산할 때는 양도가액에서 공제하는 취득가액은 피상속인의 취득가액을 적용한다. 즉, 가업상속공제가 적용된 자산에 대한 양도소득세는 피상속인의 취득가액을 필요경비로 공제하므로 상속세는 감면되는 대신에 그에 따른 평가차익은 이월과세가 적용된다. 반면에, 영농상속공제가 적용된 상속재산을 양도하는 경우에는 상속개시일 현재의 상속세과세가액을 필요경비로 산입한다.

따라서, 영농상속공제가 적용된 재산에 대해서는 피상속인 단계에서 발생된 평가차익에 대해서는 이월과세를 하지 않아 피상속인 단계의 평가차익에 대해서는 과세를 하지 않는다.

나. 증여에 따른 증여자 단계의 평가차익

증여재산에 대한 평가차익을 계산할 때 양도가액에서 공제하는 필요경비는 증여일 현재의 증여재산가액을 적용한다. 이러한 원칙과는 달리 자경농민의 자녀에게 농지 등을 증여하는 경우에는 영농자녀가 증여세를 감면받은 농지 등을 양도한 경우에는 증여자가 그 농지 등을 취득한 날을 취득시기로 하여 필요경비를 공제한다. 따라서, 증여자단계에서 발생된 평가차익은 수증자에게 이월과세를 하게 된다.

이와 같이 영농자녀에게 농지 등의 증여로 증여세가 감면되거나 영농상속공제로 상속세가 감면된 재산을 8년 이상 직접 경작하고 양도하면 증여자 또는 피상속인 단계에서 발생된 평가차익에 대한 이월과세의 실효성은 대부분 상실될 수 있다.

다. 소결론

이상에서 살펴본 바와 같이 영농사업자에게 가업승계를 지원하기 위한 영농상속공제가 적용된 재산과 일반적인 기업을 대상으로 하는 가업상속공제가 적용된 재산에 대한 평가차익의 과세방법은 서로 상이하고 일관성이 없다. 또한, 가업승계를 지원하기 위한 증여의 경우에도 영농자녀에게 증여하는 농지등에 대해 증여세가 감면되는 경우에는 증여자 단계에서 발생된 평가차익에 대해서 이월과세가 적용되고, 가업승계에 따른 증여세 과세특례가 적용된 주식 등에 대해서는 증여자 단계의 평가차익에 대해서는 과세되지 아니한다.

영농사업자와 가업에 해당하는 사업자에 대한 과세방법의 차이를 두는 이

유는 영농사업자의 경우에는 보유자산 중에 토지 등 평가차익에 대한 과세대상 자산을 많이 보유하고 있기 때문이라고 생각된다. 영농상속공제의 경우에는 가업상속공제와는 다르게 평가차익에 대한 이월과세가 적용되지 아니하는 특이한 점이 있다.

Ⅷ. 영농상속공제의 활용방안

그동안 가업승계에 대해 조세지원을 할 때 영농상속공제가 적용되는 영농사업자와 가업상속공제와 가업승계에 대한 증여세과세특례가 적용되는 가업에 대해 구분하여 차별적으로 지원하는 것에 대해 통합할 것을 주장하는 연구가 있었다. 이 연구에 의하면 영농사업자에 대한 차별적 조세지원의 배경에는 양도소득세가 과세되는 자산을 많이 보유하고 있는 영농사업자에 대한 조세지원은 평가차익에 대한 과세 기회의 일실을 염두에 두고 있는 것으로 판단된다.

이러한 차별적 지원으로 규모가 큰 영농사업자에게는 불리한 측면이 있다. 반면에, 영농사업자에 대해서는 평가차익에 대한 이월과세가 되지 않는 점을 고려한다면 영농재산가액이 30억원 이하의 경우에는 유리한 측면이 있다.

이러한 점에서 보면, 가업의 승계에 대한 조세지원을 할 때 평가차익에 대한 이월과세를 주장하고 이러한 주장이 도입되고 정착된지 오랜 시간이 경과하였음에도 영농 업종을 구분하여 차별적 지원을 한 것에 대해서는 재평가가 필요하며, 통합을 통한 새로운 지원제도로 거듭날 필요가 있다.

제7절
가업승계를 위한 명의신탁주식 실명전환

I. 국세청도 발벗고 나선 차명주식 실명전환

01 조세회피목적 명의신탁에 대한 규제

재산의 소유관계를 실질소유자와 명의자가 다르게 표시하는 이른바, 명의신탁을 조세회피의 수단으로 악용하는 것을 방지하기 위해서 명의신탁재산에 대해 조세회피목적이 없는 한 벌과금 성격의 증여세를 과세하고 있다. 명의신탁을 조세회피 수단으로 악용하는 경우도 있지만, 과거에 상법에서는 법인을 설립할 때 발기인의 요건을 충족하거나 신용불량 등의 부득이한 사정으로 친인척 등의 명의를 빌리기도 하였다.

다른 사람의 이름을 빌린 명의신탁재산에 대해 증여세를 과세하고 있으나 오래 전에 이루어져서 그 사실을 입증할 서류가 미비하여 명의신탁주식을 실제소유자에게 환원하는 경우에 이를 인정받지 못하여 실제소유자에게 증여세가 부과되는 등 비정상을 정상화하는 과정에서 많은 어려움이 발생하고 있다.

02 명의신탁주식 실제소유자 확인제도 시행

국세청에서는 납세자의 불편사항을 발굴개선하기 위해 국세청과 대한상공회의소가 공동으로 공신력 있는 리서치 기관(한국갤럽)을 통해 설문조사를 하고, 「국민이 바라는 10대 세정개선 과제」 중에 명의신탁주식의 실명전환이 선정되었다. 주식의 명의신탁이 발생하게 된 배경에는 상법 제288조(발기인)에서 정하는 발기인의 요건에 맞추기 위해 주식의 일부를 가족, 친인척, 지인 등 타인 명의로 등재한 사례도 있었다.

이러한 원인으로 다른 사람으로 명의신탁한 중소기업에서 가업승계를 하고자 하여도 주식명의신탁 사실 입증에 어려움을 겪고 있어, 2014년 6월 23일부터 중소기업을 대상으로 복잡한 세무 검증절차를 거치지 아니하고 통일된 절차와 기준에 따라 간편하게 실제 소유자 여부를 확인하도록 개선함으로써, 실제소유자 환원에 따른 납세자의 과도한 불편과 부담을 해소하고, 명의신탁 입증 및 불복청구 등에 따른 납세협력비용이 감소하는 등 중소기업의 원활한 가업승계와 안정적인 기업경영 및 성장에 도움을 주기 위해 「명의신탁주식 실제소유자 확인제도」를 시행하고 있다.

국세청에서 시행하고 있는 「명의신탁주식 실제소유자 확인제도」는 중소기업으로서 다음과 같이 상법에서 정한 발기인 규정이 적용되었던 기간 내에 설립된 법인을 대상으로 하고 있다.

기간	'96.9.30. 까지	'96.10.1.~'01.7.23.	'01.7.24. 이후
발기인수	7인 이상	3인 이상	제한없음

이러한 국세청의 지원에도 불구하고 상법에서 정한 발기인 요건 이외에, 신용불량이 된 경우, 새로운 유상 증자 등으로 다른 사람의 명의를 빌렸지만 그 사유를 입증할 서류가 미비하거나 실명전환을 할 수 있는 방법을 알 수 없어 명의신탁주식을 실제소유자에게 환원하지 못하는 어려움을 겪기도 한다.

이러한 점을 고려하여 차명주식의 실명전환을 위해 명의신탁재산에 대한 증여의제에 대한 과세방법과 실명전환을 위한 방안에 대해 간략하게 정리한다.

Ⅱ. 명의신탁재산에 대한 증여의제

01 개요

권리의 이전이나 그 행사에 등기등이 필요한 재산의 실제소유자와 명의자가 다른 경우에는 그 명의자로 등기등을 한 경우에 그 재산의 가액을 실제소유자가 명의자에게 증여한 것으로 보아 증여세를 부과한다. 권리의 이전이나 그 행사에 등기 등이 필요한 재산은 부동산, 자동차, 선박, 주권, 사채권 등이 있으나 부동산은 부동산실명제의 시행으로 명의신탁재산에 대한 증여의제의 적용대상에서 제외하고 있다.

명의개서의 대상이 되는 재산으로는 주권이나 사채권 등이 있으나 명의신탁재산에 대한 증여의제 적용대상은 대부분 주식으로서, 차명주주에게 주식을 명의개서한 경우에는 벌과금 성격의 증여세를 과세한다.

02 명의신탁재산에 대한 증여의제 적용

가. 적용대상

명의신탁에 대한 증여의제 규정을 적용하기 위해서는 등기 등이 필요한 재산의 실제소유자와 명의자가 다른 경우에 적용된다. 이 경우에 과세처분의 적법 여부를 다투는 소송의 경우에는 실제소유자와 명의자가 다르다는 점을 입증할 책임은 과세관청에 있다.

나. 증여의제 적용 제외

재산의 실제소유자와 명의자가 다른 경우에도 다음의 사유에 해당하는 경우에는 증여의제 적용대상에서 제외한다.

① 조세 회피의 목적 없이 타인의 명의로 재산의 등기등을 하거나 소유권을 취득한 실제소유자 명의로 명의개서를 하지 아니한 경우
② 자본시장과 금융투자업에 관한 법률에 따른 신탁재산인 사실의 등기등을 한 경우
③ 비거주자가 법정대리인 또는 재산관리인의 명의로 등기등을 한 경우

03 조세회피목적과 적용 예시

가. 조세회피목적의 의미

명의신탁재산에 대한 증여의제는 명의신탁을 조세회피의 수단으로 악용하는 것을 방지하기 위해서 명의신탁재산에 대해 조세회피목적이 없는 한 증여세를 과세한다. 이 경우에 조세회피목적이 있었는지 여부에 대해서는 실질적으로 조세를 회피한 사실이 있는 경우뿐만 아니라 조세회피의 개연성이 있는 경우까지를 포함하여 판단하고 있다.

조세회피의 목적이 없었다는 점에 관하여는 그 입증책임을 명의자(납세자)에게 있다. 이 때 조세 회피 여부를 판단하는 조세의 범위를 국세 및 지방세와 관세법에 규정된 관세를 말한다.

나. 조세회피목적의 사례 예시

명의신탁재산에 대하여 증여의제로 과세할 때 조세 회피 목적에 대한 헌법재판소에서 위헌성 여부를 결정할 때 헌법재판소(2004헌바40, 2005.06.30.)에서는 조세 회피의 대상을 다음과 같이 예시하고 있다.

① 증여세
② 명의신탁에 의하여 재산이 없는 상태를 허위로 작출하고 결손처분을 받아 조세의 납부를 면탈하는 경우
③ 명의신탁을 이용하여 주식을 미리 상속인에게 이전하여 상속세를 회피하는 경우
④ 주식의 소유를 분산함으로써 주식배당소득에 대한 합산과세를 회피하는 경우
⑤ 소득세법에 의하여 자산총액 중 토지, 건물 및 부동산에 관한 권리의 가액 합계액이 50% 이상인 법인과 주식 등의 합계액이 차지하는 비율이 50% 이상인 법인에 대하여 과점주주가 당해 법인의 주식을 50% 이상 양도하는 경우에 발생하는 양도소득에 대하여 누진적 양도소득세율이 적용되는 것에 대하여 명의신탁을 통하여 과점주주의 지위를 벗어나면 누진적 소득세부담을 경감, 회피하는 경우
⑥ 지방세법에 의하여 비상장법인의 주식 또는 지분을 취득하여 과점주주(51% 이상)가 되는 것을 방지하면 과점주주로서 주식취득에 대하여 부담할 취득세를 회피하는 경우
⑦ 정상거래를 가장한 부의 이전을 방지하기 위해 세법에서는 특수관계자의 범위를 규정하고 있는데 명의신탁을 이용하여 특수관계자가 되는 범위를 벗어나게 되면 상속세및증여세법상 특수관계자에게 적용되는 각종 조세회피방지규정들, 예컨대 저가양도 및 고가양수, 부동산무상사용, 무상금전대부, 합병, 증자 및 감자, 전환사채 발행 등을 통한 이익에 대해서 증여세를 부과하는 규정들을 회피하여 상속세와 증여세를 회피할 수 있으며, 소득세법, 법인세법, 부가가치세법 등에 존재하는 특수관계자에게 적용되는 조세회피방지규정을 회피하여 소득세, 법인세, 부가가치세 등의 회피

⑧ 법인의 재산으로 그 법인에게 부과되거나 그 법인이 납부할 국세·가산금·체납처분비에 충당하여도 부족한 경우에는 그 부족액에 대하여 당해 법인의 발행주식총수의 100분의 51 이상의 주식을 소유한 과점주주가 부족액에 지분율을 곱하여 산출한 금액에 대하여 제2차납세의무를 지도록 되어 있는데 명의신탁을 통하여 제2차납세의무자가 되지 않도록 하거나 지분율을 줄여 조세를 회피 또는 경감

다. 조세회피목적이 없는 경우 예시

실제소유자 명의로 명의개서를 하지 아니한 경우로서 다음의 어느 하나에 해당하는 경우에는 조세 회피 목적이 있는 것으로 추정하지 아니한다(상증법 §45의2 ③).

① 매매로 소유권을 취득한 경우로서 종전 소유자가 소득세법 제105조(양도소득과세표준 예정신고) 및 제110조(양도소득과세표준 확정신고)에 따른 양도소득 과세표준신고 또는 증권거래세법 제10조에 따른 신고와 함께 소유권 변경 내용을 신고하는 경우
② 상속으로 소유권을 취득한 경우로서 상속인이 다음의 어느 하나에 해당하는 신고와 함께 해당 재산을 상속세 과세가액에 포함하여 신고한 경우. 다만, 상속세 과세표준과 세액을 결정 또는 경정할 것을 미리 알고 수정신고하거나 기한 후 신고를 하는 경우는 제외한다.

III. 과세요건

01 납세의무자

 명의신탁재산에 대한 증여의제는 그동안 명의수탁자 명의로 과세하고, 명의신탁자에게는 연대납세의무를 부여하였다. 이러한 과세방식으로 명의신탁자는 탈루세액의 추징 등을 우려하여 명의신탁재산의 양성화를 기피하였고, 명의수탁자도 증여세 납세의무자가 되는 것을 우려하여 명의신탁사실을 은폐하게 되었다. 이러한 점을 보완하기 위해 2019년 1월 1일 이후 증여의제분부터는 명의신탁재산의 증여의제에 따라 재산을 증여한 것으로 보는 경우에는 실제소유자가 해당 재산에 대하여 증여세를 납부하도록 하였다(상증법 §4의2 ②). 이러한 개정으로 명의수탁자에게는 별도의 증여세 납세의무 및 연대납세의무는 없게 되었다.

02 증여의제가액 및 과세표준 계산

가. 증여의제가액의 계산

 명의신탁한 재산에 대한 증여의제 가액은 제3자 명의로 등기 등을 한 경우에는 그 제3자 명의로 등기 등을 한 날을 기준으로, 장기 미명의개서 재산은 소유권취득일을 기준으로 상속세및증여세법 제60조부터 제66조까지의 규정에 의하여 평가한 가액을 증여의제가액으로 한다(상증법 §45의2 ①).

나. 증여세 과세표준의 계산

(1) 원칙

 명의신탁재산의 증여의제규정에 의하여 증여세가 과세되는 경우에는 명의신탁을 이용한 조세회피를 방지하기 위하여 증여재산공제를 배제하고 증여세 과세표준을 계산한다. 명의신탁재산에 대한 증여의제에 해당하여 증여세가 과세되는 경우에 증여세 과세표준은 당해 명의신탁재산의 금액에서 증여재산의 감정평가수수료를 뺀 금액으로 한다(상증법 §55 ①).

(2) 동일인의 다른 증여재산과 합산과세 배제

동일인에 대한 명의신탁재산가액은 그동안 합산과세를 하였다. 이러한 과세방식에 대해 2019.1.1.이후 증여의제분부터는 상속세및증여세법 제47조 제1항에 따른 합산배제증여재산으로 규정하여 동일인으로부터 해당 증여일 전 10년 이내의 다른 증여재산과 합산과세를 하지 아니한다(상증법 §47 ①).

03 증여의제 시기

가. 원칙

권리의 이전이나 그 행사에 등기 등이 필요한 재산에 있어서 실제소유자와 명의자가 다른 경우의 증여의제 시기는 원칙적으로 그 명의자로 등기·등록·명의개서 등을 한 날에 증여한 것으로 본다. 주식을 제3자 명의로 명의개서한 경우에는 그 명의개서를 한 날이 증여시기가 되는 것이며, "명의개서를 한 날"이라 함은 상법 제337조에 따라 취득자의 주소와 성명을 주주명부(자본시장과 금융투자업에 관한 법률 제316조에 따른 실질주주명부를 포함한다)에 기재한 때를 말한다(상증칙 §45의2-0…3).

나. 장기 미명의개서 재산

납세자가 매매 등에 의하여 주식의 소유권을 취득한 경우로서 장기간 취득자의 명의로 미개서한 것에 대해서는 소유권취득일이 속하는 연도의 다음 연도 말일까지 실제소유자로 명의개서를 하지 아니한 경우에는 그 다음 날을 증여의제시기로 본다. 예를 들어, 2023.5.1.에 소유권을 취득한 주식을 2024.12.31. 까지 양수자 명의로 명의개서를 하지 않은 경우에는 2025.1.1. 명의자(양도자)가 실제 소유자(양수자)로부터 증여받은 것으로 본다.

다. 주주명부 또는 사원명부가 작성되지 아니한 경우

주주명부 또는 사원명부가 작성되지 아니한 경우에는 법인세법 제109조 제2항 및 제119조에 따라 납세지관할세무서장에게 제출한 주주 등의 명세 및 주식등변동상황명세서에 의하여 명의개서 여부를 판정한다(상증법 §45의2 ④). 이 경우 증여일은 증여세 또는 양도소득세 등의 과세표준신고서에 기재된 소유권이전일을 우선 적용하고, 그 다음 순서로 주식등변동상황명세서에 기재된 거래일을 적용한다.

라. 명의신탁된 상장주식

상장주식의 경우에는 명의개서 등을 한 날에 증여받은 것으로 본다. 상장주식의 경우에 명의개서를 한 날이란 상법 제337조의 규정에 의하여 취득자의 주소와 성명을 주주명부(증권거래법 제174조의 8의 규정에 의한 실질주주명부 포함)에 기재를 한 때를 말하는 것이다(상증통 §41의2-0-3). 여기서 "실질주주명부"는 발행법인 등이 배당 등을 위하여 주주명부를 폐쇄하는 경우 폐쇄기준일 현재 주주의 성명·주소·주식의 종류와 수량을 증권예탁원으로부터 받아 작성하는 주주명부를 말한다(집행기준 §45의2-0-9).

마. 유상증자된 신주

타인명의로 명의신탁된 주식에 대하여 유상증자로 인하여 교부받은 신주를 그 타인명의로 명의개서 하는 것은 새로운 명의신탁에 해당하며, 증여시기는 명의개서일이다(서면4팀-1976, 2007.06.25.).

IV. 명의신탁주식 실명전환 방법

01 명의신탁주식 실제소유자 확인제도

가. 개요

국세청에서는 과거 상법상 발기인 규정으로 인해 법인 설립시 부득이하게 주식을 다른 사람 명의로 등재하였으나 명의신탁을 하고 장기간 경과되어 이를 입증하기 어렵고 세금부담 등을 염려하여 실제소유자 명의로 환원하지 못하는 경우가 있다고 판단하고 있다. 이러한 경우에 대해 상법상의 발기인 요건으로 명의신탁재산이 발생한 경우에 다소 증빙서류가 미비하더라도 복잡한 세무 검증절차를 거치지 않고, 신청서류와 국세청 보유자료 등을 활용하여 간소한 절차로 명의신탁주식의 환원이 이루어지도록 하고 있다.

이 제도는 국세청에서는 통일된 절차와 기준에 따라 간편하게 실제 소유자 여부를 확인할 수 있도록 상속세 및 증여세법 사무처리규정 제12조에서 그 대상과 절차를 규정하고 있다.

나. 명의신탁주식 실제소유자 확인신청 요건

(1) 실제소유자 확인 신청자

주주명부에 다른 사람 명의로 등재한 명의신탁주식을 실제소유자 명의로 환원하는 실제소유자가 신청할 수 있다. 확인신청서 접수관할세무서는 신청인(실제소유자)의 주소지(주소지가 불분명한 경우에는 거소지로 한다) 관할세무서장(재산세과장)에게 제출하여야 한다.

(2) 대상자 요건

명의신탁주식 실제소유자 확인신청 대상자 요건은 다음의 요건을 모두 충족하여야 한다.

① 주식발행법인이 2001년 7월 23일 이전에 설립된 법인으로「조세특례제한법시행령」제2조에서 정하는 중소기업에 해당할 것
② 실제소유자와 명의수탁자(실명전환 전 주주명부 등에 주주로 등재되어 있던 자로서 국내에 주소를 두고 있는 거주자를 말한다)가 법인설립 당시 발기인으로서 설립 당시에 명의신탁한 주식을 실제소유자에게 환원하는 경우일 것
③ 설립 당시 명의신탁주식에는 법인설립 이후에 주주배정방식으로 배정된 신주(기존주주가 실권 없이 인수하는 증자하는 이른바, 균등증자, 무상증자 또는 주식배당을 원인으로 증자한 경우를 포함한다)를 원인으로 명의수탁자가 새로이 취득한 주식을 포함한다.

다. 실제소유자 확인신청 및 처리절차

주주명부에 실명으로 명의개서(전환)한 자는 다음의 서류를 준비하여「명의신탁주식 실제소유자 확인신청서」를 주소지 관할세무서(재산세과)에 제출하여야 한다.

① 중소기업등 기준검토표
② 주식발행법인이 당초 명의자와 실제소유자 인적사항, 실명전환(명의개서)일, 실명전환주식수 등을 확인하여 발행한 주식 명의개서 확인서. 이 경우 주식발행법인에는 명의개서대행기관에 주식을 예탁한 경우에는 명의개서 대행기관을 포함한다.
③ 주식등을 명의신탁한 사유·경위 등에 관한 실제소유자와 명의수탁자의 확인서 또는 진술서 및 명의수탁자의 신분증 사본

라. 세무서장의 실제소유자 확인

세무서장(재산제세 담당과장)은 실제소유자가 신청한 신청서의 기재내용과 제출된 서류 등을 근거로 사실관계를 확인하여 현장확인 등의 절차를 거치지 아니하고 실제소유자 여부를 판정하여 처리할 수 있다. 다만, 실제소유자(신청인)가 신청한 경우로서 실명전환 주식가액이 20억원 이상거나 신청서 및 제출 서류만으로 실제소유자 여부가 불분명한 경우에는 명의신탁주식 실명전환 자문위원회의 자문을 받아 실제소유자 인정여부를 결정한다.

마. 실제 소유자 확인신청 처리 흐름도

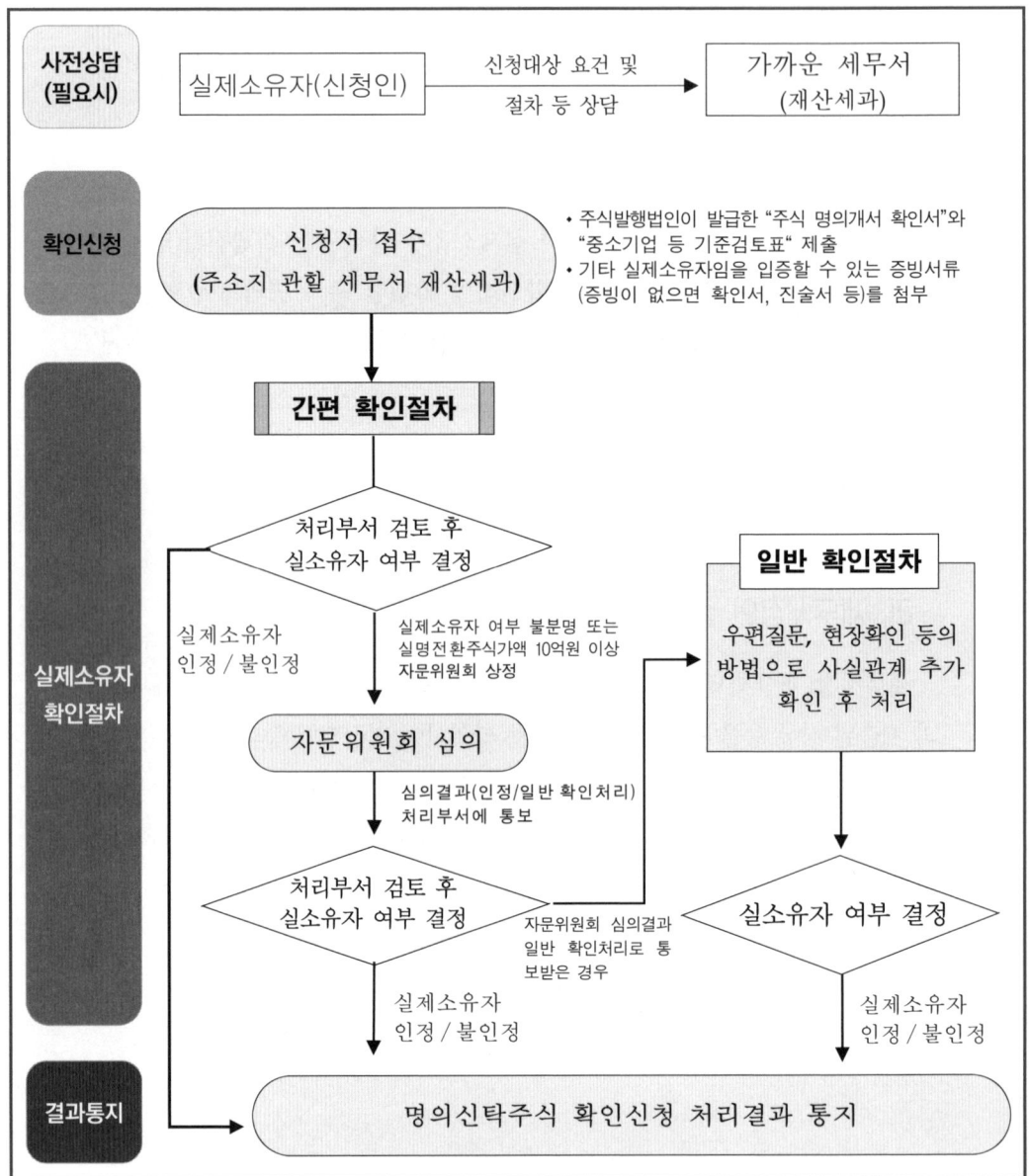

02 명의신탁주식 실제소유자 확인제도 요건 미충족시의 실명전환

가. 적용대상

국세청에서 시행하고 있는 '명의신탁주식 실제소유자 확인제도'는 일정한 요건이 충족되는 경우에 통일된 절차와 기준에 따라 간편하게 실제소유자 여부를 확인하고, 실제소유자 여부가 불분명하거나 허위신청 혐의가 있는 경우에는 현장확인 및 실지조사 등 정밀검증을 통하여 판단한다. 이러한 제도에 따라 실제소유자로 확인받은 경우에도 당초 명의신탁에 대한 증여세 납세의무 등이 면제되는 것은 아니다.

적용대상도 상법에서 발기인 요건을 규정한 2001.7.23. 이전에 설립한 법인을 대상으로 하고 있고, 이러한 주식도 최초 명의신탁이 이루어지고 다른 주주에게 매매나 상속·증여 등의 사유로 명의신탁한 경우, 불균등 유상증자(주주배정방식으로 균등배정된 신주는 제외)가 이루어진 경우에도 새로운 명의신탁에 해당하므로 국세청의 실제소유자 확인제도의 적용대상에 해당하지 않는다.

이러한 주식도 가업승계를 준비하는 과정에 애로사항을 겪고 있는 것은 마찬가지이다. 실제소유자 환원에 따른 명의신탁사실의 입증은 국세청이 지원하고 있는 실제소유자 확인제도를 준용하여 실명전환을 할 필요가 있다. 명의신탁 사실을 입증하면서 조세회피 목적이 없다는 것을 입증하거나 증여세 등의 부담세액의 범위, 제척기간 경과 여부 등을 다양한 사정을 고려하여 실제소유자로 환원해야 할 것이다.

나. 명의신탁주식 입증방법

중소기업에서 주식을 차명으로 장기간 보유하게 되면 시간의 경과로 차명주식이라는 것을 입증하는 자료를 찾을 수 없는 경우가 대부분이다. 그렇지만 그동안 겪어본 사례에 의하면 실제소유자는 명의신탁주식의 발생 원인과 그 경과를 누구보다 잘 알고 있어 그 사실에 근거해서 다양한 방법으로 입증할 수 있다.

예를 들어, 회사 설립 당시에 신용불량자 등과 같이 타인의 명의를 빌릴 수밖에 없었던 사정, 경영하던 법인으로는 현실적으로 경영할 수 없어 새로운 법인을 차명으로 설립할 수밖에 없었던 사정, 자본금의 불입 내용, 회사의 경영권 행사 내용, 배당금의 지급 등 명의신탁주식의 발생과 경과에 대한 사실관계를 정리하여 실제소유자를 입증할 수 있을 것이다.

그러한 입증이 부족한 경우에는 실제소유자가 명의수탁자를 상대로 주식반환에 관한 소의 제기, 명의신탁 당시 공증받은 주식 등의 명의신탁약정서, 공증이 있는 주주명부에 실제소유자가 질권을 설정한 경우 등 다양한 방법의 입증이 필요하다.

V. 명의신탁 해지 및 실명전환에 따른 납세의무

01 명의신탁해지와 관련된 납세의무

가. 명의신탁해지의 정의

명의신탁의 해지란 권리의 이전이나 그 행사에 등기 등이 필요한 재산에 있어서 명의수탁자 명의로 되어 있는 공부상의 소유명의를 명의신탁자인 실제소유자 명의로 환원하는 것을 말한다.

나. 실소유자 환원에 대한 증여세 비과세

타인명의로 명의신탁한 주식을 명의신탁 해지하여 그 주식의 실제소유자인 위탁자 명의로 환원하는 경우 그 환원하는 것은 증여세가 과세되지 아니하나, 주식의 명의신탁과 신탁해지에 따른 주식환원에 해당하는 지는 명의신탁약정서, 배당금 수령내역, 주금납입사실 증명 및 증자대금의 출처 등 객관적인 증빙자료에 의하여 구체적으로 사실확인하여 판단할 사항이다(재산-164, 2012.04.30.). 따라서, 명의신탁주식의 실명전환을 빌미로 실질소유자 외의 자에게 무상으로 명의이전하는 경우에는 그 명의를 이전한 날에 실질소유자가 그 명의를 이전받은 자에게 증여한 것으로 보아 증여세를 과세한다(상증통 §41의2-0⋯ 2).

다. 실소유자 명의변경에 대한 양도소득세 비과세

명의신탁된 재산을 실제소유자 명의로 환원할 때 매매 등 형식 불문하고 환원하는 것에 대하여는 양도소득세는 과세되지 않고, 명의신탁된 재산이 사실상 유상으로 이전되는 때에는 양도에 해당되어 양도소득세가 과세된다. 양도소득의 계산에 있어서 당해 자산의 취득시기는 실지소유자 명의로의 환원여부에 불구하고 당초 명의자 명의로 취득할 때가 취득일이 된다(서면4팀 -2370, 2005.11.30.).

라. 증권거래세의 비과세

증권거래세법 제1조에 따른 주권을 증권거래세법 제2조 제3항에 따라서 계약상 또는 법률상의 원인에 의하여 유상으로 소유권을 이전한 경우가 아니라면, 증권거래세 과세대상이 아니다. 따라서 명의신탁의 해지는 증권거래세가 과세되지 아니한다.

02 명의신탁재산의 실명전환에 따른 납세의무

가. 명의신탁재산에 대한 증여세 검토

실제소유자가 명의신탁주식을 실명전환하는 것으로 입증되면 상속세 및 증여세법 제45조의2에 따른 명의신탁재산에 대한 증여의제에 적용된다. 이 경우에 당초 주식을 명의신탁할 당시에 조세를 회피할 목적이 있었는지 여부 등에 따라 명의신탁재산에 대한 증여의제를 적용하여 증여세 과세여부를 검토해야 한다. 명의신탁재산에 대한 증여의제는 법인 설립 이후에 매매 또는 증여를 통해 명의를 이전하거나 유상증자를 한 경우에는 각 단계별로 적용된다.

나. 배당에 따른 종합소득세

명의신탁주식을 실제소유자에게 실명전환하는 것으로 확인된 경우로서 당초 명의신탁일부터 실명전환일까지의 기간 중에 주식발행법인이 배당(무상증자를 포함한다)한 사실이 있는 경우에는 그 배당금에 대한 원천징수 및 종합소득세 신고여부 등을 확인하고 배당일이 속하는 사업연도에 실제소유자의 소득세를 재계산하여야 한다.

이 경우 해당 연도에 실제소유자에게 귀속되는 이자·배당소득 규모와 당해 주식발행법인의 배당소득 외에 다른 배당소득 또는 이자소득이 있는지 등을 확인하여 금융소득 종합과세 대상자에 해당하는지 여부를 검토하여 종합소득금액을 재계산하여야 한다.

다. 지방세법에 의한 과점주주의 간주취득세

지방세법에서는 법인의 주식 또는 지분을 취득함으로써 지방세법 제22조 제2호에서 규정한 과점주주가 된 때에는 그 과점주주는 당해 법인의 부동산,

차량, 기계장비·입목·항공기·선박·광업권·어업권·골프회원권·승마회원권·콘도미니엄회원권 또는 종합체육시설이용회원권을 취득한 것으로 본다(지방세법 §105 ⑥). 법률에 의하여 주주권을 행사할 수 없는 경우에는 과점주주로서의 형식상 요건인 지분율 요건을 충족한 경우라고 하더라도 주주권을 실질적으로 행사할 수 있는 자에 해당되지 아니하여 간주취득세 납세의무를 부담하지 아니한다는 것으로 판결하였다(대법원 2018.11.9. 선고 2018두49376 판결). 따라서, 실제 소유자 명의로 실명전환하는 경우에는 간주취득세 과세대상에서 제외하고 있다.

라. 증여의제 적용에 따른 가산세

(1) 증여의제 적용에 따른 일반무신고가산세 적용

상속세및증여세법 제45조의2는 타인 명의로 재산을 취득하는 행위(명의신탁) 자체가 과세요건이 되는 것이므로, 법 제45조의2의 증여세를 회피하기 위해 명의신탁을 한다는 것은 논리적으로 성립할 수 없다.

상속세및증여세법 제45조의2를 적용함에 있어서 주식 명의신탁행위는 과세요건이지, 법 제45조의2에 의한 증여세를 회피하기 위한 행위, 즉, 조세(증여세)의 부과와 징수를 불가능하게 하거나 현저히 곤란하게 하는 위계 기타 부정한 적극적인 행위에 해당하지 않는다(대법원 2018.3.29. 선고 2017두69991 판결).

따라서, 명의신탁 외에 다른 적극적인 행위가 없이 단지 주식 명의신탁과 같은 명의위장 사실만 있는 경우에는 부정행위가 되지 않는다는 것이 판례의 입장이다.

(2) 명의신탁에 따른 부수행위에 대한 신고불성실가산세의 적용

주식 명의신탁행위와 이에 뒤따르는 부수행위를 조세포탈의 목적에서 비롯된 부정한 적극적인 행위로 볼 수 없다는 이유로, 처분청이 한 이 사건 양도소득세 부당무신고가산세 부과처분 중 일반무신고가산세액을 초과하는 부분과 이 사건 종합소득세 부당과소신고가산세 부과처분 중 일반과소신고가산세액을 초과하는 부분은 위법하다(대법원 2017.4.13. 선고 2015두44158 판결).

03 부과제척기간

가. 개요

납세자가 세금을 신고기한 내에 신고하지 않으면 과세당국에서는 신고기한의 다음 날부터 세금을 확정하여 부과할 수 있다. 정부가 세금을 부과할 수 있는 국세의 부과기간은 국세기본법에서 정하고 있으며, 이를 조세부과의 제척기간이라고 한다.

국세의 부과제척기간은 대부분 신고기한의 다음 날부터 5년을 원칙으로 한다. 다만, 사기나 기타 부정한 방법으로 세금을 포탈한 경우에는 10년, 세금을 신고하지 않은 경우에는 7년의 제척기간으로 하며, 상속세·증여세 경우에는 신고기한의 다음 날부터 10년이며, 사기나 기타 부정한 방법으로 상속세·증여세를 포탈하거나 무신고한 경우에는 15년이다.

이에 따라 명의신탁재산의 증여의제에 해당하는 경우에는 15년이 원칙이나 2020년부터는 증여재산가액이 50억원 이상인 경우에는 안 날로부터 1년 이내로 사실상 부과제척기간이 없다고 할 수 있다. 이 경우에도 2020년 이전에 제척기간이 만료된 경우에는 제외하도록 하고 있다.

[상속세·증여세 부과제척기간 개정연혁]

적용시기	부과제척기간
1995년~1999년	원칙 : 10년, 예외 : 무신고, 허위신고, 신고누락, 부정한 방법은 15년
2000년 이후	원칙 : 10년 예외 : 무신고, 허위신고, 신고누락, 부정한 방법은 15년 예외 : 증여(상속)가 있음을 안날로부터 1년 이내(재산 합계 50억원 초과)
2013년 이후	원칙 : 10년 예외 : 무신고, 허위신고, 신고누락, 부정한 방법은 15년 예외 : 제3자의 명의 피상속인 또는 증여자의 재산을 상속인 또는 수증자가 보유하고 있거나 그 자의 명의로 실명전환을 한 경우 증여(상속)가 있음을 안날로부터 1년 이내(재산 합계액 50억원 초과)
2020년 이후	명의신탁재산의 증여의제에 해당하는 경우로서 증여재산가액이 50억원 이상인 경우에는 안날로부터 1년 이내(2020년 이전에 제척기간이 만료된 경우 제외)

※ 부과제척기간은 부과할 수 있는 날로부터 기산한다. 상속세·증여세의 경우에 부과할 수 있는 날은 신고기한 다음날이다.

나. 제척기간 만료된 경우

명의신탁재산에 대한 증여의제는 차명으로 명의개서한 날이 속하는 달의 말일부터 3개월 이내에 신고하여야 한다. 이에 따라 국세기본법 제26조의2에서 규정한 명의신탁재산에 의한 증여세의 부과제척기간은 신고기한의 다음 날부터 15년이고, 2020년부터는 증여재산가액이 50억원 이상인 경우에는 안 날로부터 1년 이내로 사실상 부과제척기간이 없다고 할 수 있다.

명의신닥재산에 대한 증여의제에 대해 증여세를 부과할 때 부과제척기간이 만료된 경우에는 부과할 수 없다. 이에 따라 장기간에 걸쳐 차명으로 보유하다가 실명전환하는 경우에는 증여세를 부과할 수 없다. 이러한 사실을 잘 모르는 납세자는 국세의 부과제척기간이 경과한 이후에도 차명주식을 실명전환하기 위해 매매를 가장하는 거래를 하거나 증여를 통하여 거래하기도 한다. 이러한 행위는 새로운 명의신탁이 될 수 있으므로 금융자료, 거래의 정황, 소송 등 각자의 사정에 따른 입증서류를 준비하여 실명전환을 하는 것이 바람직하다.

제8절

비상장주식 평가기준

사례연구

한대표는 비상장주식의 평가에 대해서 매우 궁금해 하고 있다. 한대표는 한 때 자산이 성장시킨 가나산업(주)의 상장을 고려한 적이 있었다. 그 때 들은 바로는 신규공모(IPO)할 때 주식의 발행가격은 증권회사에서 결정하는데, 본질가치에 의해서 평가한다고 하기도 하고, 주가배수모형 등을 이용하기도 한다고 한적이 있어서 주식가치를 자율적으로 평가를 해도 되는지 매우 궁금해 한다. 상장회사 주식의 경우에는 시장에서 자유롭게 거래되기 때문에 평가를 하는 것은 어렵지 않으나 가나산업(주)과 같이 아직 상장하지 아니한 비상장주식의 경우에는 주식가액을 어떻게 평가해야 하는지 조언을 구하고 있다.

컨설팅 방향

가업승계를 할 때 적용되는 주식의 평가방법은 상속세 및 증여세법에서 정하는 방법에 따라 평가하여야 한다. 이 법에서 정하고 있는 주식의 평가는 원칙적으로 시장에서 거래되는 사례가액으로 평가한다. 그러나 비상장주식의 경우에는 그 주식을 발행한 기업에 대한 정보가 폐쇄적이고, 주식의 거래도 시장에서 자유롭게 거래되지 않기 때문에 사례가액으로 평가할 수 있는 경우는 매우 드물다. 이에 따라 상속세 및 증여세법에서 정하는 시가의 적용 순서와 결정방법을 제시한다.

01 평가원칙

가. 시가 정의

상속재산이나 증여재산의 평가는 상속세 및 증여세법에서 규정하고 있다. 이 때 상속세 또는 증여세가 부과되는 재산의 가액은 상속개시일 또는 증여일(이하 "평가기준일"이라 한다) 현재의 시가에 따른다."고 규정하고 있다. 이 때 시가는 불특정다수인 사이에 자유롭게 거래가 이루어지는 경우에 통상적으로 성립된다고 인정되는 가액을 말한다(상증법 제60조 제2항).

나. 시가의 적용 순서

시가의 평가는 시가의 정의에 따라 평가기준일 현재의 각 개별 상속재산이나 증여재산의 가액을 평가하여야 한다. 상속세 및 증여세법에서는 ① 평가기준일 전·후 6개월(증여재산의 경우에는 평가기준일 전 6개월부터 평가기준일 후 3개월)의 해당 재산의 사례가액을 우선 적용하도록 하고 있고, ② 평가기간 내에 사례가액이 확인되지 아니한 경우에는 평가기간 이외의 사례가액을 확인하여 적용한다. ③ 그래도 해당 재산과 관련된 사례가액이 확인되지 아니한 경우에는 그 재산과 유사한 재산의 사례가액을 확인하여 시가로 적용할 수 있다.

이와 같은 사례가액이 확인되지 아니한 경우에는 상속세 및 증여세법에서 각 재산의 종류별로 정하는 보충적 평가방법을 적용하여 평가하여야 한다.

(1) 평가기간내의 사례가액의 적용

시가는 불특정다수인 사이에 자유롭게 거래가 이루어지는 경우에 통상적으로 성립된다고 인정되는 가액을 말하는데 현실적으로 개별 재산에 대한 객관적인 가치를 측정하는 것은 쉽지 않다. 시가 평가는 원칙적으로 평가기준일 현재의 가치를 평가하는 것이지만 그 가액이 확인되지 아니한 경우에는 평가기준일 전·후의 매매·감정 등의 거래가 이루어지고 그 거래를 전·후하여 가격 변동이 없다면 이것도 시가로 보도록 하고 있다. 즉, 평가기준일 전후 6개월(증여재산의 경우에는 평가기준일 전 6개월부터 평가기준일 후 3개월)이내에 매매·감정·수용·경매 또는 공매 등과 같은 사례가액이 확인되는 경우에 이를 시가로 본다. 이와 같이 시가로 보는 사례가액이 2 이상인 경우에는 평가기준일을 전·후하여 가장 가까운 날에 해당하는 가액에 따른다.

(가) 당해 재산에 대한 매매가액

당해 재산에 대한 매매사실이 있는 경우에는 그 거래가액을 시가로 보지만 그 거래가액이 특수관계에 있는 자와의 거래 등 그 가액이 객관적으로 부당하다고 인정되는 경우에는 이를 제외한다.

(나) 감정평가가액의 적용

감정가액평가서를 작성한 날로부터 평가기준일 전후 6개월(증여재산의 경우에는 평가기준일 전 6개월부터 평가기준일 후 3개월) 이내에 해당 재산에 대하여 2 이상의 감정기관이 평가한 감정가액이 있는 경우에는 그 감정가액의 평균액을 적용한다. 그러나 주식 및 출자지분의 경우에는 감정평가가액이 적용되지 아니한다.

(다) 수용·공매·경매가액이 있는 경우

① 원칙

보상가액·공매가액 등이 결정된 날로부터 평가기준일 전후 6개월(증여재산의 경우에는 평가기준일 전 6개월부터 평가기준일 후 3개월) 이내에 해당 재산에 대하여 수용·경매 또는 공매사실이 있는 경우에는 그 보상가액·경매가액 또는 공매가액을 시가로 본다(상증령 §49 ① 3호).

② 경매 또는 공매가액의 시가 적용 예외

경매 또는 공매로 취득한 재산을 증여받는 경우에는 원칙적으로 그 경매가액 등으로 시가를 평가하게 된다. 경매가액 등을 시가로 인정하게 되면 경매 등을 통하게 낮은 가액으로 비상장주식 등을 취득하게 된다. 이런 경우에 경매가액 등을 이용하여 재산을 증여하는 등의 방법으로 증여세를 회피하는 사례를 방지하기 위하여 다음의 경우에는 시가로 인정하지 아니한다(상증령 §49 ① 3호 단서).

ⓐ 「상속세 및 증여세법」제73조의 규정에 따라 물납한 재산을 상속인·증여자·수증자 또는 그와 특수관계에 있는 자가 공매 또는 경매로 취득하는 경우

ⓑ 경매 또는 공매로 취득한 비상장주식의 가액(액면가액의 합계액을 말한다)이 액면가액의 합계액으로 계산한 해당 법인의 발행주식총액 또는 출자총액의 100분의 1 미만이거나 액면가액이 3억원 미만인 경우

ⓒ 경매 또는 공매절차의 개시 후 관련 법령으로 정한 바에 따라 수의계약에 의하여 취득하는 경우

보상가액이 결정된 날로부터 평가기준일 전후 6개월(증여재산의 경우에는 평가기준일 전 6개월부터 평가기준일 후 3개월) 이내에 해당 재산에 대하여 수용·경매 또는 공매사실이 있는 경우에는 그 보상가액·경매가액 또는 공매가액

(2) 평가기간에 해당되지 아니한 거래의 사례가액 적용

평가기준일 전후 6개월(증여재산의 경우에는 평가기준일 전 6개월부터 평가기준일 후 3개월)이내에 매매·감정·수용·경매(민사집행법에 의한 경매) 또는 공매 등이 있는 경우에는 원칙적으로 이를 시가로 보고 있다. 반면에 2005년부터는 평가기준일 전후 6개월(증여재산의 경우에는 평가기준일 전 6개월

부터 평가기준일 후 3개월)에 해당하지 아니하는 기간 중, 즉 평가기준일 전 2년 이내의 기간 중에 매매등이 있거나 평가기간이 경과한 후부터 상속세 및 증여세 결정기한까지의 기간 중에 매매 등이 있는 경우로서 평가기준일로부터 다음에 해당하는 날까지의 기간 중에 가격의 변동이 없는 경우에는 이를 시가에 포함시킬 수 있다.

이 때 평가기간에 해당되지 아니한 거래 등의 가액을 시가로 인정하기 위해서는 주식발행회사의 경영상태, 시간의 경과 및 주위 환경의 변화 등을 감안하여 가격변동의 특별한 사정이 없다고 인정되는 때에는 평가심의위원회의 자문을 거쳐 당해 매매 등의 가액을 시가에 포함시킬 수 있도록 하고 있다.

① 매매·감정·수용·경매 또는 공매 등의 경우에는 매매계약일
② 감정가액이 있는 경우에는 가격산정기준일과 감정가액평가서 작성일
③ 수용·경매 또는 공매의 경우에는 보상가액 등이 결정된 날

(3) 유사사례가액의 적용

그동안 사례가액의 적용은 원칙적으로 해당 재산에 대한 매매·감정·공매가액 등의 사례가 있는 경우에 그 가액에 한하여 시가를 적용하였다. 그러나 그 재산에 대한 사례가액을 한정하여 평가하는 것은 용이한 측면이 있었으나 적정한 시가 평가가 되지 아니한다는 지적이 있었다. 이에 정부에서는 해당 재산과 면적·위치·용도 및 종목이 동일하거나 유사한 다른 재산의 거래가액 등이 있는 경우에는 그 가액을 시가로 평가하도록 그 범위를 확대하였다.

유사사례가액의 적용은 납세의무자의 입장에서는 실무적으로 해당 재산과 유사한 다른 재산의 사례가액을 확인하는 것은 용이하지 않다. 과세당국에서는 다양한 과세정보를 수집하여 관리하고 있으므로 적정한 사례가액을 확인하는 것은 어렵지 않다. 이에 대해 최근까지 납세의무자와 과세당국간에는 끊임없이 해당 재산과 유사한 재산의 사례가액 적용에 대해서 분쟁이 많이 발생하고 있다.

(4) 보충적 평가방법

시가는 상속세 및 증여세법에서 불특정다수인 사이에 자유롭게 거래가 이루어지는 경우에 통상적으로 성립된다고 인정되는 가액이라고 규정하고 있지만 개별 재산에 대한 객관적인 교환가치를 측정하는 건 쉽지 않다. 특히 비상장주식의 경우에는 매매가 자유롭게 이루어지지 않아서 시가를 측정하는 것은 더욱 어렵다.

이에 세법에서는 평가기준일 전·후 6개월(증여재산의 경우에는 평가기준일 전 6개월부터 평가기준일 후 3개월)이내의 사례가액을 우선 적용하고, 다음 순서로 평가기준일 전 2년 이내 및 상속세 및 증여세 결정기한까지 발생한 사례가액을 적용하게 된다. 그 다음 순서로는 유사사례가액을 적용하여야 하지만 비상장주식의 경우에는 그러한 사례를 찾기란 불가능하다. 이렇게 하여도 개별재산에 대하여 시가를 확인하기 어려운 경우에는 재산 평가의 불확실성으로 인하여 납세의무자 입장에서는 조세부담에 대한 예측가능성과 법적안정성에 문제가 발생되고, 과세관청의 입장에서도 시가 입증의 어려움이 발생할 수 있다.

이와 같이 사례가액이 확인되지 아니하여 재산의 시가 산정이 어려운 경우에는 최종적으로 해당 재산의 종류·규모·거래상황 등을 감안하여 상속세 및 증여세법 제61조부터 제65조까지 규정된 방법인 보충적 평가방법에 따른다.

02 비상장주식에 대한 보충적 평가방법

사례연구

한대표는 자신이 창업하여 운영하고 있는 가나산업(주)의 주식 중에 자신이 보유하고 있는 주식을 자녀에게 가업승계에 대한 증여세 과세특례제도를 활용하여 자녀에게 증여하려고 한다. 이 때 증여재산가액을 계산하기 위한 주식가액을 어떻게 적용해야 하는지 매우 궁금해 하고 있다. 이 회사는 비상장법인에 해당되어 주식은 대부분 가족들이 보유하고 있어서 회사 전체를 매각하지 않는 한 일부의 주식을 매매하기가 어렵다. 이럴 경우에 이 회사의 주식가액을 어떻게 정해야 하는지 조언을 구하고 있다.

컨설팅 방향

비상장주식의 평가를 할 때 상속세 및 증여세법에서 정하고 있는 주식의 평가방법과 평가대상기업이 보유하고 있는 자산 및 부채의 현황, 수익의 흐름 주식의 지분율 등이 주가에 어떻게 영향을 미치는지를 개괄적으로 설명하고, 주식을 증여하는 시점에 따라서 주가가 어떻게 평가되고 그것을 바탕으로 어느 시점에 증여하면 절세가 될 수 있는지 그 방안을 제시한다.

가. 보충적 평가방법의 적용 요건

비상장주식의 평가는 시가의 정의대로 불특정다수인 사이에 자유롭게 거래가 이루어지는 경우에 통상적으로 성립된다고 인정되는 가액을 적용하기는 쉽지 않다. 비상장주식은 대체로 그 기업에 대한 정보가 폐쇄적이므로 불특정다수인 사이에 거래가 이루어지기는 어렵다.

그러나 간혹 비상장주식에 대하여 사례가액이 존재하는 경우도 있으므로 평가기준일 전·후 6개월(증여재산의 경우에는 평가기준일 전 6개월부터 평가기준일 후 3개월)이내의 사례가액을 우선 적용하고, 다음 순서로 평가기준일 전 2년 이내 및 상속세 및 증여세 결정기한까지 발생한 사례가액을 적용하게 된다. 비상장주식의 경우에는 유사사례가액을 적용할 수 있는 가능성은 거의 없으므로 해당 법인의 주식에 대한 사례가액을 고려하면 될 것이다. 그렇게 하여도 사례가액이 확인되지 아니한 경우에는 당해 법인의 자산 및 수익 등을 감안한 보충적 평가방법에 따라 평가한다.

나. 평가방법

비상장주식의 평가는 당해 법인의 자산 및 수익 등을 감안한 보충적 평가방법에 따라 평가한다. 이 방법은 과거 3년간의 법인세법에 의한 각사업연도소득을 기준으로 가중 평균한 순손익가치와 평가기준일 현재 대차대조표를 기준으로 하는 순자산가치를 고려하여 평가하게 된다.

그동안 적용되었던 보충적 평가방법은 순손익가치를 단순평균을 하기도 하고, 그 중에 큰 것을 선택하기도 하였다. 현재는 1주당 순손익가치와 1주당 순자산가치를 각각 3과 2의 비율로 가중 평균한 가액으로 평가하도록 하고 있다. 다만, 부동산과다보유법인(「소득세법」 제94조 제1항 제4호 다목에 해당하는 법인)의 경우에는 1주당 순손익가치와 순자산가치에 대하여 각각 2와 3의 비율로 가중 평균한 가액으로 평가한다(상증령 §54 ①).

① 일반적인 법인(원칙)

$$1주당\ 평가액 = \frac{1주당\ 순손익가치 \times 3 + 1주당\ 순자산가치 \times 2}{5}$$

② 부동산과다보유법인

$$1주당\ 평가액 = \frac{1주당\ 순손익가치 \times 2 + 1주당\ 순자산가치 \times 3}{5}$$

(1) 1주당 순손익가치

1주당 순손익가치는 계속기업을 전제로 하는 수익가치를 말하는 것으로서, 해당 법인이 사업을 계속 영위하는 것으로 가정하여 과거의 순손익액을 고려하여 평가한다. 순손익액은 법인세법 제14조의 규정에 의한 각사업연도소득을 기준으로 하여 법인세법 목적상 세무 조정한 부분을 가감하여 산출한다. 이 경우에 각사업연도소득계산시 손금에 산입된 충당금 또는 준비금이 세법의 규정에 따라 일시 환입되는 경우에는 해당 금액이 환입될 연도를 기준으로 안분한 금액을 환입될 각사업연도소득에 가산한다(상증령 §56 ③).

이렇게 산출된 최근 3년간의 순손익액을 가중 평균한 금액에 대하여 다음과 같이 순손익가치환원율로 환원하면 1주당 순손익가치가 되는 것이다.

$$1주당\ 평가액 = \frac{1주당\ 최근\ 3년간의\ 순손익액의\ 가중평균액}{순손익가치환원율^*}$$

* 금융기관이 보증한 3년만기회사채의 유통수익률을 감안하여 기획재정부장관이 정하여 고시하는 이자율(10%)

1주당 순손익가치는 1주당 최근 3년간의 순손익액의 가중평균액을 다음의 표와 같이 가중 평균하여 적용한다. 주식의 평가는 재무관리에서는 일반적으로 미래의 수익력을 기준으로 평가하는 것이나 세법에서는 과거의 수익력을 기준으로 평가하되 최근 사업연도의 수익력에 높은 가중치를 부여하여 평가한다.

$$1주당\ 최근\ 3년간\ 순손익액의\ 가중평균액 = \frac{A \times 3 + B \times 2 + C \times 1}{6}$$

A : 평가기준일 이전 1년이 되는 사업연도의 1주당 순손익액
B : 평가기준일 이전 2년이 되는 사업연도의 1주당 순손익액
C : 평가기준일 이전 3년이 되는 사업연도의 1주당 순손익액

(2) 1주당 순자산가치

1주당 순자산가치는 해당 법인을 청산한다고 가정하였을 때 잔여재산 분배가액을 나타내는 것으로 평가기준일 현재를 기준으로 한다. 평가기준일은 상속재산인 경우에는 상속개시일 현재로, 증여재산인 경우에는 증여일을 기준으로 한다. 실무상 상속개시일 또는 증여일이 사업연도 말일과 반드시 일치하는 것은 아니므로 원칙적으로 가결산에 따라 평가기준일 현재의 순자산가치를 산출하게 된다.

순자산가치는 평가기준일 현재 해당 법인의 자산을 상속세 및 증여세법에 평가한 자산총액에서 부채총액을 차감하여 순자산가액을 산출하는데, 이 경우 해당 법인의 개별자산에 대해 세법에 따라 평가한 가액이 장부가액(취득가액에서 감가상각비를 차감한 가액)보다 적은 경우에는 장부가액으로 하되, 장부가액보다 적은 정당한 사유가 있는 경우에는 장부가액에 의하지 아니하고 보충적 평가방법에 따른다(상증령 §55 ①). 또한 순자산가액을 계산하는 경우 상속세 및 증여세법 시행령 제59조 제2항의 규정에 의한 영업권평가액을 해당 법인의 순자산가액에 가산한다.

- 1주당 순자산가치 = $\dfrac{\text{평가기준일 현재 당해 법인의 순자산가액}}{\text{평가기준일 현재의 발행주식총수}}$
- 순자산가액 = 자산총액 − 부채총액 + 영업권평가액

(3) 추정이익에 의한 순손익가치

비상장주식을 평가할 때 순손익가치는 원칙적으로 최근 3년간 순손익액의 가중평균액을 적용한다. 이것은 과거의 수익력이 미래에도 계속될 것으로 보고 평가하게 된다. 반면에 회사가 고정자산을 처분하거나 특정한 사건과 같은 일시적 또는 우발적 사건의 발생으로 기업회계상 특별손익이 많이 계상

할 수 있다. 이런 경우에는 과거의 수익력을 기준으로 주식가치를 평가하는 것은 무의미한 것이다.

이럴 경우에는 1주당 추정이익에 따라 순손익가치를 평가할 수 있으며, 1주당 추정이익으로 평가하기 위해서는 다음의 요건을 충족한 경우에는 신용평가기관, 회계법인, 세무법인 중 2 이상의 신용평가전문기관, 회계법인, 세무법인이 증권감독위원회가 정한 기준(「자본시장과 금융투자업에 관한 법률 시행령」 제176조의5 제2항에 따라 금융위원회가 정한 수익가치)에 따라 산출한 1주당 추정이익의 평균가액으로 신고할 수 있다(상증령 §56 ②).

① 일시적이고 우발적인 사건으로 해당 법인의 최근 3년간 순손익액이 증가하는 등 기획재정부령으로 정하는 경우에 해당할 것
② 상속세 과세표준 신고기한 및 증여세 과세표준 신고기한까지 1주당 추정이익의 평균가액을 신고할 것
③ 1주당 추정이익의 산정기준일과 평가서작성일이 해당 과세표준 신고기한 이내일 것
④ 1주당 추정이익의 산정기준일과 상속개시일 또는 증여일이 같은 연도에 속할 것

이 경우에 "일시적이고 우발적인 사건으로 해당 법인의 최근 3년간 순손익액이 증가하는 등 기획재정부령으로 정하는 경우"란 다음의 어느 하나에 해당하는 경우를 말한다(상증칙 §17의 3 ①).

① 기업회계기준의 자산수증이익, 채무면제이익, 보험차익 및 재해손실 등과 같은 자산수증이익 등의 합계액에 대한 최근 3년간 가중평균액이 법인세 차감전 손익에서 자산수증이익등을 뺀 금액에 대한 최근 3년간 가중평균액의 50퍼센트를 초과하는 경우
② 평가기준일 전 3년이 되는 날이 속하는 사업연도 개시일부터 평가기준일까지의 기간 중 합병 또는 분할을 하였거나 주요 업종이 바뀐 경우

③ 합병에 따른 이익의 증여에 해당되어 증여받은 이익을 산정하기 위하여 합병당사법인의 주식가액을 산정하는 경우
④ 최근 3개 사업연도중 1년 이상 휴업한 사실이 있는 경우
⑤ 기업회계기준상 유가증권·유형자산의 처분손익과 자산수증이익등의 합계액에 대한 최근 3년간 가중평균액이 법인세 차감전 손익에 대한 최근 3년간 가중평균액의 50퍼센트를 초과하는 경우
⑥ 주요 업종(당해 법인이 영위하는 사업중 직접 사용하는 유형고정자산의 가액이 가장 큰 업종을 말한다)에 있어서 정상적인 매출발생기간이 3년 미만인 경우
⑦ 기타 이와 유사한 경우로서 기획재정부장관이 정하여 고시하는 사유에 해당하는 경우

다. 순자산가치에 의한 평가

평가대상법인이 사업을 계속하는 것이 어렵거나 최근에 사업을 개시한 경우, 장기간 결손이 발생된 경우에는 과거의 수익력을 기준으로 기업의 수익가치를 측정하기는 곤란하다. 이러한 점을 감안하여 다음과 같은 사유에 해당되는 법인의 주식가치는 순자산가치만을 기준으로 평가하게 된다.

① 상속세 및 증여세 과세표준신고기한 이내에 평가대상 법인의 청산절차가 진행 중이거나 사업자의 사망 등으로 인하여 사업의 계속이 곤란하다고 인정되는 법인의 주식등
② 사업개시 전의 법인, 사업개시 후 3년 미만의 법인 또는 휴업·폐업 중인 법인의 주식등(이 경우 적격분할 또는 적격물적분할로 신설된 법인의 사업기간은 분할 전 동일 사업부분의 사업개시일부터 기산한다)
③ 법인의 자산총액 중 토지 건물 및 부동산에 관한 권리의 합계액이 차지하는 비율이 100분의 80 이상인 법인의 주식등

④ 법인의 자산총액 중 주식등의 가액의 합계액이 차지하는 비율이 100분의 80 이상인 법인의 주식등
⑤ 법인의 설립 시 정관에 존속기한이 확정된 법인으로서 평가기준일 현재 잔여 존속기한이 3년 이내인 법인의 주식등

03 유사상장법인 주가 비교평가방법

사례연구

한대표는 회사의 세무고문을 맡고 있는 김세무사에게 세법에서 정하는 방법에 따라 회사의 비상장주식을 평가해 줄 것을 요청하였다. 이에 김세무사는 세법에 따른 보충적 평가방법에 의한 평가액은 액면 5,000원의 주식이 250,000원으로 평가된다고 하였다. 한대표는 김세무사가 평가한 가액이 자신의 회사와 유사한 상장회사의 재무제표와 그에 따른 주가를 비교하여도 지나치게 높게 평가된다고 생각하고 있다. 따라서 이러한 평가액으로는 증여하기가 곤란하므로 세법에서 정하고 있는 보충적 평가방법 이외에 다른 방법을 적용하여 평가할 수는 없는지 조언을 구하고 있다.

컨설팅 방향

2005년부터는 정부에서 납세자가 해당 법인의 자산·매출규모 및 사업의 영위기간 등을 고려하여 동종의 업종을 영위하고 있는 다른 주권상장법인이나 코스닥상장법인의 주식가액과 비교하여 평가하는 방법을 도입하였다. 그러나 그 적용방법은 매우 한정적이기는 하지만 세법에서 정하고 있는 보충적 평가방법에 따라 평가하는 것이 불합리하다고 판단되는 경우에 예외적으로 비교평가방법을 적용하여 신청할 수 있다. 이 때 적용되는 유사상장법인 주가 비교평가방법의 적용대상과 적용절차, 계산방법 등에 대해서 소개함으로써 새로운 방법의 적용을 고려할 수 있도록 한다.

가. 적용의 배경

비상장주식에 대한 보충적 평가방법은 자산가치와 수익가치를 산술평균하거나, 비교가액 중 큰 금액을 채택하는 등의 방법을 적용하면서 수차례에 걸쳐 개정이 있었다. 그동안 적용되어 온 보충적 평가방법은 시가보다 고평가 되었다거나 저평가되었다는 논란이 있었고, 비합리적이라는 주장도 학자들 사이에 끊임없이 제기되어 왔기 때문에 평가방법이 빈번하게 변경되어 왔다.

이러한 빈번한 개정은 보충적 평가방법에 대하여 신뢰성이 부족한 것으로 보여진다. 이러한 빈번한 개정이 있었지만 최근에 적용되는 보충적 평가방법은 수익가치와 자산가치를 3과 2 또는 2와 3의 비율로 가중 평균하는 방식을 채택하고 있다.

이와 같이 평가방법의 변경과 함께 납세자의 신청에 따라 국세청에 설치된 평가심의위원회에서 개별기업의 특성에 맞는 방법에 따라 평가할 수 있도록 개선책을 내놓게 되었다. 이 개선책은 재산평가심의위원회 운영 규정(이하 "훈령"이라 한다)에서 규정하고 있는데, 이 방법의 도입으로 비상장주식의 평가에 있어 당해 비상장기업의 실질가치를 반영함으로써 납세자와의 마찰소지를 축소하기 위한 새로운 장을 열게 되었다.

나. 적용방법

납세자가 당해 법인의 자산·매출규모 및 사업의 영위기간 등을 감안하여 동종의 업종을 영위하고 있는 다른 주권상장법인이나 코스닥상장법인의 주식가액과 비교할 때 보충적 평가방법에 따라 평가하는 것이 불합리할 수 있다. 이 경우에 납세자는 주상장기업의 주식을 평가할 때 해당 법인의 자산·매출규모 및 사업의 영위기간 등을 감안하여 동종의 업종을 영위하고 있는 상장법인의 주식가액과 비교하여 평가하는 유사상장법인 주가 비교평가방법에 따라 평가한 가액을 신청할 수 있다. 이 경우에 납세자가 신청한 것에 대하여 평가심의위원회에서 비상장주식의 보충적 평가액의 적정성 여부를 심의하여 다른 평가가액 또는 평가방법을 제시할 수 있다.

다. 적용절차 및 계산방법

(1) 평가대상 및 절차

(가) 비상장 중소기업주식의 평가신청

비상장 중소기업의 주식 평가에 있어서 당해 법인의 자산매출규모 및 사업의 영위기간 등을 감안하여 동종의 업종을 영위하고 있는 유사상장법인의 주식가액과 비교하여 불리하다고 판단되는 경우에는 납세자가 신청하여 평가할 수 있다. 납세자는 일정한 평가신청요건에 해당되는 경우에 비상장주식의 1주당가액을 계산하여 상속세과세표준신고기한 만료 4개월 전(증여의 경우에는 증여세과세표준신고기한 만료 70일 전)까지 다음 각호의 서류를 첨부하여 납세지 관할지방국세청장에게 신청하여야 한다(훈령 제18조 제2항).

① 비상장 기업의 주식평가 신청서 : 별지 제3호 서식
② 비상장 기업의 주식평가 관련 검토서 : 별지 제3호 서식 부표
③ 유사상장법인 주가 비교평가액 계산서 : 별지 제4호 서식
④ 유사상장법인 종가명세서 : 별지 제4호 서식 부표 1
⑤ 유사상장법인 선정기준 검토서 : 별지 제4호 서식 부표 2
⑥ 비상장주식 평가조서 : 별지 제4호 서식 부표 3
⑦ ①부터 ⑥까지의 규정에 따른 서식의 기재내용을 증명할 수 있는 증거서류

납세자는 비상장주식에 대한 평가를 신청하는 경우에는 비상장주식 평가심의위원회의 설치 및 운영에 관한 규정 제13조 제1항(평가신청의 요건) 및 제14조 제3항의 요건에 해당하는지 여부를 "평가대상 또는 반려대상 여부 검토서" 서식에 기재하여 제출하여야 한다. 납세자가 신청한 기재내용이 허위인 것으로 확인되는 경우에는 지방청평가심의위원회의 평가가액 결정 및 결과통지는 효력이 상실된 것으로 본다(훈령 §24 ③).

(나) 평가신청 요건

납세자가 비상장기업의 1주당 가액의 평가를 유사상장법인 주가 비교평가 방법을 적용하여 납세지 관할지방국세청장에게 신청하기 위해서는 당해 비상장기업이 다음의 요건을 모두 갖추어야 한다(훈령 §18 ①).

① 「상속세 및 증여세법」 제54조(비상장주식등의 평가) 제1항·제4항, 제55조(순자산가액의 계산방법) 및 제56조(1주당 최근 3년간의 순손익액의 계산방법)에 따라 평가하는 것이 불합리하다고 인정되는 법인이 발행한 비상장주식등에 해당할 것
② 사업개시 후 3년 이상 경과할 것
③ 재산평가심의위원회 운영 규정 제22조에 따른 1주당 경상이익, 1주당 순자산가액이 양수일 것
④ 재산평가심의위원회 운영 규정 제20조 제1항에 따른 유사상장법인이 2개 이상 있을 것
⑤ 자산총액 중 부동산등이 80% 이상인 법인의 주식등에 해당하지 않을 것. 이 경우에 부동산등의 범위는 「소득세법」 제94조 제1항 제4호 다목에 따른다.

(2) 비상장 중소기업의 1주당가액 산정방법

(가) 비상장 중소기업의 1주당가액의 적용

평가대상 비상장기업의 1주당 가액은 유사상장법인별 주가 비교평가액의 단순평균값으로 평가한 가액을 원칙적으로 적용한다. 이때 유사상장법인별 주가 비교평가액의 단순평균값이 당해 비상장주식의 1주당 순자산가치의 100분의 80에 미달하는 경우에는 순자산가치의 100분의 80을 적용한 가액으로 평가한다(훈령 §21 ①).

따라서 다음과 같이 유사상장법인별 주가 비교평가액의 단순평균값과 당해 비상장주식의 1주당 순자산가치의 80% 중 큰 금액으로 평가한다

```
비상장기업의 1주당 가액 = Max[①, ②]
 ① 유사상장법인별 주가 비교평가액의 단순평균값
 ② 당해 비상장주식의 1주당 순자산가치 × 80%
```

(3) 유사상장법인별 주가 비교평가액

유사상장법인의 주가 비교평가액은 다음의 산식에 의하여 계산한다. 다만, 부동산과다보유법인(「소득세법」 제94조 제1항 제1호 다목에 해당하는 법인을 말함)의 경우에는 1주당 경상이익과 순자산가액의 비율을 각각 2와 3으로 가중평균 한다(훈령 §21 ②).

$$\text{유사상장법인 주가 비교평가액} = \text{유사상장법인의 1주당 가액} \times \frac{\dfrac{\text{비상장기업의 1주당 경상이익}}{\text{유사상장법인의 1주당 경상이익}} \times 3 + \dfrac{\text{비상장기업의 1주당 순자산가액}}{\text{유사상장법인의 1주당 순자산가액}} \times 2}{5}$$

04 할증평가

🔍 사례연구

한대표는 기업의 경영권을 가지고 있는 주식을 평가할 때는 그 평가액에 대해서 경영권프리미엄에 상당하는 일정한 비율을 가산한다는 기사를 신문에서 읽은 적이 있었다. 그렇지 않아도 비상장주식의 양도는 현실적으로 원활하게 할 수 없어서 불만이었는데, 주식 평가액에 일정한 비율을 가산하여 평가한다고 하니 너무한다는 생각을 하고 있다. 더군다나 자신이 일군 기업을 자식에게 물려줄 때 자식이 세금을 부담하고 나면 기업을 정상적으로 꾸려나갈 수 있겠나 하는 걱정까지 하고 있다. 이에 한대표는 자식에게 경영권을 승계할 때 가산하는 할증율을 어떻게 적용하는지 김세무사에게 조언을 구하고 있다.

🔎 컨설팅 방향

법인이 발행한 주식의 일정한 비율 이상을 확보하게 되면 기업의 경영권을 유지할 수 있다. 경영권이 확보되면 그 회사의 이사의 임면권 등 인사권이 확보되어 회사를 지배할 수 있다. 경영권이 확보된 주식을 거래할 때 현실적으로 경영권프리미엄에 상당하는 일정한 가산율을 적용하여 매매가 이루어지게 되는데, 세법에서는 이를 고려하여 주식 평가액에 일정한 비율을 할증하여 평가하게 된다.
이에 회사의 주식에 대해서 일정한 지분율 이상을 보유하여 경영권이 확보된 경우에 적용되는 세법에서의 할증율의 적용대상과 적용되는 할증비율, 중소기업에 대한 한시적 할증배제규정 등에 대해서 이해를 할 수 있도록 한다.

가. 의의

주식회사에 대한 지분의 거래는 주식단위로 이루어진다. 이 때 거래되는 주식은 대량 보유하게 되면 회사를 지배할 수 있는데, 회사를 지배하는 힘을 가진 지배주식에 대하여는 통상의 주식가치 이외에 회사를 지배할 수 있는 경영권 프리미엄이 포함되어 거래된다. 이에 대하여 상속세 및 증여세법에서는 지배주주가 소유하고 있는 주식에 대한 경영권 프리미엄이 포함된다는 점을 고려하여 지분보유비율에 따라 할증율을 차등 적용하여 가산하도록 하고 있다.

나. 할증평가의 대상 및 범위

유가증권을 평가할 때 주주 중에 최대주주 등이 보유한 주식 등에 대해서는 원칙적으로 그 가액의 100분의 20을 가산한다(상증법 §63 ③). 그동안 최대주주등이 보유한 주식에 대한 할증평가는 기업의 규모에 따라 중소기업과 일반기업으로 구분하고, 최대주주등의 보유지분율이 50% 초과 또는 이하로 구분하였으나 2020.1.1. 이후 상속이 개시되거나 증여받은 분부터는 「중소기업기본법」 제2조에 따른 중소기업과 평가기준일이 속하는 사업연도 전 3년 이내의 사업연도부터 계속하여 「법인세법」 제14조 제2항에 따른 결손금이 있는 법인의 주식등은 제외하도록 하였고, 2023.1.1. 이후에는 대통령령으로 정하는 매출액 5천억원 미만의 중견기업까지 그 범위를 확대하였다.

최대주주 등의 지분비율별 할증비율

최대주주 등의 배율	할증비율		할증평가 제외
	일반법인	중소기업	
지분율 미적용	20%	0%	중소기업 및 중견기업으로서 대통령령에서 정하는 경우

다. 할증평가의 예외

최대주주에 대해서는 원칙적으로 할증평가를 하지만 다음에 해당하는 경우에는 할증평가를 하지 아니한다(상증법 §63 ③, 상증령 §53 ⑥).

① 중소기업 및 대통령령으로 정하는 중견기업 법인의 주식등
　「중소기업기본법」 제2조에 따른 중소기업 및 「중견기업 성장촉진 및 경쟁력 강화에 관한 특별법」 제2조에 따른 중견기업으로서 평가기준일

이 속하는 과세기간 또는 사업연도의 직전 3개 과세기간 또는 사업연도의 매출액의 평균이 5천억원 미만인 기업을 말한다.

② 평가기준일이 속하는 사업연도 전 3년 이내의 사업연도부터 계속하여 법인세법에 의한 결손금이 있는 법인의 주식 등

③ 평가기준일 전후 6개월(증여재산의 경우에는 평가기준일 전 6개월부터 평가기준일 후 3개월) 이내의 기간 중 최대주주 등이 보유하는 주식 등이 전부 매각된 경우(그 거래가액이 상속세 및 증여세법시행령 제26조 제4항에 규정된 특수관계에 있는 자와의 거래 등 그 가액이 객관적으로 부당하다고 인정되는 경우를 제외).

④ 상속세 및 증여세법시행령 제28조 내지 제30조(합병·증자·감자·현물출자에 따른 이익 및 전환사채 주식전환에 따른 이익계산)의 규정에 의한 이익을 계산하는 경우

⑤ 다른 법인의 최대주주에 해당하는 법인의 주식
평가대상인 주식 등을 발행한 법인이 다른 법인이 발행한 주식 등을 보유함으로써 그 다른 법인의 최대주주에 해당하는 경우로서 그 다른 법인의 주식등을 평가하는 경우에는 할증평가를 하지 아니한다.

⑥ 평가기준일부터 소급하여 3년 이내에 사업을 개시한 법인으로서 사업개시일이 속하는 사업연도부터 평가기준일이 속하는 사업연도의 직전사업연도까지 각 사업연도의 기업회계기준에 의한 영업이익이 모두 '0' 이하인 경우

⑦ 상속세과세표준신고기한 또는 증여세과세표준신고기한 이내에 평가대상주식 등을 발행한 법인의 청산이 확정된 경우

⑧ 최대주주 등이 보유하고 있는 주식 등을 최대주주 등 외의 자가 상속세 및증여세법 제47조 제2항(증여합산과세 : 10년)에서 규정하고 있는 기간 이내에 상속 또는 증여받은 경우로서 상속 또는 증여로 인하여 최대주주 등에 해당되지 아니하는 경우

⑨ 명의신탁에 따른 증여의제 적용 주식
⑩ 의결권이 없는 주식

의결권이 없는 우선주나 의결권이 제한되는 자기주식은 포함하지 않는다.

라. 최대주주 등의 정의

주식에 대해서 할증평가를 할 때 적용대상이 되는 최대주주 또는 최대출자자 및 그와 특수관계에 있는 주주 또는 출자자는 상속세 및 증여세법시행령 제19조 제2항 본문에 해당하는 자 및 그와 다음의 어느 하나에 해당하는 관계에 있는 자를 말한다(상증령 §53 ③). 이러한 관계에 있는 자 중에서 지분율이 가장 높은 자로서, 그 지분율이 50% 이하이거나 50%를 초과하는 경우에 따라 적용되는 할증율은 다르게 적용한다.

① 친족
② 사용인과 사용인 외의 자로서 당해 주주 등의 재산으로 생계를 유지하는 자
③ 기획재정부령으로 정하는 기업집단의 소속기업(당해 기업의 임원 포함)과 다음의 1의 관계에 있는 자 또는 당해 기업의 임원에 대한 임면권의 행사사업방침의 결정 등을 통하여 그 경영에 대하여 사실상의 영향력을 행사하고 있다고 인정되는 자
  ㉠ 기업집단소속의 다른 기업
  ㉡ 기업집단을 사실상 지배하는 자
  ㉢ '㉡'의 자의 친족
④ 주주 등 1인과 '①~③'의 자가 이사의 과반수를 차지하거나 재산을 출연하여 설립한 비영리법인
⑤ '③' 본문 또는 '③'의 ㉠의 규정에 의한 기업의 임원이 이사장인 비영리법인

⑥ 주주 등 1인과 '①~⑤'의 자가 발행주식총수 등의 100분의 30 이상을 출자하고 있는 법인

⑦ 주주 등 1인과 '①~⑥'의 자가 발행주식총수 등의 100분의 50 이상을 출자하고 있는 법인

⑧ 주주 등 1인과 '①~⑦'의 자가 이사의 과반수를 차지하거나 재산을 출연하여 설립한 비영리법인

마. 최대주주 등이 보유하는 주식 등의 계산

주식을 평가할 때 최대주주 등에 해당되면 할증평가가 될 수 있으므로 이를 회피하기 위해서는 평가기준일 직전에 처분하거나 증여할 수도 있다. 세법에서는 이러한 것을 방지하기 위하여 최대주주 등이 보유하는 주식 등의 지분을 계산할 때 평가기준일로부터 소급하여 1년 이내에 양도하거나 증여한 주식 등을 최대주주 등이 보유하는 주식 등에 합산하여 계산한다(상증령 §53 ④).

사례

김씨와 이씨는 동업을 하여 공동사업을 운영하다가 법인으로 전환하였다. 이 회사의 주주 분포를 보면 김씨의 경우에는 자신과 자신의 부인, 자식들을 주주로 구성하여 그 회사 주식의 50%를 보유하고 있다. 이씨도 마찬가지로 자신과 자신의 가족들을 주주로 구성하여 그 회사 주식의 50%를 보유하고 있다. 이 회사의 대표이사는 김씨가 맡았고, 이씨는 감사를 맡고 있다. 이런 경우에는 대표이사인 김씨와 감사인 이씨 가운데 누가 최대주주에 해당되는가?

해설

세법에서 최대주주 또는 최대출자자 및 그와 특수관계에 있는 주주 또는 출자자는 상속세 및 증여세법시행령 제19조 제2항에서 규정한 자로서 그 회사에서 지분율이 가장 높은 집단을 최대주주로 보게 된다. 이 사례에서는 김씨와 이씨의 주주집단이 각각 50%씩 보유하고 있어서 모두 최대주주에 해당된다.

05 가업승계시점을 고려한 컨설팅 사례

가. 수익흐름이 하락하는 사례

사례

기업의 수익흐름이 하락하고 있는 사례

가나산업(주)의 최근 수익의 흐름과 1주당 순자산가치는 다음과 같다.
(1) 1주당 순손익액

2019년	2020년	2021년	2022년	2023년
25,000원	20,000원	15,000원	10,000원	5,000원

(2) 1주당 순자산가치 : 100,000원(연도별로 동일하다고 가정한다.)
(3) 증여시기별 주식평가액
   상기의 자료에 따라 증여시기를 다음과 같이 고려할 때 주식의 평가액을 산출하면?
   (가) 증여시기 : 2022년 6월
   (나) 증여시기 : 2023년 6월
   (다) 증여시기 : 2024년 6월

해설

* 증여시기별 1주당 평가액 계산
(1) 증여시기 : 2022년 6월 : 149,998원
   (가) 최근 3년간 손순익액 가중평균액
   $$\frac{2021년(15,000원) \times 3 + 2020년(20,000원) \times 2 + 2019년(25,000원) \times 1}{6}$$
   = 18,333원
   (나) 1주당 순손익가치
   $$\frac{최근\ 3년간\ 순손익액\ 가중평균액(18,333원)}{10\%} = 183,330원$$
   (다) 가중평균액
   $$\frac{1주당\ 순손익가치(183,330원) \times 3 + 1주당\ 순자산가치(100,000원) \times 2}{5}$$
   = 149,998원

(라) 1주당 평가액 : 149,998

　　Max[① 가중평균액(149,998원), ② 순자산가치(100,000원)의 80%]

(2) 증여시기 : 2023년 6월 평가액 : 119,998원

　(가) 최근 3년간 손순익액 가중평균액

$$\frac{2022년(10,000원) \times 3 + 2021년(15,000원) \times 2 + 2020년(20,000원) \times 1}{6}$$

　　=13,333

　(나) 1주당 순손익가치

$$\frac{최근\ 3년간\ 순손익액\ 가중평균액(13,333원)}{10\%} = 133,330원$$

　(다) 가중평균액

$$\frac{1주당\ 순손익가치(133,330원) \times 3 + 1주당\ 순자산가치(100,000원) \times 2}{5}$$

　　= 119,998원

　(라) 1주당 평가액

　　Max[① 가중평균액(119,998원), ② 순자산가치(100,000원)의 80%] = 119,998원

(3) 증여시기 : 2024년 6월 평가액 : 89,998원

　(가) 최근 3년간 손순익액 가중평균액

$$\frac{2023년(5,000원) \times 3 + 2022년(10,000원) \times 2 + 2021년(15,000원) \times 1}{6}$$

　　= 8,333원

　(나) 1주당 순손익가치

$$\frac{최근\ 3년간\ 순손익액\ 가중평균액(8,333원)}{10\%} = 83,330원$$

　(다) 가중평균액

$$\frac{1주당\ 순손익가치(83,330) \times 3 + 1주당\ 순자산가치(100,000) \times 2}{5}$$

　　= 89,998원

　(라) 1주당 평가액 :

　　Max[① 가중평균액(89,998원), ② 순자산가치(100,000원)의 80%] =89,998원

비상장주식을 평가할 때 적용하는 보충적 평가방법은 원칙적으로 1주당 순손익가치에 3, 1주당 순자산가치에 2의 가중치를 부여하고 5로 나누어 평가하고, 부동산과다보유법인 경우에는 2와 3의 가중치를 부여한다. 이때 1주당 순손익가치는 최근 3년간의 1주당 순손익액의 가중평균액을 적용하기 때문에 증여시점에서 가까운 사업연도의 1주당 순손익액이 더 큰 영향을 미친다. 그 이유는 직전 사업연도의 1주당 순손익액에

3, 직전전 사업연도의 1주당 순손익액에 2, 직전전전 사업연도의 1주당 순손익액에 1의 가중치를 각각 부여하고 평가하기 때문이다.

사례의 경우를 보면 2019년부터 2023년까지는 1주당 순손익액이 계속 하락하고 있다. 이때 평가액은 2022년 6월은 149,998원, 2023년 6월은 119,998원, 2024년 6월은 89,998원으로 평가되어 직전사업연도의 순손익액이 낮을수록 저가로 평가된다. 따라서 주식을 저가로 증여할 것을 기대하고 있다면 직전 사업연도의 수익력 흐름이 낮은 시점을 고려하는 것이 바람직하다.

사례 1

기업의 수익흐름이 상승하고 있는 사례
가나산업(주)의 최근 수익의 흐름과 1주당 순자산가치는 다음과 같다.
(1) 1주당 순손익액

2019년	2020년	2021년	2022년	2023년
5,000원	10,000원	15,000원	20,000원	25,000원

(2) 1주당 순자산가치 : 100,000원(연도별로 동일하다고 가정한다)
(3) 증여시기별 주식평가액
상기의 자료에 따라 증여시기를 다음과 같이 고려할 때 주식의 평가액을 산출하면?
(가) 증여시기 : 2022년 6월
(나) 증여시기 : 2023년 6월
(다) 증여시기 : 2024년 6월

해설

(1) 증여시기 : 2022년 6월 : 139,996원
　(가) 최근 3년간 손순익액 가중평균액
$$= \frac{2021년(15,000원) \times 3 + 2020년(10,000원) \times 2 + 2019년(5,000원) \times 1}{6}$$
$= 11,666원$
　(나) 1주당 순손익가치
$$= \frac{최근\ 3년간\ 순손익액\ 가중평균액(11,666원)}{10\%} = 116,660원$$

(다) 가중평균액

$$= \frac{1주당\ 순손익가치(116,660원) \times 3 + 1주당\ 순자산가치(100,000원) \times 2}{5}$$

= 109,996원

(라) 1주당 평가액 : 109,996원

Max[① 가중평균액(109,996원), ② 순자산가치(100,000원)의 80%]

(2) 증여시기 : 2023년 6월 평가액 : 139,996원

(가) 최근 3년간 손순익액 가중평균액

$$= \frac{2022년(20,000원) \times 3 + 2021년(15,000원) \times 2 + 2020년(10,000원) \times 1}{6}$$

= 16,666원

(나) 1주당 순손익가치

$$= \frac{최근\ 3년간\ 순손익액\ 가중평균액(16,666원)}{10\%} = 166,660원$$

(다) 가중평균액

$$= \frac{1주당\ 순손익가치(166,660원) \times 3 + 1주당\ 순자산가치(100,000원) \times 2}{5}$$

=139,996원

(라) 1주당 평가액 : 139,996원

Max[① 가중평균액(139,996원), ② 순자산가치(100,000원)의 80%]

(3) 증여시기 : 2024년 6월 평가액 : 169,996원

(가) 최근 3년간 손순익액 가중평균액

$$= \frac{2023년(25,000원) \times 3 + 2022년(20,000원) \times 2 + 2021년(15,000원) \times 1}{6}$$

= 21,666원

(나) 1주당 순손익가치

$$= \frac{최근\ 3년간\ 순손익액\ 가중평균액(21,666원)}{10\%} = 216,660원$$

(다) 가중평균액

$$= \frac{1주당\ 순손익가치(216,660원) \times 3 + 1주당\ 순자산가치(100,000원) \times 2}{5}$$

= 169,996원

(라) 1주당 평가액 : 169,996원

Max[① 가중평균액(169,996원), ② 순자산가치(100,000원)의 80%]

이 기업의 과거 수익력을 살펴보면 2019년부터 2023년까지 계속하여 상승하고 있다. 이런 경우에 1주당 순손익가치는 평가기준일 이전 사업연도의 1주당 순손익액에 가장 큰 영향을 받게 된다.

사례의 경우를 보면 2019년부터 2023년까지는 1주당 순손익액이 5,000원부터 시작하여 매년 5,000원씩 증가하고 있다. 이때 보충적 평가방법에 의한 평가액은 2022년에 109,996원, 2023년에 139,996원, 2014년에 169,996원이 된다. 이런 수익 흐름의 기업이라면 한해라도 빠른 시기에 증여를 하면 절세의 효과를 볼 수 있을 것이다.

저자약력

◉ 김재은 세무사

■ 학력 및 자격사항
- 고려대학교 법학과 박사과정 행정법전공 재학
- 고려대학교 법무대학원 조세법학과 졸업
- 이화여자대학교 사회생활학과 졸업
- 53회 세무사 시험 합격

■ 경력사항
- 송파구청 지방세심의위원회 위원
- 서울지방세무사회 청년세무사위원회 위원
- 송파지역세무사회 운영위원
- 한양여자대학교 세무회계과 겸임교수

■ 저서 및 논문
- 비상장주식평가실무(조세통람)
- 세법상 시가 개념에 관한 연구(석사논문)

◉ 김나연 세무사

■ 학력 및 자격사항
- 전남대학교 경제학부 졸업
- 52회 세무사 시험 합격

■ 경력사항
- 한국세무사회 국제협력위원
- 서울지방세무사회 청년세무사위원회 위원
- 서초지역세무사회 간사
- 조세금융신문 상담위원

■ 저서 및 논문
- 핵심기업세법(조세금융신문)

가업승계의 모든 것

초판인쇄	: 2024년 9월 3일
저　　자	: 김재은 · 김나연
발 행 인	: (주)더존테크윌
주　　소	: 서울시 광진구 자양로 142 청양빌딩 3층
등록번호	: 제25100-2005-50호
전　　화	: 02-456-9156
팩　　스	: 02-452-9762
홈페이지	: www.etaxkorea.net

ISBN 979-11-6306-109-0

정가 18,000원

- 파본은 구입하신 서점이나 출판사에서 교환해 드립니다.
- 이 책을 무단복사, 복제, 전재하는 것은 저작권법에 저촉됩니다.

※ 더존테크윌 발행도서는 정확하고 권위 있는 내용의 제공을 목적으로 하고 있습니다.
　그러나 그 완전성이 항상 보장되는 것은 아니기 때문에 적용결과에 대하여 당사가 책임지지 아니합니다. 따라서 실제 적용할 때에는 충분히 검토하시고, 저자 또는 전문가와 상의하시기 바랍니다.